“中国白酒金三角”区域竞争力提升研究

杨筠 胡艳 著

西南财经大学出版社
Southwestern University of Finance & Economics Press
中国·成都

图书在版编目(CIP)数据

“中国白酒金三角”区域竞争力提升研究/杨筠,胡艳著 .—成都:西南财经大学出版社,2020. 11
ISBN 978-7-5504-4170-5

Ⅰ. ①中…　Ⅱ. ①杨…②胡…　Ⅲ. ①白酒工业—企业竞争—竞争力—研究—中国　Ⅳ. ①F426. 82

中国版本图书馆 CIP 数据核字(2019)第 243026 号

“中国白酒金三角”区域竞争力提升研究
杨筠　胡艳　著

策划编辑:李邓超
责任编辑:高小田
封面设计:张姗姗
责任印制:朱曼丽

出版发行	西南财经大学出版社(四川省成都市光华村街 55 号)
网　　址	http://www. bookcj. com
电子邮件	bookcj@ foxmail. com
邮政编码	610074
电　　话	028-87353785
照　　排	四川胜翔数码印务设计有限公司
印　　刷	四川五洲彩印有限责任公司
成品尺寸	170mm×240mm
印　　张	11. 25
字　　数	207 千字
版　　次	2020 年 11 月第 1 版
印　　次	2020 年 11 月第 1 次印刷
书　　号	ISBN 978-7-5504-4170-5
定　　价	68. 00 元

前言

川南和黔北孕育了享誉全球的贵州茅台、五粮液、泸州老窖、沱牌、水井坊、剑南春、郎酒等国内外知名中国白酒品牌，被联合国教科文及粮农组织誉为“在地球同纬度上较适合酿造优质纯正蒸馏白酒的地区”。在我国供给侧改革、白酒产业转型升级的关键时期，川黔两省共同打造中国白酒产业的空间板块联盟——“中国白酒金三角”（宜宾—泸州—遵义），联合区域内优势白酒企业，形成白酒产业集群，获得规模效应并带动白酒产业整体发展，是中国白酒产业发展史上具有里程碑意义的大事件。“中国白酒金三角”区域产业联盟的形成，有助于川黔两省探索白酒产业城乡统筹发展新模式，缩小城乡和区域差距，培育中国酒业地标性“顶级白酒产区”，向世界传播中华酒文化，共同拓展海外市场，加快中国白酒的国际化进程。

区域核心竞争力是衡量特定区域的经济发展水平和经济增长能力的主要指标，因而，提升区域核心竞争力成为促进经济增长和区域发展的重要议题之一。本书从对我国白酒产业的现状与发展趋势的分析出发，研究“中国白酒金三角”在我国白酒产业中的定位与发展战略，围绕“中国白酒金三角”的区域核心竞争力提升，从产业和区域两个层面，着重从产业集群、区际合作、地域综合开发、区域品牌塑造和国际化道路五个主要方面对“中国白酒金三角”区域核心竞争力提升途径进行探讨和分析。从区域层面，运用战略管理学中的SWOT分析法，分析“中国白酒金三角”具有的优势和劣势以及外部环境变化所带来的机遇和挑战，探讨“中国白酒金三角”区域发展战略与定位。从产业层面，以产业经济理论、产业集群理论为指导，分析中国白酒产业发展现状、“中国白酒金三角”区域品牌塑造面临的问题和发展趋势。运用区域核心竞争力分析框架，从产业集群发展、区际合作机制构建、地域综合开发、区域品牌塑造与推广、国际化道路等方面剖析提升“中国白酒金三角”区域核心竞争力的路径。

“中国白酒金三角”横跨四川、贵州两省，跨省域的行政区划导致地方保护主义存在，产业间和企业间的协作不够紧密，区域层面面临白酒产业集群的区域整合不力，区际合作机制和支持体系尚不完备，良好的区域品牌形象塑造和推广尚未达成。将“中国白酒金三角”打造成中国的“波尔多”，产业层面面临产业集群内部创新能力不足，产品同质化竞争激烈，白酒产业链尚未整合，产业集群竞争力有待提高等问题。从产业融合的角度，重塑“中国白酒金三角”区域内的白酒产业链，推动“中国白酒金三角”产业集群发展。从区域协调发展角度，构建利益分享机制和协调机制，加强“中国白酒金三角”政府和企业的区际合作，提升“中国白酒金三角”区域核心竞争力，在长江上游和赤水河流域打造一个新的经济增长极，带动黔北和川南跨越式发展。构建一个超越省际合作概念的“中国白酒金三角”，打破行政区域和市场壁垒，加强区域经济合作，借助酿酒业可以带动相关第一、二、三产业集群发展的特点，构建以酒业为核心资源驱动区域经济发展的“白酒产业园区+白酒名镇+酒文化旅游综合体”模式，推动“中国白酒金三角”地域综合开发，实现区域综合价值，提升区域整体形象。中国白酒是拥有完整自主知识产权的独有优势产业，是最有希望代表中国制造走向世界并与国际顶级品牌一较高下的民族产业。凭借“中国白酒金三角”得天独厚的地域性酿酒资源，利用知名企业和知名品牌数量众多、所占市场份额较大等优势，加快“中国白酒金三角”品牌塑造与推广，是中国白酒走向世界、提升企业核心竞争力的关键环节。“一带一路”为中国白酒走向世界带来机遇，抱团出海，“中国白酒金三角”才有可能在国内外酒类行业竞争中保持领先的优势地位，树立中国白酒区域品牌形象，在海内外弘扬和推广中国酒文化，进行品牌国际化经营，实现“中国白酒金三角”区域品牌的国际化。

目录

第一章 导言

中国白酒是世界上最好的蒸馏酒种之一，其酿造技术和发酵工艺在世界上独一无二。与洋酒在中国大行其道形成鲜明对比的是，中国白酒一直不能为世界广泛接受。“中国白酒金三角”位于川南和黔北，这里孕育了享誉全球的贵州茅台、五粮液、泸州老窖、沱牌、水井坊、剑南春、郎酒等知名白酒品牌。“宜宾—泸州—遵义”，被联合国教科文及粮农组织誉为“在地球同纬度上较适合酿造优质纯正蒸馏白酒的地区”。“中国白酒金三角”既是一个地域空间概念，也是一个区域品牌概念，该区域在中国白酒行业具有强大的整体竞争优势和实力。川南和黔北共同打造中国白酒产业的空间板块联盟——“中国白酒金三角”，是中国白酒产业发展史上具有里程碑意义的大事件。通过打造“中国白酒金三角”，可以向世界传播中华文明、中华酒文化，探索白酒产业城乡统筹发展模式，缩小城乡和区域差距，培育中国酒业地标性“顶级白酒产区”，加快中国白酒的国际化进程。

一、研究背景

川黔两省同位于长江上游，是我国高端白酒品牌最集中的省份，白酒产业规模占全国的“半壁江山”，且白酒产业都是两省的支柱产业。“中国白酒金三角”位于川南和黔北，是地球同纬度上最适合酿造优质纯正蒸馏酒的生态区。在我国供给侧改革，白酒产业转型升级的关键时期，川黔两省联合打造“中国白酒金三角”，团结区域内优势白酒企业，形成白酒产业集群，获得规模效应并带动白酒产业整体发展，有助于提升川黔两省各自白酒企业的发展实力，联合打造中国白酒区域品牌，共同拓展海外市场，推动中国白酒的国际化进程。

对建设“中国白酒金三角”的研究，现有论著主要集中在打造“中国白酒金三角”的必要性、意义、理论依据、产业基础、既有优势和具体措施等方面。

学者王殿茹、李献士从近年我国白酒行业发展的基本特点入手，基于市场集中度、产品差别化程度、进入退出壁垒等方面，分析了我国白酒行业市场结构的状况。在此基础上提出，我国白酒行业发展趋势表现为，市场集中度进一步提高，中高档酒类市场竞争激烈，特色产品发展迅速，“质量+品牌”成为白酒行业的一个明显发展方向。

学者杨志琴从我国区域白酒产业发展的角度，深入探讨了川酒能在全国众多省份中迅速崛起的两大原因，即内在的优势基因以及外部环境的作用，并将川酒崛起的内在优势基因归纳为三个主要方面：一是技术质量论，该理论认为注重质量是川酒在竞争中取胜的重要法宝，而川酒的卓越品质又是由优越的酿酒地理环境、国家技术改造政策推动、省内良好开放的技术交流环境、原酒的科学管理和使用等综合因素共同作用造就的；二是机遇平台论，具体包括“中国名酒”评选机遇、白酒市场调整机遇和全国糖酒会平台等；三是人文环境论，主要包括川酒深厚独特的文化底蕴、历来宽松的产业政策环境以及对人才储备和培养的高度重视等。

学者黄元斌、樊玉然探讨了通过产业集群建设“中国白酒金三角”国际知名品牌的必要性和可能性，并分别从产业集群内产业链纵向及横向的产业组织优化、体制机制创新等方面探讨了建设该产业集群的具体途径和区域品牌的建设等问题。

学者黄永光认为，中国白酒业至今仍没有真正能代表中国白酒的集聚产区。川酒、贵酒、苏酒、鲁酒、豫酒各领风骚，划分势力范围。中国白酒走不出国门，其实并不是因为酒体成分与国外酒存在差异，其根本原因就是缺少一个真正能够代表中国白酒历史和现状的优秀白酒产区，即中国白酒的“波尔多”，因此，塑造一个在国外能叫得响的优质白酒产区和提升“中国白酒金三角”白酒区域竞争力和协作度，已经成为中国白酒国际化发展的当务之急。“中国白酒金三角”地区存在自主创新、集群创新能力不足，协作度欠佳和服务支撑体系不健全等问题，要将“中国白酒金三角”打造成中国的“波尔多”，还有较长的路要走。

学者李后强认为，“中国白酒金三角”是世界白酒的顶峰、发祥地，是泉眼、是焦点、是标杆、是谷地。应将“中国白酒金三角”上升为国家战略，高度整合川南和黔北资源，提升“中国白酒金三角”区域核心竞争力，在长江上游和赤水河流域打造一个新的经济增长极，带动黔北和川南跨越式发展。在各种举措的强力拉升和行业、地方政府、企业的合力推动下，“中国白酒金三角”品牌已腾空跃起，成为中国白酒质量最优、品牌最响亮、白酒企业最密集的区域品牌代名词。

学者孙延元认为，“中国白酒金三角”的建成有望将“金三角”地区白酒打造成为具有世界影响力的中国传统特色白酒产业带和中国白酒国际品牌区域带，是“金三角”地区白酒发挥自身资源优势，提高自身区域核心竞争力的发展战略，也是“金三角”地区白酒抢占中国白酒市场份额、占据国际国内市场的重大举措。

我国现代意义上的区域经济形成时间较短、发展速度很快，区域之间经济无序竞争、区域产业结构严重雷同、区域之间经济发展差距拉大、区域利益矛盾日益突出等问题不断加剧，而我们的理论研究则相对滞后，对区域经济发展中的许多问题还缺乏深入的研究，有不少领域甚至尚未触及，对一些现象还不能进行有效解释，理论研究与我国区域经济实践不相适应，研究方法也有待创新。运用区域经济学尤其是区域核心竞争力理论来研究“中国白酒金三角”区域核心竞争力的文献资料还相对较少。推进“中国白酒金三角”建设的当务之急是做好区域总体规划，优化产业发展战略，进一步提高两省白酒产业集群发展的协调度。当前，“中国白酒金三角”的打造在规划衔接、政策融合等方面存在若干困难和问题，既不利于区域优化配置资源，也不利于区域合理分工。因此，建设“中国白酒金三角”的重中之重是从大局考虑，从长远着想，放眼全局、淡化自我、甘于得失。两省三地①应在“中国白酒金三角”区域协同发展问题上作好总体发展规划，在产业政策上互相协作，推动产业集群，打造区域品牌。

二、研究目的和思路

区域核心竞争力是衡量特定区域的经济发展水平和经济增长能力的主要指标，因而如何提升区域核心竞争力已成为区域增长和发展的重要议题之一。“中国白酒金三角”的打造在提高中国白酒市场份额、抢占国际国内市场时需要不断整合区域资源，提升区域竞争力，打造和推广区域品牌。本书在吸收国内外有关研究成果的基础上，旨在从区域竞争力培育的角度，以区域经济理论、产业经济理论、产业集群理论、竞争战略理论以及博弈论等为基础，从区域层面，运用战略管理学中的SWOT分析法和，分析“中国白酒金三角”的区域发展具有的优势和劣势以及外部环境变化所带来的机遇和挑战，探讨“中国白酒金三角”区域发展战略与定位。从产业层面，以产业经济理论、产

① “两省”指四川和贵州，“三地”指宜宾、泸州和遵义。

业集群理论为指导，分析中国白酒业发展现状、“中国白酒金三角”存在的问题和发展趋势。运用区域核心竞争力分析框架，从产业集群发展、区际合作机制构建、地域综合开发、区域品牌塑造与推广、国际化道路等方面分析提升“中国白酒金三角”区域核心竞争力的路径。

本书从对我国白酒产业的现状与发展趋势的分析出发，研究“中国白酒金三角”在我国白酒产业中的定位与发展战略，围绕“中国白酒金三角”的区域核心竞争力提升，从产业和区域两个层面，着重在产业集群、区际合作、地域综合开发、区域品牌塑造和国际化道路五个主要方面对“中国白酒金三角”区域核心竞争力提升途径进行探讨和分析。因此，从本书的逻辑分析看，基本呈现的是“综合—分解—综合”的结构。

第一章，导言。本章主要介绍了本书的研究背景、研究目的和思路、主要观点及研究价值。

第二章，区域核心竞争力概念与理论基础。如何集成以往的产业核心竞争力、区域核心竞争力的理论研究成果，构建“中国白酒金三角”区域核心竞争力分析框架是本书的关键。本章通过对国内外区域核心竞争力相关概念、理论研究的评述，大体把握国际国内关于区域核心竞争力概念的界定和理论研究的进展，以充分借鉴相关研究理论、前人的研究思路和方法，从而构建本书的理论体系和分析框架。

第三章，中国白酒业发展现状与趋势。本章主要梳理中国白酒业发展历程，分析中国白酒产业的地域性分布特征（川酒产区、黔酒产区、徽酒产区、苏酒产区、赣酒产区和鄂酒产区）。运用产业组织学中的SCP范式，着重从产业组织竞争力的角度，对我国白酒产业的市场结构、企业行为、行业绩效展开分析，以期对我国白酒业的发展趋势做出较为准确的研判。

第四章，“中国白酒金三角”的发展定位与战略。本章介绍“中国白酒金三角”白酒产业区的提出背景、区域和产业发展特征，分析打造“中国白酒金三角”的战略意义及目标、动力机制，以期从产业发展和空间规划层面，把握“中国白酒金三角”区域核心竞争力构建的基础和战略选择。

第五章，“中国白酒金三角”产业集群竞争力提升。本章综合运用经济学、管理学、社会学和地理学的理论与方法，阐述产业集群特征与产业集群竞争力的形成，分析“中国白酒金三角”产业集群发展现状及特征，提出“中国白酒金三角”产业集群竞争力提升策略。

第六章，“中国白酒金三角”区际合作机制构建。本章认为提升“中国白酒金三角”区域核心竞争力不仅需要产业层面的积极参与，更需要加强区际的合作。通过分析“中国白酒金三角”区际合作现状、区际合作存在的主要问题，从政府间的区域经济合作和企业间的经济合作两方面，探讨提升“中国白酒金三角”区际合作的机制建设。

第七章，“中国白酒金三角”地域综合开发。“中国白酒金三角”地区拥有厚重的中国白酒文化积淀和雄厚的白酒产业实力。本章根据酒文化与白酒产业融合理论，结合“中国白酒金三角”区域酒文化自身的特色，分析“中国白酒金三角”地域综合开发基础，从产业融合的角度，对“中国白酒金三角”地域综合开发策略进行分析，提出“白酒产业园区+白酒名镇+酒文化旅游综合体”的地域综合开发模式。

第八章，“中国白酒金三角”区域品牌塑造与推广。本章剖析区域品牌内涵与特征以及区域品牌的影响因素，总结和分析“中国白酒金三角”知名酒企贵州茅台、宜宾五粮液和泸州老窖的品牌塑造与推广经验，从明确区域品牌定位、促进产业集群发展、维护地域品牌形象、营造良好区域环境、拓展品牌营销平台和渠道等方面阐释“中国白酒金三角”区域品牌塑造的关键和推广策略。

第九章，“中国白酒金三角”酒文化挖掘与传播。本章认为中国白酒国际化战略必须坚持文化先行。相比于海外葡萄酒大品牌以及洋酒品牌，“中国白酒金三角”区域品牌故事的挖掘，白酒文化的传播做得还远远不够。应针对川酒、黔酒文化的“源”与“流”，对川酒、黔酒传统历史文化进行系统梳理，挖掘川酒、黔酒的文化价值。从企业、协会和政府三个维度推广和传播中国白酒文化，助力“中国白酒金三角”创建中国白酒国家品牌形象，将其打造成为中国白酒的世界知名产区。

三、主要观点

“中国白酒金三角”区域核心竞争力不足所面临的挑战主要表现为：白酒产业集群的区域整合不力，区际合作机制和支持体系尚不完备，良好的区域品牌形象塑造和推广尚未达成。产业集群通过空间集聚而形成了持续竞争优势，产业集群不仅是地区经济发展的主导力量，而且是国际经济竞争的战略性力量。“中国白酒金三角”产业集群内部创新能力不足，产品同质化竞争激烈，白酒产业链尚未整合，产业集群竞争力有待提高。“中国白酒金三角”地域横跨四川、贵州两省，跨省域的行政区划导致地方保护主义的存在，区域间和企业间的协作不够，缺乏有效的行业自律等问题，多种利益相关者共同参与的合作机制构建有利于区域的协同发展和区域核心竞争力的提升。良好的区域品牌形象有利于推动区域集群品牌化，塑造和提升良好的区域形象，使区域内的产品得到消费者的认可，提高市场竞争力。“中国白酒金三角”白酒产业过度进入造成市场饱和，过度竞争降低了“中国白酒金三角”的区域品牌形象，不利于区域内企业获得协同效应，形成共同进化机制。提升“中国白酒金三角”白酒产业区域核心竞争力的对策和建议：①整合“中国白酒金三角”区域内的白酒产业链，推动“中国白酒金三角”白酒产业集群发展；②构建利益分享机制和协调机制，加强“中国白酒金三角”政府和企业的区际合作；③从产业融合的角度，推动“中国白酒金三角”区域综合开发，实现区域综合价值，提升区域整体形象；④凭借得天独厚的地域性酿酒资源，利用区域内知名企业和知名品牌数量众多、所占市场份额较大等优势，加快“中国白酒金三角”区域品牌塑造与推广；⑤走国际化道路，在海内外弘扬和推广中国酒文化，进行品牌国际化经营，实现“中国白酒金三角”区域品牌的国际化。

四、研究价值

“中国白酒金三角”区域核心竞争力提升研究的应用价值主要表现在三个方面。一是促进“中国白酒金三角”区域白酒业集群发展，加快川黔白酒产业链整合，有助于提升“中国白酒金三角”区域白酒业区际协作度和整体竞争力。二是发挥“中国白酒金三角”区域白酒业的品牌优势，带动关联产业发展，有效整合区域资源，提高川黔整体经济实力，促进区域经济协同发展。三是发挥“中国白酒金三角”区域的白酒产业人才、技术和管理优势，促进该区域的白酒产业集群发展和组织管理创新，打造世界知名中国白酒区域品牌，加快中国白酒品牌的国际化步伐。

第二章 区域核心竞争力概念与理论基础

全球经济一体化正导致要素、资源和分工在不同区域、层次上迅速地变化着，并日益集聚于某些有个性的区域。产业聚集区是由地理环境和资源禀赋等外在原因形成的，比如瑞士的钟表产业集群、法国的波尔多葡萄酒产业集群等。尽快进行地区产业结构调整，构造与区域特色匹配的产业发展环境，构建具有核心竞争力的区域产业集群，以适应国际经济结构加速调整的大趋势是我国产业结构调整的目标和方向。

第一节 区域核心竞争力概念

研究区域核心竞争力必须首先弄清楚与之相关的概念，只有明白了核心竞争力、区域核心竞争力、产业核心竞争力、企业核心竞争力等的内涵，才能在研究中正确地理解和评价区域核心竞争力，以及把握如何提升区域核心竞争力。

一、核心竞争力

1990年美国著名管理学家、密执安大学商学院教授C. K. PRAHALAD和G. HAMEL在《哈佛商业评论》上发表文章，正式提出核心竞争力概念①。关于什么是核心竞争力，至今为止，不同时期、不同学者和机构，对于核心竞争力的定义存在着不同理解，并没有一个公认的定义，存在着较大的争论。千庆

① C K PRAHALAD, G HAMEL. The core competence of the corporation [J]. Harvard Business Review, 1990, 68 (3): 79-91.

兰（2006）认为，从宏观、中观和微观不同层面看，竞争力可分为区域竞争力、产业竞争力、企业竞争力等不同层次（图 2-1）①。从核心竞争力研究对象的发展来看，C. K. Prahalad 和 G. Hamel 提出的核心竞争力概念被从企业层面引入产业、区域和国家层面，认为核心竞争力理论不仅能够用于微观环境中的企业，还可用于产业、区域和一国经济发展之中。根据竞争力的内容层次，经济合作与发展组织（1992）将竞争力分为宏观竞争力、微观竞争力和结构竞争力。Geert Duysters 和 John Agedoom（2000）指出，核心竞争力应有几个不同的层次：单个企业的核心竞争力、产业的核心竞争力以及整个经济的核心竞争力。核心竞争力从不同角度可以分为很多类型。根据核心竞争力层次的不同，本书对核心竞争力采用国家核心竞争力、区域核心竞争力、产业核心竞争力和企业核心竞争力的分类方法。

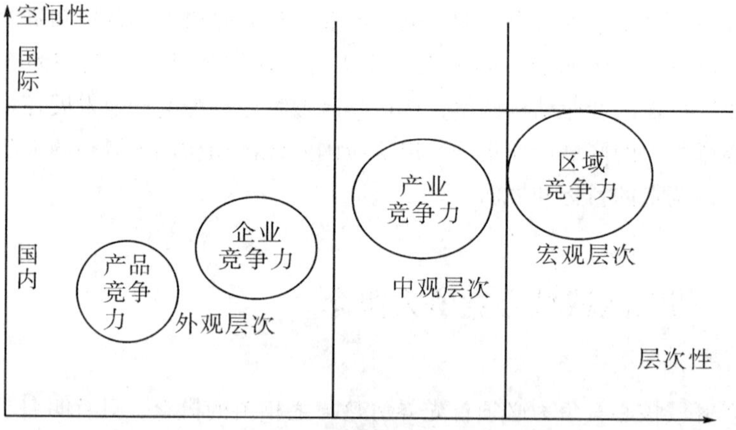

图 2-1　产业竞争力的层次性和空间性

（资料来源：千庆兰. 中国地区制造业竞争力新论［M］. 北京：科学出版社，2006：10.）

（一）企业核心竞争力

最早提出核心竞争力概念的美国学者 C. K 普拉哈拉德和 G. 哈默尔在“*The Core Competence of The Corporation*”一文中指出，“核心竞争力是在一个组织内部经过整合了的知识和技能，尤其是关于怎样协调多种生产技能和整合不同技术的知识和技能。”20 世纪 80 年代以来，美国经济学家迈克尔·波特相继发表了《竞争战略》《竞争优势》和《国家竞争优势》等著作，提出了企业、产业和国家竞争力模型。波特将企业竞争力定义为，一个企业能够为其客

① 千庆兰. 中国地区制造业竞争力新论［M］. 北京：科学出版社，2006：10.

户创造的价值是最能够体现竞争力的指标，要么是提供非同一般的受益，足以抵消其高出的部分价格；要么以低于其他竞争厂商价格，但是提供了相等的收益①。我国学者袁维海（2002）提出，核心竞争力是企业所有能力中最重要、最关键、最根本的能力，是企业在经营过程中形成的不易被竞争对手效仿的能带来超额利润的独特的能力②。金碚（2003）将企业竞争力定义为：在市场的竞争过程中，企业能够持续地比其他竞争对手更有效地向市场输出服务或产品，并且能够获得自身发展和赢利的综合实力③。张维迎认为，核心竞争力必须具备五个特点：偷不去、买不来、拆不开、带不走和流不掉。

（二）产业核心竞争力

迈克尔·波特的著名三部曲：《竞争战略》（1980）、《竞争优势》（1985）和《国家竞争优势》（1990）使其成为第一位从产业层次研究核心竞争力的学者。波特认为一个国家的竞争力不一定在于整个国民经济，而主要看该国有无一些独具特色的产业或产业群。他将产业组织理论引入企业战略研究，提出了一个产业竞争力"系统性分析框架"，将决定产业竞争状况的主要因素概括为五个方面，即新进入者的威胁、替代性产品的威胁、客户的议价能力、供应商的议价能力、业内竞争的激烈程度等。诸多的研究显示，构成产业核心竞争力的因素很多，资源禀赋、区位条件、技术水平、管理能力、政策措施，乃至人文因素等都对产业核心竞争力产生不同程度直接或间接的影响。波特认为产业竞争力的关键在于该国能否有效地形成竞争性环境，推动创新的发展。

（三）区域核心竞争力

区域核心竞争力是一个既具有广泛涵义，又十分抽象且难以把握的概念，有关区域核心竞争力的内涵至今还没有一个可以被学术界广泛接受的表述。一些学者将普拉哈拉德（C. K. Prahalad）和哈默（G. Hamel）的企业核心竞争力理论应用于区域竞争力研究，指出区域核心竞争力是区域发展的决定性力量，是区域经济持续发展的源泉④。我国学者顾新（2000）认为，区域经济竞争力表现为一区域产品在国内市场和国际市场上的竞争力，区域竞争力是指一个区域的综合经济实力的强弱能够在竞争中表现出来的程度，区域核心竞争力

---

① 迈克尔·波特. 国家竞争优势［M］. 李明轩，邱如美，译. 北京：中信出版社，2007：9-11.

② 袁维海. 提升我国产业核心竞争力的若干思考［J］. 国民经济管理，2002（2）：7-10.

③ 金碚. 竞争力经济学［M］. 广州：广东经济出版社，2003：20-27.

④ 单纬东. 核心竞争力与区域经济可持续发展［J］. 中国人口·资源与环境，2003（5）：36-40.

主要表现为区域主导产业、支柱产业核心竞争力及产业结构的竞争力[①]。赵修卫（2002）提出，区域核心竞争力由比较优势和竞争优势共同组成，比较优势赋予核心竞争力以独特性，是基础；竞争优势突出了区域经济的内生能力，是主导方面[②]。吴玉鸣（2006）提出区域核心竞争力由核心资源、企业核心竞争力、产业核心竞争力、核心区竞争力等构成[③]。

（四）国家核心竞争力

瑞士国际管理发展学院（IMD）和世界经济论坛（WEF）两家机构也是从国家层次来研究核心竞争力。瑞士国际管理发展学院（IMD）和世界经济论坛（WEF）在《全球竞争力报告》中指出，竞争力是各国或各地区在进行综合比较的过程中，在创造增加值和使国民财务增长的方面优于其他国家和地区的能力。波特认为国家竞争力是国家在某些产业的竞争力，是一个国家能否创造一个良好的商业环境，使该国获得竞争优势的能力。他提出国家竞争力是国家产业创新和升级的能力，即国家获得高水平生产力及持续提高生产力的能力，构建了生产要素、需求因素、相关和支持产业以及企业策略、结构和竞争者、机遇以及政府行为六个因素构成的波特国家竞争力“钻石模型”。

从上述各种对核心竞争力的定义可以看出，核心竞争力就是竞争主体在追求一个或多个竞争对象的过程中所表现出来的能力[④]。由此可见，核心竞争力广泛地体现在微观企业、中观产业和区域以及宏观国家等各个层面，企业核心竞争力是形成产业核心竞争力的基础，产业核心竞争力是区域核心竞争力的具体表现，区域核心竞争力则是国家竞争力的重要内容。综上所述，由于区域经济学与产业经济学二者间存在着密不可分的联系，因此，区域核心竞争力和产业核心竞争力之间也必然是相辅相成、密不可分的。

二、区域核心竞争力

区域核心竞争力是一个综合性很强的概念，目前我国学界对区域核心竞争力的内涵也没有一个科学而准确的界定。赵修卫（2001）认为，区域核心竞争力是指区域在资源利用、产品开发、生产、市场开拓及服务中所特有的，与其他地区相比具有较大的竞争优势，且不易被其他地区模仿和学习的综合能力

① 顾新. 西部大开发要着眼于形成区域竞争优势［J］. 软科学，2000（2）：20-26.

② 赵修卫. 关于发展区域核心竞争力的探讨［J］. 中国软科学，2001（10）：95-99.

③ 吴玉鸣. 区域核心竞争力理论研究［J］. 改革与战略，2006（1）：4-9.

④ 张洁. 综合比较优势视角下的中国产业集群竞争力研究［D］. 长春：吉林大学，2011：3-5.

与素质[①]。黄善明（2004）认为，区域核心竞争力是区域经济在长期发展中形成的、能使整个区域保持长期稳定的竞争优势、获得长期持续发展的区域经济竞争力中最基本的竞争力，是有效配置资源的区域自我发展能力和自组织能力[②]。李仁安、徐丰（2005）认为，区域核心竞争力是一个区域所独具的，能让该区域在一个或数个产业领域使其主导企业取得并保持领先地位所依赖的关键性能力[③]。鲍永安（2005）从竞争优势理论变迁中找寻区域核心竞争力研究的逻辑起点，对区域核心竞争力及相关概念的内涵进行了梳理[④]。吴玉鸣（2006）提出，区域核心竞争力是指一个区域在长期发展中通过实现可支配核心资源的有效优化配置，形成自我发展机制和自组织能力，创建并保持长期、持久、独特、稳定竞争优势，带来超额利润并创造区域财富、支撑和保持区域可持续性竞争优势的一种独特能力[⑤]。孟庆松（2009）从系统学的观点出发，认为区域核心竞争力是在区域这个开放的复杂系统中，区域的全部资源和能力在系统内部及与外界环境相互作用，通过自组织和他组织，在从混沌走向有序的过程中，逐渐形成的超越竞争对手的创造能力[⑥]。还有部分学者，如王旭辉等（2008）[⑦]、庄晋财等（2009）[⑧]，从产业集群发展的角度来研究区域竞争力的形成与提升。

对区域经济发展来说，区域核心竞争力是区域经济持续发展的核心核动力。区域核心竞争力与区域竞争力有联系，也有区别。区域核心竞争力具有稀缺性，为其他区域所不具备；区域核心竞争力具有长期性，是在一定的自然历史基础上经过长期演变而逐步形成的；区域核心竞争力具有独特性，其他区域很难通过模仿而在短期内获得这种能力，因而能使区域保持持久的竞争优势[⑨]。因此，区域核心竞争力可以看作是区域竞争力的深入。从本质上看，区域核心竞争力是指在一国内部各区域之间的竞争中，特定区域在经济、科技、

---

① 赵修卫. 关于发展区域核心竞争力的探讨［J］. 中国软科学，2001（10）：95-99.

② 黄善明. 论区域核心竞争力演变的生产力基础［J］. 云南社会科学，2004（4）：47-50.

③ 李仁安，徐丰. 区域核心竞争力评价指标体系研究［J］. 武汉理工大学学报，2005（2）：96-98.

④ 鲍永安. 区域核心竞争力研究综述［J］. 江淮学刊，2005（4）：79-83.

⑤ 吴玉鸣. 区域核心竞争力理论研究［J］. 改革与战略，2006（1）：4-9.

⑥ 孟庆松. 区域核心竞争力建模和评价［D］. 天津：天津师范大学，2009：10.

⑦ 王旭辉，胡汉辉，等. 基于提升区域竞争力的日本产业集群政策的研究及启示［J］. 科学学与科学技术管理，2009（2）：70-73.

⑧ 庄晋财，程李梅. 企业集群三重绩效动态协调与区域产业竞争力研究［J］. 郑州航空工业管理学院学报，2009（2）：17-26.

⑨ 唐勇. 企业集群与区域核心竞争力：内涵与关系［J］. 浙江学刊，2004（1）：218-221.

投资中的地位，所达到的技术水平和经济发展程度，区域核心竞争力是能使区域保持长期稳定的竞争优势，获得长期持续发展的最基本的竞争力①。

综上所述，区域核心竞争力是其他区域很难通过模仿而在短期内获得的能力，能使区域保持持久的竞争优势。区域核心竞争力一般具有如下特征：区域核心竞争力具有比较优势，使竞争对手在短期内难以超越；区域核心竞争力具有价值性，为区域发展提供效用或价值；区域核心竞争力具有带动性，带动区域经济系统整体发展；区域核心竞争力具有可持续性，能促进区域系统的可持续发展。

第二节　区域核心竞争力理论基础

国内外对区域核心竞争力的研究已开展多年，对其理论基础和渊源也进行过诸多探讨，国内外学者对区域核心竞争力理论基础的探讨，涉及比较优势理论、竞争优势理论、新经济增长理论、技术创新理论、区域经济学和新制度经济学相关理论等，覆盖面较广，但对某些理论的支持性和解释性争议较大。综合来看，区域核心竞争力的理论基础主要涉及比较优势理论、竞争优势理论和产业集群理论。从核心竞争力的来源来看，古典经济学家一般认为核心竞争力来源于比较优势和竞争优势；以熊彼特理论为基础的技术创新理论认为，核心竞争力主要是以技术及组织的不断创新为依托；以波特为代表的系统竞争力优势理论认为，核心竞争力在于技术创新，更在于经济资源和要素分工协作的体系化；以道格拉斯·诺斯为代表的制度创新竞争力优势理论强调，核心竞争力是制度安排的产物。

一、区域比较优势理论

比较优势理论是国际贸易理论的核心与基石。林毅夫认为，区域经济的持续发展和竞争力的形成首先必须遵循比较优势原则，提出“国家或地区只有在经济发展的每一个阶段选择符合自己要素禀赋结构的产业结构和生产技术，经济中的多数企业才会具有自生能力，从而能够促进经济体的资本积累、要素禀赋结构的提升，实现经济的快速发展。”根据比较优势理论，不同国家和地区应利用各自的比较优势发展自身经济以形成竞争力，而比较优势条件均可成

① 李明中. 区域产业核心竞争力研究 [D]. 武汉：武汉理工大学，2003：129-136.

为形成区域竞争力的要素。比较优势理论经历了由外生到内生，再到内外生并重，由单因素分析向多因素综合的发展过程。比较优势理论的发展逻辑为：基于劳动生产率差异的古典贸易理论→基于资源禀赋差异的新古典贸易理论→基于规模经济和差异产品的新贸易理论→基于时间演进的动态比较优势理论等内容。

（一）基于劳动生产率差异的古典贸易理论

基于劳动生产率差异的古典贸易理论包括绝对优势理论和相对优势理论，绝对优势理论源于亚当·斯密的现代经济学奠基之作《国富论》中提出的分工产生绝对优势。在《国富论》中，亚当·斯密这样阐述绝对优势理论“每一个精明的家长都知道一个道理：如果一件东西在家内生产比购买时所费的代价付出的大，就不会想自己在家内生产。鞋匠不会制作他自己的衣服，会选择雇佣裁缝制作。裁缝不会自己制作鞋子，会选择向鞋匠购买。而农民宁愿雇用那些不同的工匠去做，也不会自己缝衣和制鞋。在这里，农民、鞋匠、裁缝都感到，出于自身的利益的考虑，应当把他们的精力集中使用到比他人处于有利地位的地方，同时以自己的擅长的劳动生产物购买所需要的其他物品”[①]。他指出绝对优势“是一个国家生产出来的产品所耗费的社会必要劳动时间低于另一个国家，或者说一个国家生产出来的产品的价格低于另一个国家”[②]。该理论说明，如果每个国家都如同国内各生产者参与劳动分工的方式一样，都只是专注于生产自己具有绝对优势的产品，通过国际贸易每个国家的福利都会得到提高。1817 年，大卫·李嘉图的《政治经济学及赋税原理》在亚当·斯密的绝对优势理论基础上提出了比较优势理论，认为任何产品的交换都取决于其劳动成本，不同国家生产不同产品劳动生产率或成本存在差异，各国应该分工生产各自劳动生产率相对较高的产品，即具有相对优势的产品[③]。大卫·李嘉图的比较优势理论很好地解释了国际贸易产生的基础，但绝对优势理论和比较优势理论都存在一个严重的缺陷，即假定是完全竞争市场，认为国际贸易发生的原因是各国家生产各种商品时劳动生产率的差异，且这个差异是固定不变的，未能揭示出比较优势产生的原因[④]。

（二）基于资源禀赋差异的新古典贸易理论

20 世纪初，瑞典经济学家赫克歇尔（Heckscher，1919）提出各国生产要

---

① 亚当·斯密. 国民财富的性质和原因的研究［M］. 郭大力，王亚南，译. 北京：商务印书馆，1974：28.

② 同①27.

③ 龚关. 国际贸易理论［M］. 武汉：武汉大学出版社，2000：4-5.

④ 萨尔瓦多. 国际经济学［M］. 5 版. 朱宝宪，吴洪，等译. 北京：清华大学出版社，1998：35.

素的相对差异是产生比较成本差异的必要条件。20世纪30年代，赫克歇尔的学生俄林（Ohlin，1933）在其所著的《地区间贸易和国际贸易》中，进一步阐述了生产要素禀赋理论，详细论证了资源禀赋差异对国际贸易中相关收入分配的影响。俄林划定了四种要素禀赋，分别是劳动力、资本、土地和自然资源，提出国家根据生产要素禀赋的差异被划分为四种类型：资本丰富的国家、自然资源丰富的国家、劳动力丰富的国家和土地丰富的国家①。赫克歇尔和俄林提出的基于资源禀赋差异的新古典贸易理论亦称H-O理论，该理论认为，一国的比较优势由其要素丰裕度决定，本国应生产并出口该国相对丰裕和便宜的要素密集型产品，进口该国相对稀缺和昂贵的要素密集型产品。

古典贸易理论以大卫·李嘉图的比较优势理论和赫克歇尔—俄林的要素禀赋理论（H-O理论）为基础，从各国劳动生产率和资源禀赋的差异，揭示国际贸易产生的原因以及一国的最优贸易模式。古典比较优势理论上在实践中遇到了很多的挑战，如“里昂惕夫之谜”。西方经济学界对“里昂惕夫之谜”感到十分震惊，掀起了探讨和验证“里昂惕夫之谜”的学术风潮，给出各种试图解释“里昂惕夫之谜”的研究讨论，促进了国际贸易理论的新发展。

（三）基于规模经济和差异产品的新贸易理论

20世纪70年代末80年代初，埃尔赫南·赫尔普曼和保罗·克鲁格曼提出了基于规模经济和差异产品的新贸易理论。该理论在不完全竞争市场机制下，把不完全竞争、规模经济、报酬递增等引入国际贸易理论中，通过对规模经济、垄断竞争、差异产品等核心概念的阐述，使国际贸易理论更贴近现实②。该理论补充和发展了古典比较优势理论，能够很好地解释发展中国家与发达国家之间的贸易现象却无法解释同等发达程度国家，尤其是发达国家之间或者要素禀赋差别较小的国家之间的贸易现象。埃尔赫南·赫尔普曼和保罗·克鲁格曼还将国际政治经济学与国际贸易学结合起来，提出了战略性贸易政策，发展了国际经济学。他们认为，一国政府可以通过一系列的战略性贸易政策，例如实施保护性关税、进口配额等，避开要素禀赋条件的差异所导致的比较劣势和传统比较利益分工下可能形成的“比较利益陷阱”，通过内部规模经济和外部规模经济效应实现报酬递增，使一国经济朝着有利于本国的方向发展③。克鲁

① 贝蒂尔·俄林. 地区间贸易和国际贸易［M］. 王继祖，等译. 北京：商务印书馆，1986.

② 埃尔赫南·赫尔普曼，保罗·克鲁格曼. 市场结构和对外贸易［M］. 尹翔硕，尹翔康，译. 上海：三联书店，1993：4.

③ 埃尔赫南·赫尔普曼，保罗·克鲁格曼. 市场结构和对外贸易［M］. 尹翔硕，尹翔康，译. 上海：三联书店，1993：5.

格曼的新贸易理论认为，在边际报酬递增和差异化产品存在的情况下，各国的资源禀赋和收入水平越接近，产业内贸易越重要，规模经济将取代要素禀赋差异成为国际贸易的重要动因。在克鲁格曼的新贸易理论中假设的规模报酬递增、产品差异和不完全竞争与新古典贸易理论模型中规模报酬不变和完全竞争的假设不同，它绕开了 H-O 理论所用的一般均衡方法，而从规模经济的角度阐述了国际贸易和产业内贸易时交易主体的比较优势。因此，有学者将克鲁格曼提出的新贸易理论认为是对古典比较优势理论的完善和顺延①。此外，美国经济学家马歇尔（Marshall，1890）揭示了规模经济与竞争活力之间的矛盾关系：规模经济的结果必然导致垄断，垄断的产生会阻断价格机制的作用，进而扼杀自由竞争这一市场经济发展的原动力②。克拉克（Clark，1961）进一步提出“有效竞争理论”，将规模经济与竞争活力两者有效地协调起来，从而有利于长期均衡的竞争格局（陈秀山，1997）③。

（四）基于时间演进的动态比较优势理论

随着经济全球化和信息化程度的不断提高，一国拥有的技术水平和要素禀赋的动态演进特征日趋明显，基于静态框架的古典贸易理论对当代国际贸易新特征的解释和指导能力逐步减弱，从动态视角来重新审视古典贸易理论成为必然。动态比较优势理论是对静态古典贸易理论的延伸和发展，国外动态比较优势理论 H-O-S 理论（赫克歇尔-俄林-萨缪尔森理论）、S-S 理论和罗伯津斯基（Rybczynski）定理是在古典贸易理论 H-O 理论基础上发展起来的三个重要的研究成果。罗伯特·蒙代尔（Robert A. Mundell）提出“反向贸易效应”，证明了要素的跨国流动会改变各国的要素存量和相对要素价格，进而改变其贸易结构。此后，日本学者宇泽（Uzawa）、美国学者罗纳德·芬德雷（Ronald Findlay）、J. 巴格沃蒂（Jagdish Bhagawati）和陈志奇（Zhiqi Chen）等人都先后从不同角度对长期比较优势变化的决定因素和结果进行了有益的探索，使动态国际贸易理论研究取得了新的进展④。1966 年雷蒙德·弗农（Raymond Vernon）首次提出“产品生命周期理论”，很好地解释了

---

① 贝蒂尔·俄林. 地区间贸易和国际贸易 [M]. 王继祖，等译. 北京：首都经济贸易大学出版社，2001：47-50.

② 阿尔弗雷德·马歇尔. 经济学原理 [M]. 李琦，译. 长沙：湖南文艺出版社，2012.

③ 陈秀山. 现代竞争理论与竞争政策 [M]. 北京：商务印书馆，1997：51.

④ 徐姗. 西方动态比较优势理论的演进：发展中国家的“比较优势陷阱” [J]. 国际社会科学杂志（中文版），2009（2）：108-110.

产品生命周期不同阶段贸易流向的变化①。之后日本的赤松要、小岛清和山泽逸平等许多学者都不同程度地扩展了该理论。吉恩·M. 格罗斯曼（Gene M. Grossman）和埃尔赫南·赫尔普曼（Elhanan Helpman）在罗默的内生增长理论基础上构造了一个动态的国家贸易与增长模型，认为内生的技术进步来自企业利润最大化的追求②。20 世纪 80 年代，杨小凯从专业化分工的角度扩展了对内生比较优势的分析。杨小凯指出，通过专业化、分工、学习效应和交易效率的提高等可以培育出内生比较优势，而内生比较优势演进导致的分工会带来国家经济的持续增长和贸易的动态发展③。

二、区域竞争优势理论

区域比较优势是区域竞争优势发展的初级阶段，是区域竞争优势的表现形式之一，是区域竞争优势的必要条件，但拥有区域比较优势不等于拥有区域竞争优势，只有将潜在的区域比较优势展现出来并持续提升才有可能转化为区域竞争优势。区域竞争优势理论是对区域比较优势理论的一个突破，是区域竞争力理论的重要基础。由波特创立的竞争优势理论对区域竞争力研究的影响颇深，该理论被视为区域竞争力的理论基石。对一个地区来说比较优势是易稍纵即逝的，而竞争优势是相对长期存在的④。一般认为，竞争优势主要来自四个方面：产品成本和质量、企业拥有的特殊资产和专门知识、通过设置障碍来阻止竞争对手进入、借助更多的资源或者更大的投入在市场上挤垮竞争对手⑤。依据对竞争优势来源的不同，比较典型的竞争优势理论有：基于资源的竞争优势理论、基于市场结构的垄断竞争优势理论、基于动态变化的生命周期理论、基于政策优势的战略性贸易政策理论、基于技术优势的内生增长理论、基于国家战略的钻石模型等。

（一）基于资源的竞争优势理论

资源基础论认为，企业具有不同的有形和无形的资源，这些资源可转变成独特的能力，资源在企业间是不可流动的且难以复制；这些独特的资源与能力是企业持久竞争优势的源泉。基于资源的竞争优势理论以潘罗斯为代表，潘罗

---

① 洪银兴. 从比较优势到竞争优势：兼论国际贸易的比较利益理论的缺陷［J］. 国际贸易问题，1997（6）：20-26.

② 赵春艳. 比较优势及竞争优势的关联机理与转化机制研究［D］. 武汉：武汉理工大学，2010.

③ 杨小凯. 经济学原理［M］. 北京：中国社会科学出版社，1998：13.

④ 陈德宁. 区域竞争力理论的提出与发展［J］. 广州大学学报，2003（12）：21-24.

⑤ 刘秋华. 现代企业管理［M］. 北京：中国社会科学出版社，2002.

斯（Penrose，1954）在其著作《厂商成长理论》中首次提出企业内部知识创造是企业增长的源泉，知识的增加是基于内部资源的企业增长的主要动力①。Everett W. Lord 提出了一个与迈克尔·波特不同的分析框架，更多聚焦于企业的竞争力和能力，而非在特定市场中的定位②。普拉哈拉德（C. K. Prahalad）与哈默（Gary Hamel）1990 年在《哈佛商业评论》上发表了著名的论文《公司核心竞争力》，提出公司竞争优势的核心是公司拥有自己独特的核心竞争力这一重要观点。曾国良（2004）认为，在国际竞争中真正具有竞争优势的是在国际市场上具有垄断优势的资源和产品③。

（二）基于市场结构的垄断竞争优势理论

张伯伦（Chamberlin，1933）用产品差别来解释垄断竞争的形成和实质，并提出综合垄断和竞争两种因素的垄断性竞争理论，认为如果企业能够实现从完全竞争中的无差异性的企业跃迁为行业领军者，甚至趋于寡头者，则能极大地提升企业的竞争优势④。

（三）基于动态变化的生命周期理论

提斯（D. J. Teece，1997）强调动态能力是企业为适应不断变化的外部环境，不断取得、整合、确认内外部的行政组织技术、资源和功能性的能力，它可以使企业在给定的路径依赖和市场位势条件下，不断地获得新竞争优势。尼尔森和温特的经济演化理论为动态企业理论的进一步发展提供了重要的理论基础。企业制度变迁学派从企业的组织结构和制度层面探讨企业的演化成长，核心能力与动态能力理论则揭示了企业演化成长的内在动力，网络组织理论揭示了企业在知识经济条件下的特点和发展规律，所有这些动态企业理论成果，把企业竞争优势理论的研究推向了新的高度。

（四）基于政策优势的战略性贸易政策理论

20 世纪 80 年代以后，在新贸易理论的基础上，克鲁格曼（G. Grosman）、斯本瑟（B. Spencer）、布兰德（J . Brander）、狄克西特（A. Dixit）等人以规模经济和不完全竞争为前提，以产业组织理论和市场结构理论为研究工具，提出了战略性贸易政策理论，指出为了维护本国的经济利益和促进产业升级，一

---

① 芮明杰. 公司核心竞争力培育［M］. 上海：上海人民出版社，2008.

② 杰伊·B. 巴尼，德文·N. 克拉克 . 资源基础理论：创建并保持竞争优势［M］. 张书军，苏晓华，译. 上海：格致出版社，上海三联书店，上海人民出版社，2011.

③ 曾国良. 从比较利益学说到竞争优势：兼论古典学派的比较成本理论［J］. 理论与改革，2004（2）：81-83.

④ CHAMBERLIN E H. The Theory of Monopolistic Competition［M］. Cambridge：Harvard University Press，1950.

国应实施适当的战略性贸易政策。

（五）基于技术优势的内生增长理论

在阿罗（Arrow，1962）、斯托克（Stokey，1988）和福斯特（Foster，1995）等学者提出的“干中学”模型以及卢卡斯（Lucas，1988）提出的人力资本模型的基础上，罗默（Romer，1986，1999）将知识要素引入经济增长理论，提出了知识外溢模型，并建立了相应的新经济增长理论框架，构造了四要素的内生增长理论。在罗默研究的基础上，赫尔普曼（Helpman，1993）指出在短期内加强对技术扩散跟随国的知识产权保护力度，将增加跟随国的模仿难度，降低跟随国模仿的效率，对跟随国经济增长带来负面影响。

（六）基于国家战略的钻石模型

迈克尔·波特（Porter，1985）是竞争优势理论的开拓与集大成者，他指出，比较优势理论、规模经济理论、产品周期理论都不能说明产业竞争力的来源。企业的竞争优势来源于产业的吸引力和企业在市场中获得的优势，国家竞争优势的关键在于国家具有适合创新机制和充分的创新能力。生产要素、需求条件、支援与相关产业、企业战略、结构与竞争状态及机会、政府六要素交互影响、相互作用，共同决定了国家竞争力的强弱，这就是著名的“钻石模型”。

三、产业集群理论

一些学者认为，区域经济学中的产业集群理论、地域生产综合体理论和区域经济发展梯度理论等对区域竞争力的研究有直接贡献。区域经济学基本理论剖析了区域经济发展的基本条件，揭示了区域经济发展的一般规律，为区域竞争力研究建立了最一般的思维框架。一些学者认为产业集群在区域发展中起核心作用，集群的逐步发展形成了区域优势产业，从而成为构筑区域核心竞争力的物质实体。他们将集群对区域核心竞争力的作用归纳为：使区域按劳动分工理论形成专业化产业区，增强企业在本地的根植性，促进地区经济结构的调整升级，有利于产业持续创新，实现区域经济可持续发展，并提出了“产业集群—区域优势产业—区域核心竞争力”的逻辑框架。产业集群理论在20世纪90年代逐渐进入主流经济学家的研究视野。产业集群研究的不同流派和不同视角从不同的角度阐释了产业集群理论。

（一）新古典经济学派对产业集群现象及成因的探索

新古典经济学派经济学家马歇尔沿着亚当·斯密的劳动力的专业化分工展开，在其名著《经济学原理》中提出了大规模生产的好处，并尝试着对产业集群现象产生的原因进行分析。他认为，企业为了追求规模经济而在空间上聚集在一起。位于该区域内的企业既竞争又合作，形成了具有良好信誉和富有特色的产业集群。产集群现象的出现归结为以下几个方面的原因：一是本体的协同创新环境和本地文化的价值观念系统；二是对具有专门技能的劳动力的需求；三是可以获得外部规模经济的辅助性企业的存在；四是区域经济持续健康发展的需要；五是劳动需求结构的差异性；六是客户的购买方便性的需要①。

（二）产业区位论学派对产业集群形成机理的解释

产业区位论的奠基人阿尔弗雷德·韦伯从工业区位论角度对产业聚集形成机理进行了研究。在其1929年发表的论著《工业区位论》中，首次提出了集聚经济（agglomerative economies）概念，并尝试用集聚因素和分散因素来建立集聚经济函数。其研究得出的结论为：当不考虑运费成本的情况下，各区域在通过工业的吸引力直接取决于劳动力费用的假设下，集中分布会比分散分布得到更高的利润。

（三）经济地理学派对产业集群理论的发展

新经济地理学的主要代表人物克鲁格曼（Krugman，1995）在不完全竞争市场下，通过累积因果关系、收益递增效应、路径依赖法则等方式阐释了产业集群现象产生的原因。他建立了不完全竞争市场体制下的规模报酬递增模型，将区域经济理论纳入主流经济学范畴。研究指出，在初始条件相等的情况下，随着贸易成本的逐渐降低，劳动力从一个地区移动到另一个地区，这种移动最终会导致行业的空间聚集。帕德莫和吉博森在波特钻石模型的基础上提出了集群竞争优势的GEM模型，认为集群竞争优势取决于三要素（环境、产业、市场）六因素②。

总体来说，产业集群理论认为，产业集群拥有明显的竞争优势，并能形成一种集群竞争力，而这种集群竞争力可以形成并提高区域的核心竞争力。综上所述，区域核心竞争力由比较优势和竞争优势共同组成，比较优势强调区域经济发展的资源禀赋或产业发展的有利条件，是区域核心竞争力产生和形成的基础，是创造持续竞争优势的源泉。竞争优势突出了区域经济的内生能力，是核心竞争力形成的主导力量，在核心竞争力形成中更多地表现为一种独特的知识、技能和经验，它可将比较优势深化，发展成为核心竞争力。区域核心竞争力的形成中比较优势与竞争优势会同时发生作用，他们是密切联系、不可分割

---

① 马歇尔．经济学原理［M］．陈良璧，译．北京：商务印书馆，1964：290-291．

② 张洁．综合比较优势视角下的中国产业集群竞争力研究［D］．长春：吉林大学，2011：10-12．

的。产业集群能够实现产业集群优势，规模报酬递增，使得企业获得更高的生产率和生产收益，形成产业竞争优势和区域核心竞争力。由以上综述可以看出比较优势理论、竞争优势理论和产业集群理论最终构成了区域核心竞争力理论的核心理论基础。

第三节　区域核心竞争力的构成与培育

区域核心竞争力是推动区域发展的重要能力，因此分析区域核心竞争力的构成要素显得尤为必要。分析区域核心竞争力必须从区域核心竞争力的构成要素着手。

一、区域核心竞争力的构成要素

区域核心竞争力的概念内涵界定有助于科学而准确地构建区域核心竞争力的评价指标体系，从而对区域核心竞争力的构成要素进行分析。区域核心竞争力是一个区域从本地区自身优势出发，高效配置和利用生产要素与资源的能力，其本质是区域对生产要素和资源的集聚与扩散能力。区域核心竞争力是其他区域很难通过模仿而在短期内获得的能力，能使区域保持持久的竞争优势。可见，区域核心竞争力是建立在区域竞争力和核心竞争力两大系统理论之上，结合比较优势和竞争优势而提出的。区域核心竞争力概念具有四个特征：一是研究范围为区域，区域范围可大可小。区域范围不仅可以依据行政区域划分，还可以依据自然产业划分，将进行相似产业活动的地域整合起来，由产业片区组成区域①。二是核心资源是重要基础。通过对核心资源进行合理有效的规划和配置，从而带动区域内经济社会发展，提升区域核心竞争力②。三是离不开企业和产业的支撑。企业的发展和产业的调整是提升区域核心竞争力的主力③。四是具有比较优势和竞争优势。综上所述，区域核心竞争力在区域综合竞争力中处于核心地位，它的竞争优势或是来源于区域本身，或是来源于核心资源，或是来源于产业结构的不断调整和变化。因此，区域核心竞争力是在一定区域范围内，在持续竞争过程中，由区域积累的一种保持自身持久稳定发展的竞争能力，这种能力是区域独具并通过资源调配、企业创新、产业升级等方

① 杨浩，戴春明．企业核心专长化［M］．上海：上海财经大学出版社，2002：73-98.
② 侯建星．区域核心竞争力研究与区域品牌打造［D］．天津：河北工业大学，2013：11-17.
③ 邹统钎．行业选择战略［M］．上海：复旦大学出版社，2002：80-109.

式实现的整合，能使区域保持长期的竞争主动权，使区域处于领先的地位。区域核心竞争力由于其本身的特殊性，不仅反映在该区域外在所拥有的资源和禀赋，还包括一个区域所拥有的内生性能力。内生性能力也就是一个区域在长期的经济发展中所积累的能力，该能力无法由市场交易而获得，而一旦一个区域保持了自己的这种特殊能力就能在长期的区域竞争中保持住自己的优势。综合国内外已有的研究成果，区域核心竞争力的构成要素主要包括：核心资源、环境条件、企业核心竞争力和产业核心竞争力。

（一）核心资源

核心资源是有价值稀缺的不完全模仿和不完全替代的资源，是企业持续竞争的优势核心，也是区域核心竞争力的基础，既包括有形资源，也包括无形资源，在现今社会发展涵盖技术资源、科研资源、人才资源、劳动力资源、原材料资源、能源资源以及地理资源等。有形资源对于区域的发展尤其是欠发达区域来讲更为重要，而无形资源的作用在逐步突显。区位的差异导致区域自然禀赋的差异，早期的社会分工因资源禀赋差异形成。资源的特有性难以短时间复制，特有资源的竞争优势会被放大，拥有特殊资源且资源丰厚的区域在核心竞争力的争逐上具有绝对优势。现代社会高科技不仅是区域核心资源的重要组成部分，更是推动区域进步的不竭动力。高科技或是改变了区域的社会生产效率，争夺市场份额；或是推陈出新，扩大客户群体；或是优化产业结构，提高资源利用率，使资源更加合理地进行配置。因此，高科技的应用使区域实力倍增。

（二）环境条件

环境条件是孕育区域核心竞争力的载体，也是构成区域核心竞争力的要素之一，包括区域所处的外部环境和内部环境。外部环境包括影响区域发展的区域政治、社会、文化和经济因素。制定区域发展战略和规划要对当前的政治环境、政策法规有所了解，区域发展目标要切合国家发展战略。区域人文和社会环境对区域核心竞争力的形成和培养具有重要的影响。经济环境不仅包括宏观经济发展趋势，也包括微观区域、企业发展状态及其面向的市场。区域只有顺应宏观政治、社会、文化和经济形势，才能培育强大的区域核心竞争力。外部环境还包括与本区域地理位置相接壤或发展势头强劲的区域带动本区域的辐射力、渗透力，将这些因素转化成对自己有利的发展因素，也能提高区域核心竞争力。内部环境指的是区域内的各种环境因素及条件，包括地理位置、交通、环境、信息等，这些为区域经济发展奠定了良好的基础，还包括区域资源集聚能力、创新能力、文化理念等区域存在的潜在能力。良好有序的环境条件是区域发展的基础，使区域在竞争中取胜。

（三）企业核心竞争力

核心竞争力理论主要研究企业在市场中能否取得竞争优势的能力，其核心对象是企业。企业核心竞争力是组成区域核心竞争力的重要部分，企业的发展势必带动区域的进步。企业核心竞争力包括了企业软件条件和硬件条件两个方面，表现为企业在企业规模、企业创新、企业生产效率三方面的成绩。企业规模包括了企业从业人员数、企业销售额以及企业资产总额的情况，使企业在市场竞争中能够占有的一定的市场份额。企业效率竞争力由企业的劳动生产效率以及资本生产效率组成，涵盖了企业管理者能力、团队执行能力、制度有效性和人力物力资源融合度，是企业文化的具体表现形式①。企业创新竞争力包括管理性创新、生产技术创新和产品创新，是企业缔造品牌效益最坚实的基础，并为企业长期可持续性发展带来保障。

（四）产业核心竞争力

产业核心竞争力是指产业内产品竞争优势的集合，是介于国家竞争力和企业竞争力之间的中观竞争力。产业核心竞争力可以概括为一国的某一产业在参与竞争中所拥有的关键的或具有支配地位的知识、资源和技术等因素组合的能力，而其他国家难以模仿，使产业长期保持竞争优势和快速发展的能力。产业核心竞争力比较的内容就是产业竞争优势，而产业竞争优势最终体现于产品、企业及产业的市场实现能力。产业核心竞争力强调的是产业在保持竞争优势必须包括多方面的技能、知识和资源，是产业发展中所需要素的有机结合；产业本身必须拥有或掌握这种资源的使用权，拥有对要素的配置权，才能从中受益；这种竞争优势是其他国家难以模仿的，否则这种竞争优势将会丧失，不再是产业的核心竞争力；产业的核心竞争力必须能随着产业环境的变化而变化，保持对产业竞争力的主导作用；核心竞争力对产业的作用必须与整个国际市场竞争相吻合，与国家产业发展的目标相吻合②。

三、区域核心竞争力的培育

区域经济可持续发展的关键是区域拥有自己的核心竞争能力。区域自然条件和历史发展的差异，会形成自己独特的经济、交通、文化发展形态。因此，区域在发展过程中，应该培育自己的区域核心竞争力，围绕核心竞争力目标发

① 周勃．中国央企竞争力研究［D］．长春：吉林大学，2014：26-27.

② 申雅杰．产业核心竞争力理论研究及实证分析：以我国饮料产业为例［D］．南昌：江西师范大学，2012：12-24.

展相应的产业并进行全球功能定位。

（一）比较优势转化为竞争优势

区域比较优势和资源有关，是指本地区在经济和生产发展中所独具的资源与有利条件。比较优势对区域核心竞争力的主要贡献是造成了某种差异性，如资源成本方面的差异，形成特色产品等，从而在竞争中获得较大的差别利益。一个地区的特色和优势表现为：区位优势、自然资源优势、社会资源优势，这些特色和优势或是天然禀赋，如区位优势和自然资源优势，其他地区无法学习和转移，或是历史发展的长期积累，如现在的政治、经济、文化中心，其他地区在短期内很难追赶，因此都能带来较大的差别利益。天然禀赋的比较优势一直是区域经济竞争优势培育的基础和前提，但大量实践表明，国家和地区的竞争力在很大程度上取决于其产业能否创造出更高的生产力，并能持续地保持和发展这种生产力，而不仅仅是依赖比较优势。

在现代经济竞争力发展中，区域竞争优势起着更大的作用，是核心竞争力创建的主导方向。区域竞争优势和资源利用有关，是指在竞争中相比于竞争对手的更强的能力与素质。一个国家和地区在资源禀赋上可能是富有的，但有利的禀赋优势却不一定能形成竞争优势。有的国家和地区虽然资源禀赋优势匮乏，但通过技术优势而对资源加以有效利用，如合理的资源配置、产业结构的优化等，仍然有可能形成强大的竞争优势。竞争优势强调的是一个国家和地区的内生能力，特别是创新能力，竞争优势与比较优势不同，竞争优势并不是某一国家和地区所独占的，通过培育内生能力，任何一个地区都有可能获得竞争优势。从核心竞争力的角度来看，专门要素和条件（比较优势）赋予一国经济竞争力及其发展的独特性，并影响着国家和地区创新活动的开展。然而竞争优势的概念相对于比较优势有了更多的发展，突出了一个国家和地区内生能力的重要性，内容也更广泛，涉及政治、经济、科技、金融、文化等多方面，是一国和地区综合实力的反映。资源是经济发展的基础，但有利的资源不一定就能提高竞争力，尤其是核心竞争力，还要看资源的经济市场价值，这种价值的独特性，以及对该资源的开发和利用能力。因此，区域核心竞争力的创建应该利用比较优势的独特性，将其作为基础，大力发展竞争优势，将区域比较优势转化为竞争优势。

（二）筛选和培育主导产业

区域主导产业是地区优势在区域产业结构中的体现，对区域经济发展的贡献度较高，因此，区域主导产业通常是指那些在区域产业体系中处于技术领先地位、代表着该地区产业结构演变的方向或趋势，能够带动和促进整个区域经济的发展的产业或产业部门①。区域主导产业的选择与地区经济发展有着密切的关系，区域主导产业的发展对区域经济的增长会产生扩散作用，通过扩散作用，将自身的优势辐射到其产业链上相关的产业中去，进而带动整个区域经济的发展。主导产业通过回顾、旁侧以及前向效应和其他产业部门相互关联、相互影响，具有波及效果，可以促进和带动其他产业部门乃至整个国民经济的迅速发展，对国民经济的发展起着重大的作用。因此，必须要根据资源和条件开展相应的经济活动，使资源优势转化为产业优势，还要从全国功能区划、经济布局和统一市场出发，根据自身条件，对本地区的主导产业进行准确筛选和培育。

正确选择区域主导产业关系到区域整体的经济布局，也关系到区域竞争优势的形成和建立。区域主导产业的选择必须考虑以下四个方面的问题：一是区域经济发展的比较优势，只有选择那些能够充分发挥区域比较优势的产业作为主导产业，才有可能使区域经济得到快速、持续、稳定的发展。二是产业科技含量和技术水平，主导产业必须尽可能地选择那些产业科技含量高、技术进步快、技术要素密集的产业或产业部门，使其在技术上始终保持领先水平，以便在区际分工中拥有竞争优势从而获得更多的利益。三是产业链的长短和关联效应的大小。主导产业的选择必须优先考虑产业链长和产业关联度高的产业。四是产业贡献率和增长后劲。主导产业的选择还应考虑产业对区域经济发展的贡献率大小和增长后劲，要特别扶持那些有发展潜力的产业。区域主导产业的选择是区域经济发展的核心，正确选择区域主导产业，可以发挥其带动作用，促进区域经济发展，打造区域核心竞争力。区域主导产业在区域内是区域优势的综合体现，是区域产业链的关键和核心，具有带动区域经济全局的功能；在区域外，区域主导产业是全国或更高层次区域同类产业的主要生产供应基地，具有区际意义，标志着该区域在全国或更高层区域地域分工的地位。

（三）形成特色和优势产业集群

产业集群是指在特定区域地理上集中的众多具有竞争与合作等交互关联性的企业、专业化供应商、服务供应商、金融机构、相关产业的厂商及其他相关机构等所组成的群体②。产业集群对区域经济发展的推动作用十分显著。产业集群理论认为，集群是企业在特定区位扎堆的现象，是在业务上相互联系的一群企业和相关机构集中在特定区域的过程和现象。产业集群发展是指在同一产

① 徐丰. 区域核心竞争力培育研究 [D]. 武汉：武汉理工大学，2005：15-25.

② 迈克尔·波特. 国家竞争优势 [M]. 李明轩，邱如美，译. 北京：中信出版社，2007：2.

业的众多企业在地理位置上相邻，被锁定在一定的地域范围内，在地理聚集的基础上，同一产业的成员企业之间建立相互分工协作关系，最终形成产业集聚的生态系统。集群的成熟与完善程度高低，体现了区域竞争优势高低，决定了区域优势产业的形成与发展与否，从而体现了区域核心竞争力的高低①。

培养区域核心竞争力要根据本地区的功能定位选择主导产业，并集中资源优势，重点发展特色和优势产业群，即将区域主打产业、特色产业做大，使之构成产业力量，产生相应的市场效应。产业集群具有提高资源配置效率的集群效应和增强生产效率的自我强化机制，从而能够协调发展产业竞争力、基础竞争力和环境竞争力，提高区域的产业竞争力。产业集群所具有的竞争优势有利于形成区域产业优势，并进一步形成区域核心竞争力，表现为具有地方特色的产业集群，就是大量相关企业空间集聚所形成的本地化产业综合竞争力，这是其他区域最难模仿的，这些产业集群往往成为区域经济强劲持续增长的源泉。区域发展的实践证明，产业集群的发展是区域核心竞争力提升的重要途径。一个区域性经济增长点的出现，不管是长期资本积累，还是短期资本的汇合，都是通过产业的带动而形成有力的支撑点和产业群体实现的②。

（四）塑造和推广区域品牌

区域品牌是产业集群在特定区域范围内形成的具有较大规模、较强生产制造能力、较高市场占有率和国际影响力的实力与声誉的总称③。发展区域品牌是引领区域经济发展的重要举措，也是区域社会经济发展到一定水平的必然结果。产业集群是区域品牌成长的摇篮，能为区域品牌提供必要的物质基础，并且有助于区域品牌的形成、发展与传播。相对应的，区域品牌对产业集群的成长和区域经济的发展也有着极其重要的促进作用④。随着产业集群竞争优势的确立，集群产品与服务的知名度不断提升；产品的知名度和美誉度又不断扩大产业集群的市场影响力，到一定程度时，区域品牌便应运而生⑤。产业集群是区域品牌形成与发展的基础，产业集群为区域品牌提供经济基础和物质载体，并且对区域品牌的形成、发展、传播和维护起到了重要的促进作用。区域品牌的成功建立，将拓展集群生存的空间，带动区域经济的发展，区域品牌化是产

① 杨慧. 内生型传统产业集群演化研究 [D]. 上海：华东师范大学，2016：26-30.

② 陈柳钦. 区域核心竞争力及其培育路径分析 [J]. 开放导报，2010，152（5）：78-82.

③ 郭忠强. 基于产业集群的区域品牌发展战略研究 [D]. 长春：吉林大学，2012：1.

④ 郭忠强. 基于产业集群的区域品牌发展战略研究 [D]. 长春：吉林大学，2012：49-69.

⑤ 涂山峰，曹休宁. 基于产业集群的区域品牌与区域经济增长 [J]. 中国软科学，2005（12）：111-115.

业集群发展的高级阶段和升级的必由之路。产业集群有利于区域品牌的建立、传播与维护。产业集群对区域品牌的贡献并不仅仅局限于为其创造良好的成长土壤，同样的，产业集群也加快了区域品牌在一定区域内的传播速度。而区域品牌一旦建立，会对产业集群和区域经济的发展产生逆向推动作用，具体表现在：区域品牌增强产业集群和区域经济的核心竞争力；区域品牌使产业集群获得持续的品牌效应；区域品牌是产业集群和区域经济重要的无形资产。

区域品牌是地域内品牌集体行为的综合体现，作为一种公共物品和无形资源，为区域共享，是区域核心竞争力成长到高级阶段的表现。区域核心竞争力的提高有助于区域品牌的形成，区域品牌的打造反作用于区域核心竞争力，提升区域核心竞争力的发展层次。两者相辅相成，相互作用，相互提高，呈现螺旋式上升①。培育区域品牌的过程就是营造区域核心竞争力的过程，二者螺旋式拉升，区域品牌对区域核心竞争力具有反作用。因此，在区域经济发展中，要将区域品牌塑造列入区域经济发展的总体规划，通过充分发挥地方产业优势，逐渐发挥名牌产品的集聚效应和规模效应，利用产业集聚地的聚合效应形成产业区域名牌，建立具有较高美誉度的区域品牌，除此之外，加强宣传和推广也是不可忽视的重要措施。通过实施区域品牌战略，树立区域形象，扩大区域特色的知名度，以品牌来开拓、占领市场。

---

① 侯建星. 区域核心竞争力研究与区域品牌打造［D］. 天津：河北工业大学，2013：38-40.

第三章 中国白酒业发展现状与趋势

中国白酒有2 000年以上的悠久历史，比西方威士忌等蒸馏酒的出现要早1 000年左右，是世界著名的六大蒸馏酒（其余五种是白兰地、威士忌、朗姆酒、伏特加和金酒）之一。我国有着悠久的酒文化，白酒在我国酒饮料中一直居于主导地位，拥有广大的白酒消费群体。大中型白酒企业是我国白酒行业发展的领头羊，主导着我国的白酒市场。川酒以“产酒量大”和“知名品牌众多”闻名，黔酒的茅台“一枝独秀”，是我国白酒行业的领头羊。

第一节 中国白酒业发展历程

白酒是由淀粉或糖质原材料制成酒醅或发酵后经蒸馏而得，通常以高粱等粮谷为主要原料，以大曲、小曲或麸曲及酒母等为糖化发酵剂，经蒸煮、糖化、发酵、蒸馏、陈酿、勾兑而制成，酒精度在（体积分数）18%～60%的蒸馏酒产品。中国白酒酒精度高，基本无色透明，因而中国白酒又称“烧酒”。根据国家统计局制定的《国民经济行业分类与代码》，中国把白酒制造归入饮料制造业（国统局代码C15）中酒的制造（C151），其统计4级码为C1512。从1949年到2017年，我国白酒行业走过了68个春秋，经历了白酒业传统手工艺制作期、白酒业技术革新期、白酒业量价齐升期、白酒业品牌决战期和白酒业深度调整期五个发展时期。

一、白酒业传统手工艺制作期

中国白酒的起源，可以上溯到7 000多年的“神农时代”。中国白酒形成了独特的生产工艺，以生长霉菌为主要微生物的酒曲为糖化发酵剂，以复式发酵、半固态发酵为特征。采用传统固态法工艺生产的具有独特品格的传统名优酒，是我国独特的、流传几千年的文化遗产。用传统白酒原料和酿造工艺酿造的白酒，依然是目前高档白酒的主体。中华人民共和国成立初期，我国白酒企业规模小，生产较分散，手工作坊多，品牌也不多，主要依靠传统的手工工艺制作白酒。国家大搞经济建设，各个地方的传统“烧坊”相继合并，成立国营酒厂。1949 年我国白酒产量仅为 10.80 万吨（65%，V/V 计），白酒业发展缓慢，作为商品的白酒仅在当地狭小的范围内流通。中华人民共和国成立后，我国白酒行业开始探索白酒的机械化生产，使白酒的酿造在多个环节实现了机械化，如用机磨代替牲畜拉磨，用鼓风机代替了扬锨，锡锅冷却器代替了天锅等。1951 年，华（成义酒坊）、王（荣和）、赖（恒兴）三家酒厂合并成为一家酒厂，后来这家酒厂成了行业“老大”（茅台酒厂），引领中国白酒行业发展。1952 年，我国召开了首届“全国评酒会”，茅台、泸州老窖、汾酒、西凤酒被评选为中国“四大名酒”。“四大名酒”孕育出了后来被誉为“四大母体香型”的茅台酱香型白酒、泸州老窖浓香型白酒、汾酒清香型白酒、西凤凤香型白酒。1955 年，第一届全国糖酒食品交易会召开，糖酒食品圈内人士主导的“商业搭台，工业唱戏”的现代模式，极大地推动了传统中国白酒酿造行业走出去，请进来，成为白酒业发展的重要动力。

二、白酒业技术革新期

20 世纪五六十年代，主管酒类的轻工业部专门从全国各地抽调力量来加强白酒生产的科技攻关与研究。以轻工业部发酵研究所为主要力量会同茅台酒厂、汾酒厂组织攻关小组进行协调攻关。顺应国家节约粮食、降低成本的需求，以食用酒精为酒基的液态法白酒和以固液结合生产的白酒在数量上的主体地位得到巩固，这一阶段白酒行业所取得的成果凝聚着周恒刚、秦含章、熊子书等老一辈酿酒专家毕生的心血。1956 年国务院科学规划委员会组织编制《1956 年至 1967 年科学技术发展远景规划纲要》（以下简称《纲要》），由轻工业部提出的酒精改制白酒项目被列入《纲要》。随后在 1963 年至 1972 年国家科委《关于酿酒工业及其装备技术改造政策的若干规定（草案）》中明确指出：“今后十年内，白酒的生产工艺，应以液态和固态发酵相结合为发展方向。”计划经济时代我国传统工艺白酒的作坊式操作严重制约着白酒的规模化生产程度，20 世纪 60 年代，我国政府开始推动技术创新并放松对白酒生产的管制。20 世纪 60 年代，通过液态发酵法酿制以食用酒精为原料的新型白酒技术在全国全面推广；20世纪70年代，白酒生产向降度酒和低度酒发展，使得白酒高耗粮的状况得到改观，同时，设计和推广应用了大曲块成型机、麸曲白酒机械化作业线、通风晾茬机、转盘蒸馏甑桶以及皮带输送机等机械设施，白酒技术改造取得诸多突破性成效，我国白酒产能得到了巨大的提升。

由于白酒税收是我国国民经济的重要来源，国家对白酒行业的发展非常重视。1963年在北京举行的第二届名酒大会，评出全国影响力最大、至今仍被人们津津乐道的中国老“八大名酒”：五粮液、古井贡酒、泸州老窖特曲、茅台酒、全兴大曲酒、西凤酒、汾酒、董酒。1964年，周恩来总理要求酿酒专家周恒刚带队，对汾酒厂、茅台酒厂进行试点，对白酒香味成分进行剖析和探讨，通过对酱香型白酒曲种、酿造工艺、微生物特性及香味成分深入研究、成功检测和科学总结，极大地提高了中国白酒的酿造水平。1979年在大连举行的第三届名酒大会，共评出八种名酒：茅台酒、汾酒、五粮液、剑南春、古井贡酒、洋河大曲、董酒 、泸州老窖特曲。1984年在太原举行的第四届名酒大会，共评出十三种名酒：茅台酒、汾酒、五粮液、洋河大曲、剑南春、古井贡酒、董酒 、西凤酒、泸州老窖特曲、全兴大曲酒、双沟大曲、特制黄鹤楼酒、郎酒。1978年，我国白酒产量达到143.74万吨（65%，V/V计），比中华人民共和国成立初期白酒产量增长了近15倍，1983年我国白酒产量进一步提高，达到290.17万吨（65%，V/V计）。

三、白酒业量价齐升期

改革开放后，我国农业实行包产到户，农业快速发展，粮食大丰收，余粮不断增加，酿酒成为消化粮食的主要出路之一。此外，一方面，传统白酒酿制技术含量较低，设备投资小，进入门槛低，税收和利润高，成为地方政府积累资金的主要来源，形成了县县乡乡办酒厂，小酒厂遍地开花的局面，各地酒企如雨后春笋般大量涌出。另一方面，从计划经济向市场经济转轨后，我国人均可支配收入和财政收入大幅提升，长期受压制的大众白酒消费爆发性释放，白酒由过去的奢侈品变为大众消费品，带动了白酒产业量价齐升。1989年在合肥举行的第四届名酒大会，共评出十七种名酒：茅台酒、汾酒、五粮液、洋河大曲、剑南春、古井贡酒、董酒 、西凤酒、泸州老窖特曲、全兴大曲酒、双沟大曲、特制黄鹤楼酒、郎酒、武陵酒、宝丰酒、宋河粮液、沱牌曲酒。以孔府家、孔府宴、秦池等为代表的鲁酒企业，将白酒行业带入广告营销时代。鲁酒企业不惜血本，广告开路，用地毯式轰炸的办法搅得我国白酒市场天翻地覆。受到鲁酒“一夜奇迹”的刺激，中国白酒业开始进入一个超常规发展的阶段，小酒厂遍地开花，新品牌层出不穷。1994 年，山西汾酒在上海证券交易所正式挂牌上市，成为第一家白酒上市企业，随后四川泸州老窖也在 A 股上市，从此开启了中国酒企的上市之路。我国白酒产量在“五五”期间增长了 69%，“六五”期间增长了 57%，“七五”期间增长了 52%，“八五”期间增长了 50. 6%，“九五”期间下降了 23%左右。我国白酒产量从 1992 年的 547. 43 万吨（65%，V/V 计）猛增到 1997 年的 781 万吨（65%，V/V 计），是中华人民共和国成立初期白酒产量的 80 倍左右。“九五”以前，中国的白酒行业发展相当快，满足了广大人民群众的需求，但后几年发展过快，几近失控。

四、白酒业品牌决战期

1997—2012 年是我国白酒业的品牌决战期。“十五”期间，国家加大对白酒行业的整治力度，提出“以市场为导向，以节粮，满足消费为目标，走优质、低度、多品种、低消耗、少污染、高效益”的发展道路，国家对白酒行业制定了以调控总量为基础的产业政策和新的税收政策，对白酒的行业进行了一定程度的宏观调控，中国白酒业的无序扩张得到抑制。同时，1997 年亚洲金融危机的爆发，导致我国经济增速放缓，城镇居民人均可支配收入下降，对白酒的需求出现萎缩，我国白酒产量开始了长达 8 年的负增长，白酒业竞争加剧。2000 年后，由于加入世贸组织，我国经济进入快速增长期。随着宏观经济的快速发展，居民酒类消费价格指数发生相应变化（图 3-1），我国白酒行业

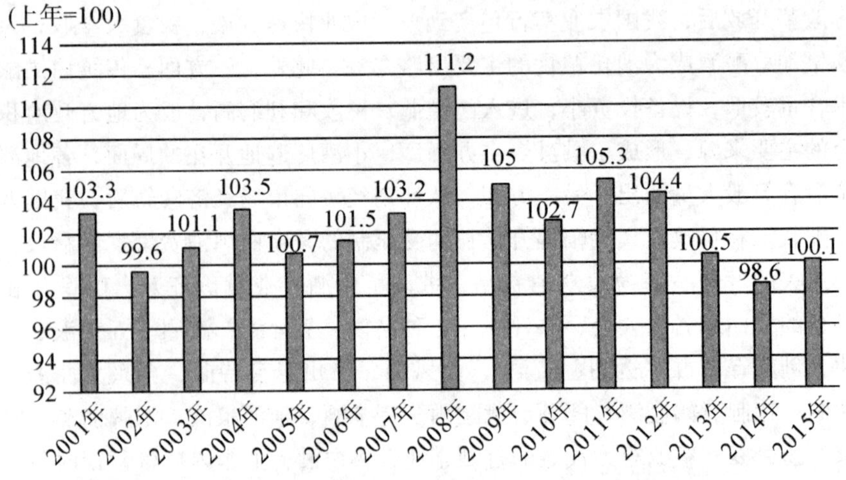

图 3-1 2001—2015 年我国酒类居民消费价格指数变化图

（资料来源：国家统计局。）

表现出与宏观经济快速增长相适应的快速发展态势，2002—2012 年，被称为我国白酒行业发展的“黄金十年”，部分白酒企业增速超过 30%①。

随着我国居民收入水平的提高，对食品安全问题的重视，品牌高档白酒消费表现出比普通白酒更快的增长速度，我国白酒行业品牌主导竞争的时代来临，以水井坊为代表的高端白酒奢侈化还推动了中国白酒走向世界。在此期间，我国白酒行业从量税的实施以及山西朔州毒酒案的爆发，对以中低端白酒生产为主的企业造成了致命打击。我国白酒行业从原来的粗放式经营、依靠数量的扩张向集约型经营、依靠品牌效应、质量扩张转变，名优白酒企业崭露头角。1999 年，泸州老窖公司隆重举行国窖 1573 的“出酒大典”，首批白酒被分装成 1 999 瓶，就此国窖 1573 正式面世，拉开了中国名酒向高端酒升级的序幕。以五粮液为代表，酒鬼酒、古井贡酒等一大批中国白酒企业成为“名牌战略”的先行者，进入白酒行业品牌决战阶段，高端白酒基本形成以贵州茅台、五粮液、泸州老窖和水井坊四家寡头垄断的格局，浓香型白酒逐渐占据我国白酒消费市场的主导地位。

2012 年我国白酒累计产量 1 153 万千升，同比增长 18.55%，收入为 4 466 亿元，同比增长 26.82%，实现利润总额 818.56 亿元，同比增长 48.52%。2012 年，我国白酒建设规模远超啤酒和其他酒建设规模，达到历史高位 2 044.71 万吨/年（图 3-2）。

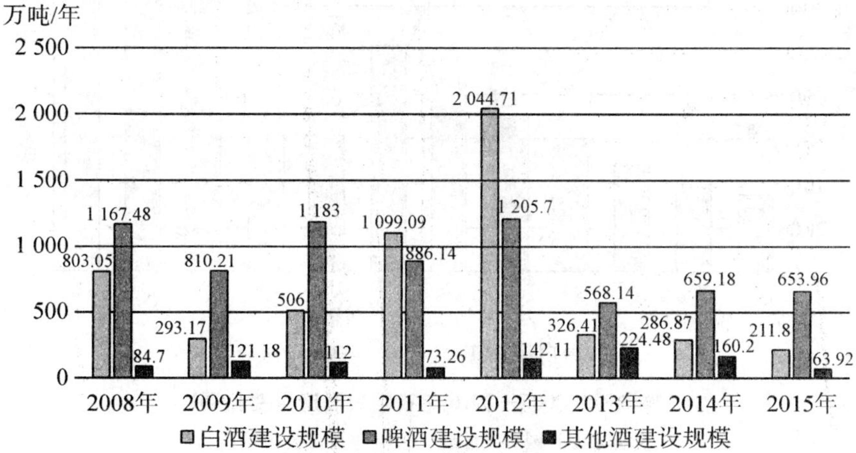

图 3-2　2008—2015 年我国白酒、啤酒和其他酒建设规模变化图

（资料来源：国家统计局。）

① 马勇. 中国白酒三十年发展报告（上）[J]. 酿酒科技，2016（2）：17-22.

五、白酒业深度调整期

2012年至今，我国白酒行业进入了深度调整期。2012年，我国政府陆续出台了醉驾入刑、禁酒令、禁止价格垄断、严查三公消费等政策，吹响了中国白酒业“黄金十年”的终结号。高端白酒量价齐跌，整个白酒行业开始进入深度调整期，我国白酒行业扩张速度明显放缓。同期，白酒行业“酒精勾兑”“塑化剂”“基酒外购”“添加剂”等事件被曝光，在以上诸多因素的综合影响下，2013年，我国白酒行业进入深度调整期。12家白酒上市公司中，除了贵州茅台外，其余11家白酒上市公司企业核心利润、企业预收款项和企业主营业务收入增长率等均出现了不同程度的下降①，尤其是对中小白酒企业冲击非常大。我国白酒行业经历2012年以来三年的行业深度调整后，2016年出现业绩回暖迹象，全国规模以上白酒企业完成酿酒总产量1 358.36万吨，较上年1 315.87万吨同比增长3.23%（图3-3）；累计完成销售收入6 125.74亿元，较上年5 565.33亿元同比增长10.07%；行业利润总额为797.15亿元，较上年729.75亿元同比增长9.24%。2016年，我国规模以上白酒企业1 578家，其中113家亏损，企业亏损面为7.16%，白酒行业复苏态势显著。

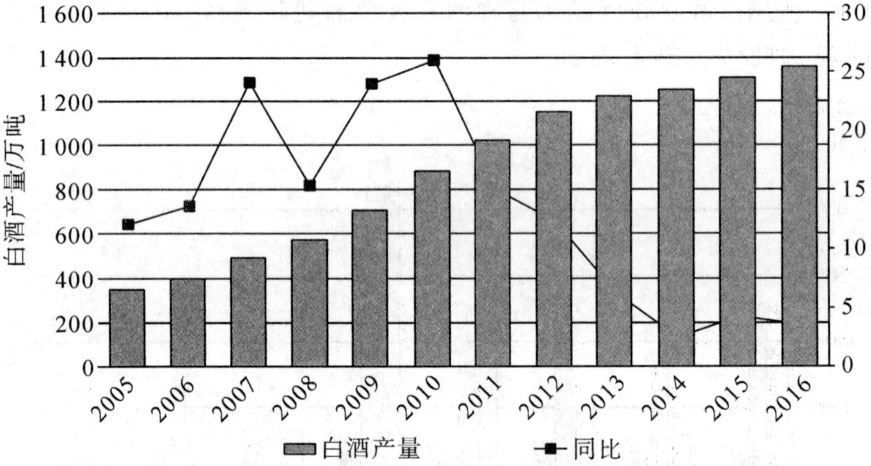

图3-3　2005—2016年我国白酒产量变化图

（资料来源：国家统计局，2016年上市公司年报。）

① 吴卉琳. 我国白酒行业财务分析［J］. 新经济，2016（1）：22-23.

2016 年，我国 A 股共有 19 只白酒股，总市值超过 1 万亿元，A 股白酒公司产量总和为 135.48 万吨，占全国白酒产量的 10%；这 19 家上市白酒企业与白酒相关的总收入为 1 306.87 亿元，净利润为 364.55 亿元，白酒平均毛利率为 67.07%，平均净利润率为 18.57%（表 3-1）。

表 3-1　2016 年我国 19 家白酒上市公司年报情况

企业	市值/亿元	总收入/亿元	净利润/亿元	产量/万吨	销量/万吨	净利率/%
贵州茅台	5 228	388.62	167.18	5.99	3.69	43.02
五粮液	1 676	245.44	67.85	15.13	14.87	27.64
洋河股份	1 227	171.83	58.27	20.45	19.82	33.91
泸州老窖	637	83.04	19.28	17.41	17.79	23.21
山西汾酒	268	44.05	6.05	4.56	4.17	13.74
古井贡酒	236	60.17	8.30	8.38	8.16	13.79
口子窖	200	28.30	7.83	2.87	2.83	27.68
迎驾贡酒	161	30.38	6.83	4.91	4.72	22.48
今世缘	160	25.54	7.54	2.89	2.85	29.52
顺鑫农业	113	111.97	4.13	36.41	33.34	3.68
水井坊	104	11.76	2.25	0.70	0.37	19.10
老白干酒	99	24.38	1.11	4.00	5.83	4.54
沱牌舍得	81	14.62	0.80	2.84	2.69	5.48
青青稞酒	81	14.37	2.16	1.74	1.81	15.04
伊力特	79	16.93	2.77	3.00	3.08	16.35
金徽酒	74	12.77	2.22	1.83	1.69	17.37
酒鬼酒	64	6.50	1.09	0.64	0.63	16.57
金种子酒	45	14.36	0.17	1.63	1.65	1.18
ST 皇台	22	1.78	1.27	0.08	0.06	NA
总和	10 555	1 306.87	364.55	135.48	130.04	18.57

资料来源：2016 年白酒上市公司年报。

目前，我国有 37 000 多家白酒生产企业，30 000 多个白酒品牌，白酒行业产能过剩问题突出。2016 年，我国白酒产量接近 1 400 万吨，而我国白酒终端消耗不超过 1 000 万吨。据调查，当前我国每年人均烈酒消费为 9. 2 升，已大幅高于全球人均烈酒消费的平均水平，同时，未来酒类产品消费者饮酒趋向中低度化，葡萄酒、啤酒等酒类还会进一步挤占白酒市场，白酒行业产能过剩问题还会更为突出（图 3-4）。

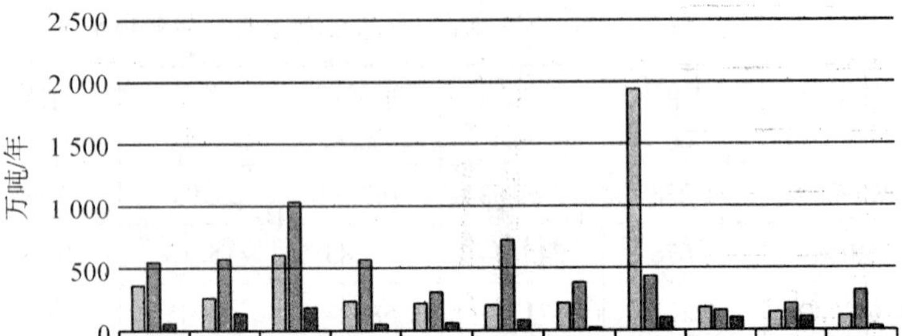

	2005年	2006年	2007年	2008年	2009年	2010年	2011年	2012年	2013年	2014年	2015年
白酒新开工规模	367.7	263.2	609.6	238.2	220.9	205	222	1944	188.7	149	119.3
啤酒新开工规模	553.3	576.6	1037	573.1	311.7	730	385.4	436.3	164.4	216.6	322.1
其他酒新开工规模	58.91	141.2	187.2	53.05	62.86	86	24.86	103	105.7	110.8	34.27

白酒新开工规模　啤酒新开工规模　其他酒新开工规模

图 3-4　2005—2015 年我国白酒、啤酒和其他酒新开工规模变化图

（资料来源：国家统计局。）

中华人民共和国成立以来，我国白酒产业满足了人民不断增长的需求，为国家带来了大量的税收收入。从我国白酒行业发展的历史回顾可以看出，我国白酒行业的历次繁荣均是在宏观经济过热和持续通货膨胀背景下出现的。在当前国际金融危机和我国宏观经济疲软，经济结构调整的大背景下，白酒行业的结构性调整和深度洗牌在所难免。

第二节　中国白酒业空间分布

中国白酒产业地域性特征很明显，空间分布主要集中在四川、江苏、山东、贵州、山西等省份。2016 年度，我国白酒产量位居前三位的省份分别是：第一位四川省，白酒年产量 402. 67 万千升，增长 8. 65%；第二位河南省，白酒年产量 117. 50 万千升，增长 3. 65%；第三位山东省，白酒年产量 112. 64 万千升，下降 0. 72%。

2006—2015 年，我国白酒行业排名前十位省份的白酒产量占全国白酒产量的比例分别为 77.07%、77.41%、77.79%、79.47%、82.14%、82.51%、82.38%、82.11%、81.37%和 81.57%，整体呈上升趋势，显示出我国白酒生产的区域集中度越来越高，具有较为明显的地域集中特征（图 3-5）。

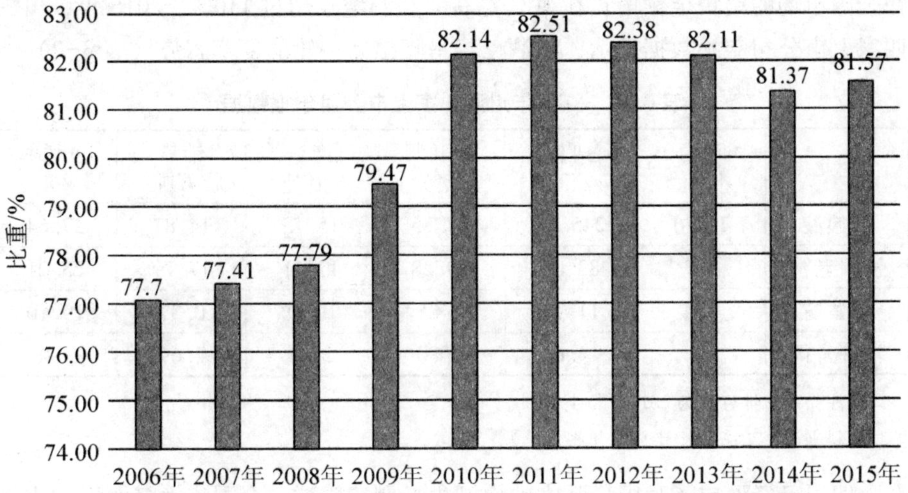

图 3-5　2006—2015 年我国排名前 10 位省份的白酒产量占全国的比重

（资料来源：2006—2015 年白酒行业统计数据。）

我国白酒产业地域集中性特征很明显，在空间分布上集中形成了我国六大白酒产区，即川酒产区、黔酒产区、徽酒产区、苏酒产区、赣酒产区和鄂酒产区。在我国白酒业六大产区中，川酒产区和黔酒产区凭借白酒产业发展的天然环境和资源优势以及悠久的白酒业发展历史基础和当地居民的饮用白酒传统，白酒产销量占据我国白酒行业 40%以上的比重。

一、川酒产区

川酒属于浓香型白酒，以“产酒量大”和“知名品牌众多”闻名，是中国白酒市场的重要一极。川酒以五粮液、泸州老窖、沱牌舍得、水井坊、郎酒、剑南春“六朵金花”为代表，其中五粮液、泸州老窖、沱牌舍得和水井坊为上市公司。

2007 年四川省超越山东省成为我国第一大白酒生产区，多年来一直稳居白酒产量第一位。2016 年，四川省规模以上白酒企业产量占到全国酿酒总产量近三分之一，主营业务收入 2 118.7 亿元，同比增长 11.4%，占全国白酒产业的 34.6%，一个阵容庞大的川酒阵营已经形成。2016 年，川酒“六朵金花”的主营业务收入、税收和利润分别占全省白酒的 66%、80%和 85.8%。以五粮液、泸州老窖、水井坊等为代表的川酒上市企业在2016年整体表现较好，据相关数据统计：2016年五粮液主营业务收入达245.44亿元，同比增长13.32%；泸州老窖主营业务收入达83.04亿元，同比增长超过20%；水井坊在全国市场的销售金额增长在30%左右，利润增长超过110%。2016年，川酒四家上市公司年报数据显示，川酒已经呈现出新一轮的复苏态势（表3-2）。

表3-2　2016年川酒4家上市公司年报数据

企业	市值/亿元	总收入/亿元	净利润/亿元	产量/万吨	销量/万吨	净利率/%
五粮液	1 676	245.44	67.85	15.13	14.87	27.64
泸州老窖	637	83.04	19.28	17.41	17.79	23.21
水井坊	104	11.76	2.25	0.70	0.37	19.10
沱牌舍得	81	14.62	0.80	2.84	2.69	5.48

备注：市值计算日为2017年5月5日。

资料来源：2016年上市公司年报。

四川已经形成了我国最强大的白酒生产制造集群，全国八大名酒四川占据六个席位，形成了以此为核心的庞大白酒生产基地。同时，四川还是中国白酒原酒供应基地，其原酒产量占据了国内白酒原酒产量的半壁江山。川酒产区白酒近年的同比增长均处于较高水平，使白酒产能、产量在短短几年就实现了从量变到质变的跨越，将其他产区远远甩在后面。

二、黔酒产区

黔酒属于酱香型白酒，省内形成了以黔北地区（以遵义市和毕节市为主）、黔中地区（以贵阳市、安顺市为主）、黔南地区（以黔东南州、黔南州和黔西南州为主）为主的3个名优白酒产业集群。黔酒中茅台“一枝独秀”，区域内的其他酒企相对规模较小，发展则显得相对滞后。

2016年，我国白酒行业呈现出结构性回暖态势，其中，贵州茅台率先实现增长，带动白酒一线阵营整体上扬，引领白酒产业成为贵州第一支柱产业。贵州茅台总市值超过5 000亿元，股价在一年半的时间里，从不到200元涨到400元以上，市盈率已经超过30倍，以0.44%的产量占据了整个白酒行业利润的21%，成为我国白酒行业当之无愧的龙头。2016年贵州茅台实现销售收入502亿元，同比增长19.9%；利润总额251亿元，同比增长10.5%；完成工业增加值444亿元，同比增长18.1%，茅台之外的其他黔酒企业实现主营业务收入144.8亿元，占全省白酒产业的22.8%。2013—2016年，贵州茅台终端零售价从平均900元/瓶涨至1 300元/瓶，涨幅44%；2016年贵州茅台市值达到5 228亿元，产量达到5.99万吨，净利润高达43.02%（表3-3）。

表3-3　2016年贵州茅台上市公司年报数据

企业	市值/亿元	总收入/亿元	净利润/亿元	产量/万吨	销量/万吨	净利率/%
贵州茅台	5 228	388.62	167.18	5.99	3.69	43.02

备注：市值计算日为2017年5月5日。

资料来源：2016年上市公司年报。

黔酒产区近年来在白酒产能、产量上虽然有所提高，但增长速度比较慢，产能比较低，占全国的比重仅为2.48%，没能带动其他黔酒实现白酒产能、产量的积聚。

三、徽酒产区

徽酒属于兼香型白酒，拥有古井贡酒、口子窖、迎驾贡酒、金种子酒四家白酒上市公司。从2016年年报可以看出，徽酒已经形成“一超多强”的竞争格局，古井贡酒占据安徽省内市场且在省外快速扩张，口子窖主要集中在安徽，迎驾贡酒的市场主要在安徽与江苏两地。目前，徽酒企业的重点市场依然是安徽，2016年开始，向周边的江苏、河南、湖北、江西等市场扩散。徽酒企业擅长营销，业内盛传“四川人会造酒，安徽人会卖酒”。

2016年，徽酒四家上市公司总收入达到了133.21亿元，其中，古井贡酒总收入60.17亿元，同比增长14.54%；迎驾贡酒总收入30.38亿元，同比增长3.81%；口子窖总收入28.30亿元，同比增长9.53%；金种子总收入14.36亿元，同比下滑16.89%，徽酒四家上市企业中，古井贡酒一枝独秀，营业额占四家上市企业总营业额的45%，销量占一半以上（表3-4）。

表3-4　2016年徽酒4家上市公司年报数据

企业	市值/亿元	总收入/亿元	净利润/亿元	产量/万吨	销量/万吨	净利率/%
古井贡酒	236	60.17	8.30	8.38	8.16	13.79
口子窖	200	28.30	7.83	2.87	2.83	27.68
迎驾贡酒	161	30.38	6.83	4.91	4.72	22.48
金种子酒	45	14.36	0.17	1.63	1.65	1.18

备注：市值计算日为2017年5月5日。

资料来源：2016年上市公司年报。

四、苏酒产区

苏酒过去以清香型为主，在学习川酒浓香型基础上，因地制宜地做了一些改进，经过几十年摸索形成了淡雅浓香型白酒。苏酒的代表企业是洋河股份与今世缘，以洋河股份为代表的苏酒板块企业创新能力极强，通过持续不断的创新，增强了苏酒的核心竞争优势。

2016 年，苏酒的龙头洋河股份总收入 171. 83 亿元，居行业第三位，今世缘以 25. 54 亿元的总收入居区域强势品牌前列（表 3-5）。

表 3-5　2016 年徽酒 4 家上市公司年报数据

企业	市值/亿元	总收入/亿元	净利润/亿元	产量/万吨	销量/万吨	净利率/%
洋河股份	1 227	171. 83	58. 27	20. 45	19. 82	33. 91
今世缘	160	25. 54	7. 54	2. 89	2. 85	29. 52

备注：市值计算日为 2017 年 5 月 5 日。

资料来源：2016 年上市公司年报。

五、赣酒产区

赣酒属于特香型白酒，即酒的原香。赣酒呈现出显著的封闭性和保守性，省内酒企虽多，但规模以上酒企数量偏少，同时，外来品牌也很难在该区域有所作为。赣酒亿元以上酒企只有四特、章贡和堆花三家，四特酒为赣酒的龙头企业。

2015 年四特酒品牌价值从去年的 128. 32 亿元上升到 188. 13 亿元，同比增长 42. 8%，位列中国白酒 200 强的第 14 名，2001—2015 年，四特酒的销售额增长非常迅速，目前已成为区域酒的龙头（图 3-6）。

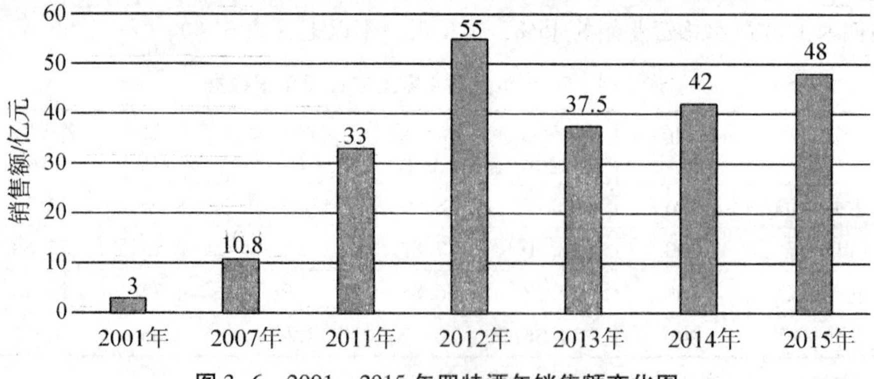

图 3-6　2001—2015 年四特酒年销售额变化图

（资料来源：2001—2016 年的四特酒企业公告。）

2016 年，地产酒占据江西市场的 70%，其中，四特酒销售额约 48 亿元，省内销售额为 35 亿元，占据了江西白酒市场地产酒的半壁江山（图 3-7）。但是，在消费升级的大趋势下，赣酒面临外来品牌酒的冲击，其封闭性将不复存在，例如，2016 年，在南昌白酒市场上洋河的蓝色经典系列销售额增长 80%，梦之蓝销售额增长超过 200%。

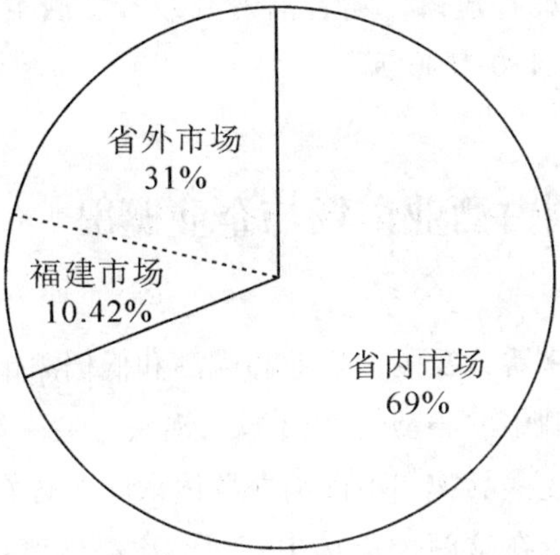

图 3-7　2015 年四特酒省内外销售占比

[资料来源：汇金视点. 从四特酒看中国白酒的地域性 [EB/OL]. http://www.gold678.com/dy/mp/75209492,(2016-09-21).]

六、鄂酒产区

鄂酒属于酱香型白酒，鄂酒代表性酒企有白云边、稻花香、枝江大曲、劲牌、毛铺苦荞酒和已被四川古井贡酒收购的黄鹤楼，鄂酒长期以来形成了白云边、稻花香、枝江大曲三足鼎立的竞争格局，其中实际酿酒历史最长、一代接一代传承的独数枝江大曲。

2012 年在中国白酒行业进入深度调整期后，不同酒企之间的业绩分化趋势明显。2016 年白云边实现销售收入 43. 54 亿元，稻花香实现销售收入近 30 亿元，毛铺苦荞实现销售收入 16 亿元左右，黄鹤楼实现销售收入 8 亿元左右，枝江实现销售收入十几亿元。新品类的毛铺苦荞酒、注入古井血液的黄鹤楼也开始蓄势待发，鄂酒竞争格局面临重构。面对中国白酒产区化集群现象，鄂酒企业选择“融入”以川黔板块构建的“白酒金三角”，并以“千湖之省”的身份积极参与构建“中国长江名酒带”核心产区。2016 年白云边酒业实现销售收入 43. 54 亿元，同比下滑 0. 6 亿元；2016 年稻花香酒业实现产值 510. 66 亿元，同比增长18.13%，实现营业收入505.62亿元，同比增长16.09%；2016年劲牌公司实现销售收入92.15亿元，其中毛铺苦荞酒销售收入接近16亿元。2016年4月27日，古井贡酒以8.16亿元收购黄鹤楼酒业51%的股权，2016年黄鹤楼销售收入为7.2亿元；2016年枝江酒业品牌价值达152.3亿元，销售额约为10亿元，利润总额为0.49亿元。鄂酒主要优势在中低端，在盈利能力较强的中高端产品上难有建树，随着消费升级，鄂酒主流消费价位从原来的50~130元向上突破到130~200元。

第三节　中国白酒业市场与企业概况

从产品细分市场来看，我国白酒业高端酒和低档酒市场中都拥有强势的现有竞争品牌，如低档酒中的强势品牌红星二锅头、尖庄等，高端酒中的茅台、五粮液等强势品牌，这些品牌在不同消费群体认同上有着很高的品牌美誉度和忠诚度，新生品牌很难在这两个市场中立足。次高端酒市场广阔，品牌众多，品牌消费忠诚度普遍较低，新生品牌将品牌和市场酝酿成功的可能性较大，竞争也最为激烈。

一、中国白酒业市场细分

我国白酒国内消费市场结构呈现“头宽、颈窄、身大”的特点，高端白酒供不应求，中低端白酒销量大，次高端白酒竞争激烈。

（一）国内市场

1. 高端白酒

高端白酒因其既有丰富的人文价值和深厚的文化积淀，又是身份和地位的象征，更多出现在商务宴请中。我国白酒市场上单价超过500元的高端白酒由于稀缺性和产能限制，需求持续增加，出现供不应求的局面，价格增速大于销量增速。高端白酒市场集中度高，进入壁垒高，政策对市场结构的冲击有限，我国白酒高端市场有越来越集中的趋势（图3-8）。

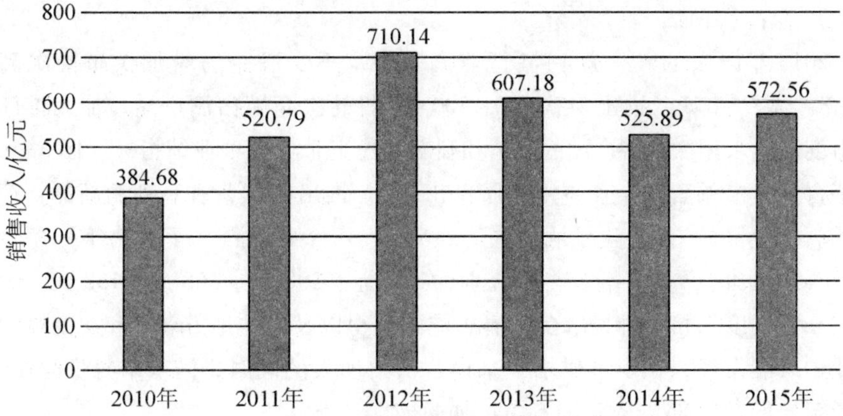

图 3-8　2010—2015 年我国高端白酒销售收入

（资料来源：智研咨询。）

越是市场知名度、品牌美誉度高，注重品质和品位的高端品牌酒，越受到消费者的青睐。中国城市居民调查（CNRS-TGI）研究数据显示：2011—2015年，我国白酒行业排名前八位的品牌酒占据我国白酒消费市场的比重从57.46%上升至65.93%（图3-9）。显示在过去五年，具有名优品牌的高端白酒受消费者青睐，高档白酒消费者的选择越来越向茅台、五粮液等品牌高端白酒集中。随着消费者的品牌意识进一步增强，高端白酒区域化趋势明显，用传统纯粮原料和酿造工艺酿造的高端品牌酒销售量进入“没有新高，只有更高”的蓬勃发展时期。

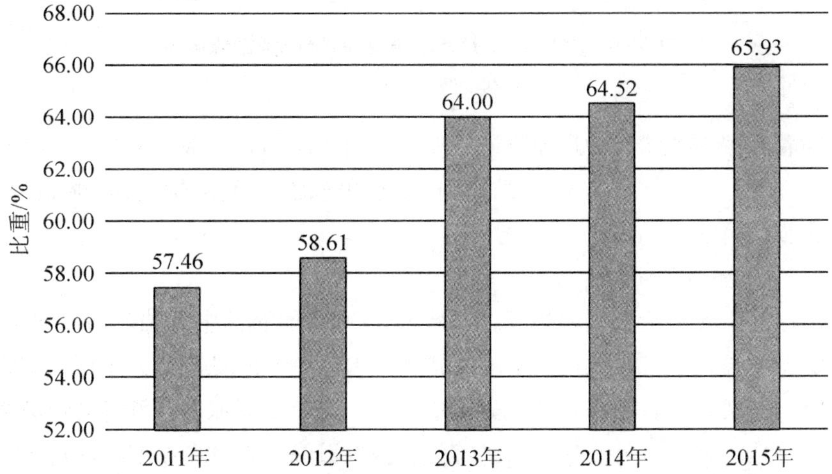

图 3-9　2011—2015 年我国排名前八位的品牌酒市场份额

（资料来源：智研咨询。）

2. 次高端白酒

2013 年以来的新一轮白酒行业调整中，不少酒企纷纷加快布局次高端“腰部产品”市场，推出多款 300~500 元/瓶的次高端白酒产品，加大推广宣传力度，以求用次高端白酒的销量和利润来稳定企业各项业绩指标（图 3-10）。以茅台为代表的黔酒企业进入“腰部市场”，推出四款酱香系列酒新品：茅台王子酒（金品）、茅台王子酒（酱香经典）、茅台王子酒（丁酉鸡年）茅台迎宾酒（中国红），其终端零售价分别为 238 元、298 元、368 元、158 元。无疑将在一定程度上挤压郎酒、剑南春、沱牌舍得以及其他地方名酒和次高端白酒企业的产品市场，从市场供求上来说，供给加大的同时，需求本身变化不大，这无疑会使“腰部市场”的竞争更加激烈。

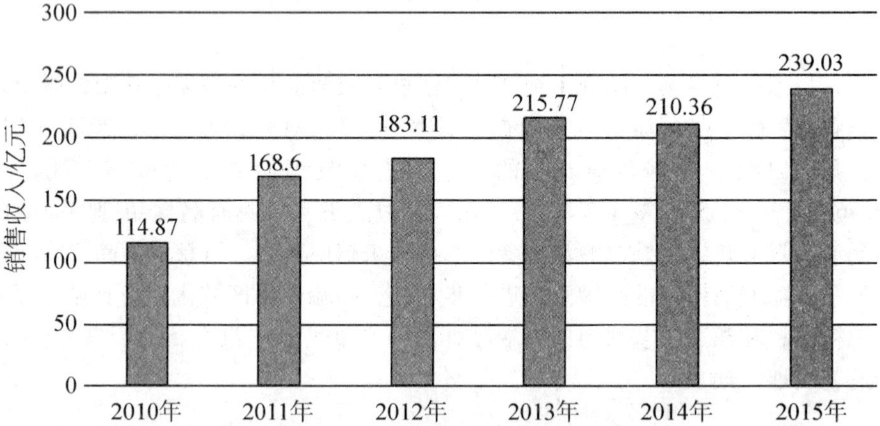

图 3-10　2010—2015 年我国次高端白酒销售收入

（资料来源：智研咨询。）

随着我国中产阶级的迅速崛起，将引发白酒的消费升级，次高端白酒消费量有望提升，但是，由于次高端白酒市场竞争激烈，次高端白酒区域品牌化、大众化步伐将逐渐加快。

3. 中低端白酒

在白酒市场增量放缓的当下，单价低于 300 元/瓶的中低端产品需求量大，销量稳步增长，销售收入提高较大（图 3-11）。中国地域辽阔，地区之间的文化差异和消费水平、消费习惯差异比较突出，每一个区域的白酒消费市场都拥有广大的地域酒消费者，他们对品牌的忠诚度较高，造就了很多比较成功的地域性白酒品牌。区域龙头白酒以中端酒为主。地域性白酒品牌坐地为营，借天时、地利、人和之势，在同全国性品牌竞争时，聚焦本地市场，能够有效地在地域市场中遏制外来品牌的入侵，或者在长期的市场持久战中最终获胜。2016年，我国白酒市场分化加剧，高端品牌酒以及区域龙头白酒的销售情况都比较乐观，而二、三线的次高端酒和非主流品牌的中低端酒销售竞争非常残酷，我国白酒消费市场呈现出强者更强，弱者更弱的趋势。

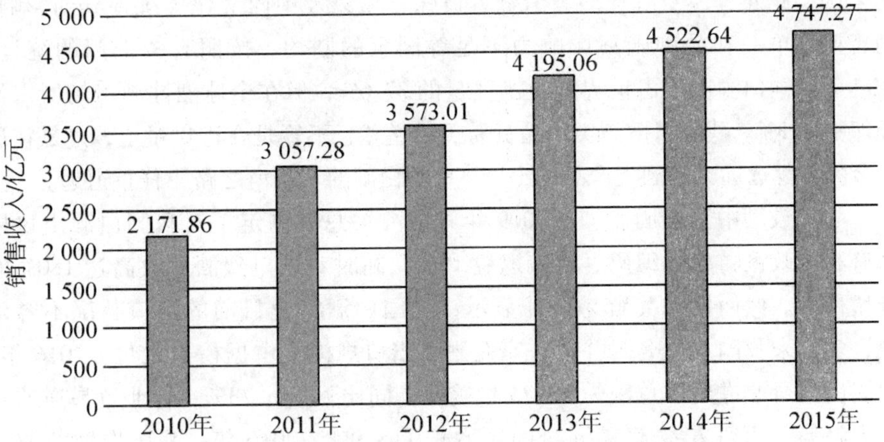

图 3-11　2010—2015 年我国中低端白酒销售收入

（资料来源：智研咨询。）

2013 年以来，我国几大高端名牌酒业纷纷调整结构，面向大众消费，开辟中低端白酒市场，希望增加销售收入。五粮液提出将把中低端品牌绵柔尖庄打造成百亿民酒品牌，茅台提出“降低酱香型系列酒生产成本，增加系列酒销售，提升中低端产品的市场竞争力”。此外，部分著名白酒企业还推出定位于年轻消费群体的“青春小酒”，迅速抓住新兴白酒消费群体的兴奋点，抢占大众消费市场。“80 后”“90 后”乃至“00 后”是“青春小酒”的意见领袖，他们在消费观念上一方面对产品的颜值要求高，有轻奢偏向；另一方面，他们具有时尚化和个性化的需求，偏好彰显自我，还拥有全球化的视野，这将引领中国白酒未来走向口感国际化、时尚化、名酒化。为了让白酒产品总体销量和利润都实现比较大的增长，拉近厂商与消费者的距离，五粮液、古井贡酒、泸州老窖、郎酒、酒鬼酒、西凤、衡水老白干等名酒也先后推出了其“小酒”产品。2015 年，我国小酒市场社会零售金额在 200 亿～300 亿元，每年以10%～30%的速度增长。

与其他行业相比，我国白酒行业整体毛利率长期保持较高水平，白酒企业毛利率基本在 70%以上，高端白酒的毛利率可达 90%以上，中低端白酒的毛利率也超过 40%。长期看，我国白酒行业毛利率将进一步下降，回归消费本质。

（二）国际市场

中国白酒作为世界六大蒸馏酒之一，一直以来没能像白兰地、威士忌、伏特加、朗姆酒等其他蒸馏酒一样，在全球范围内获得广泛的认同。主要是因为中国白酒在国际标准、品质分级和品牌认证上没有得到世界级第三方认证机构的公认；此外，还受海外烈酒消费者口味习惯以及中西文化传统差异的影响，销售渠道单一和品牌国际影响力不足等因素的制约。按照有关部门的统计，2014 年我国白酒产量占世界烈性酒产量的 37.6%，但在全球烈性酒市场所占份额却不足 1%。我国目前酒类产品贸易仍为逆差，不管是在进口量上，还是在进口金额上都远远大于酒类产品的出口，中国白酒的“出海之路”任重道远。

为了鼓励中国白酒出口，2009 年我国海关总署制定了对我国白酒出口极为有利的政策：单独编码、出口退税 15%，同时对进口烈酒征收高达 180%的普通税率。然而据海关贸易统计显示，我国白酒行业目前的出口状况不容乐观，多年来我国八大名酒并无一家在酒类出口规模上占据榜首之位。2016 年，中国白酒行业进出口总额为 18.71 亿美元，同比下降 6.73%；行业贸易逆差有扩大趋势，达到 7.27 亿美元，同比增长了 8.9%。2016 年，我国白酒行业出口贸易在国际贸易市场中的占比仅为 0.76%，我国白酒出口量仅占国内产量比重的 0.12%，出口金额仅占白酒当年销售收入比重的 0.5%。从进口量看，2014 年，我国白酒进口量在 9 012.7 万升左右，到 2016 年提升至 95 890.79 万升，同比增长了 27.4%；进口规模 12.99 亿美元，同比增长 7.4%，但相较于 2015 年的增幅下降了 22.2 个百分点，我国白酒在进口量和进口金额的增幅上都呈现出下降趋势。随着中国到海外工作、生活和学习华人的增加，中国白酒在海外的需求越来越大。目前，中国白酒在海外市场的消费人群仍然以华人文化圈为主，外国消费者较少，得到外国消费者认可是打开海外市场的关键。中国白酒要“走出去”，企业要对国外消费市场充分了解，进行产品精确定位，熟知海外目标市场的市场准入规则，组团出海，制定好中国白酒国际化策略和路线图。

二、中国白酒业 SCP 分析

哈佛学派传统 SCP 理论（structure-conduct-performance）认为市场结构、企业行为与企业绩效之间存在因果关系，市场结构影响市场中的企业行为，企业行为影响市场绩效。运用 SCP 分析法，对我国白酒产业的市场结构、企业行为、行业绩效展开分析，有助于对我国白酒业的发展趋势做出较为准确的研判。

（一）市场结构分析

产业集中度是指在某产业中规模最大的 n 个企业产生的相关数值（如生产

额、员工数量、资产总额等）占整个市场或行业的份额。产业集中度能够反映产业市场集中水平，测定产业内主要企业在市场上的垄断与竞争程度①。特定行业中，厂商的集中度越高，能够获得越多的垄断利润。众多学者们通过实证检验发现，我国白酒产业市场集中度的提高能够提高酒企的绩效，符合传统SCP 理论②。

依据 2007—2014 年我国 14 家白酒企业（贵州茅台、五粮液、泸州老窖、山西汾酒、沱牌舍得、水井坊、古井贡酒、洋河股份、古越龙山、伊力特、金种子酒、海南椰岛、老白干酒、金枫酒业）的年度财务报表相关数据和国家统计局公布的白酒产业相关数据，可得出这 14 家白酒企业年总利润占我国白酒行业规模以上企业总利润的比重达到 50% 以上。根据我国白酒产业 2007—2014 年，每年销售收入排名前 4 位和前 8 位企业的销售收入与我国白酒产业的总销售收入比，可得出我国白酒产业的市场集中度指数 CR_4 和 CR_8（图 3-12）。总体来看我国白酒产业的市场集中度极低，2007—2014 年我国白酒产业的市场集中度指数 CR_4 和 CR_8 均小于 30%，按贝恩的分类标准，我国白酒产业属于垄断竞争类型行业。

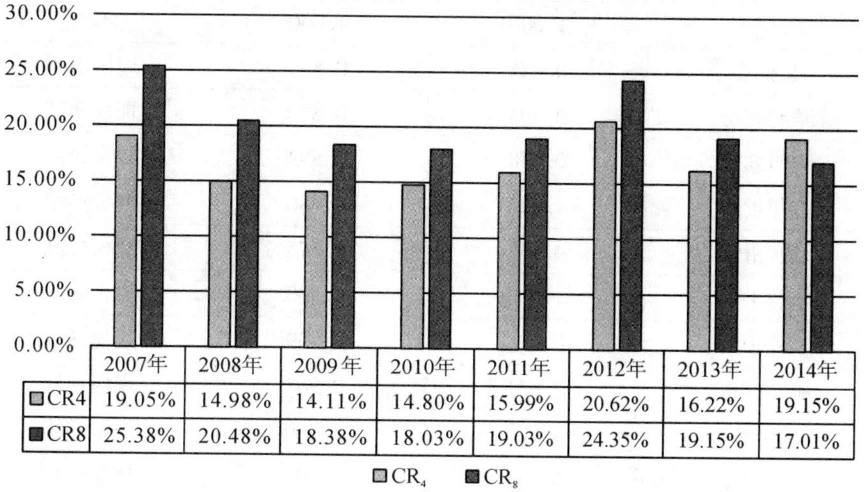

	2007年	2008年	2009年	2010年	2011年	2012年	2013年	2014年
CR4	19.05%	14.98%	14.11%	14.80%	15.99%	20.62%	16.22%	19.15%
CR8	25.38%	20.48%	18.38%	18.03%	19.03%	24.35%	19.15%	17.01%

图 3-12　2007—2014 年我国白酒产业市场集中度

（资料来源：2007—2014 年白酒企业年报，国家统计局数据。）

① 王子龙，谭清美，许箫迪．产业集聚水平测度的实证研究［J］．中国软科学，2006（3）：109-116.

② 史利沙．白酒产业市场结构、企业效率对企业绩效的影响研究［D］．太原：中北大学，2016：14.

根据波士顿咨询集团（BCG）提出的三四规则矩阵，在一个稳定的竞争市场中，参与市场竞争的参与者一般分为三类，领先者、参与者、生存者。领先者一般是指市场占有率在15%以上的企业，参与者一般是指市场占有率在5%~15%的企业，生存者的市场份额通常小于5%。目前我国白酒产业的领先者茅台和五粮液的市场占有率均未达到10%，泸州老窖的市场占有率更低，显示出我国白酒市场企业众多，结构不合理，白酒产业的产能还需要进一步集中。

（二）企业效率分析

企业效率分为纯技术效率和规模效率，反映企业对其所拥有资源的利用情况。根据我国白酒企业特征和分析数据的可获得性，选择以上14家白酒企业2014年总资产、营业总成本作为投入指标，净利润、销售收入作为产出指标，借助BCC评价模型，对指标进行标准化处理，运用Deap2.1软件对2014年14家白酒企业的纯技术效率和规模效率进行分析，分析结果如表3-6所示。

表3-6 2014年度14家白酒企业纯技术效率、规模效率汇总表

公司	纯技术效率	规模效率	规模报酬变动
贵州茅台	1.000	1.000	不变
五粮液	0.926	0.873	规模递减
洋河股份	0.994	0.890	规模递减
泸州老窖	0.778	0.982	规模递减
古井贡酒	1.000	0.986	规模递减
山西汾酒	0.964	0.975	规模递减
老白干酒	1.000	1.000	不变
金种子酒	0.924	0.999	规模递增
浙江广厦	0.631	0.964	规模递增
伊力特	1.000	1.000	规模递增
沱牌舍得	0.854	0.988	规模递增
古越龙山	0.836	0.968	规模递增
金枫酒业	0.947	0.970	规模递增
海南椰岛	1.000	1.000	不变

资料来源：史利沙.白酒产业市场结构、企业效率对企业绩效的影响研究［D］.太原：中北大学，2016：32.

白酒企业纯技术效率反映我国白酒企业在技术研发以及经营管理等方面的投入产出效率。计算结果显示，我国 2014 年 14 家白酒企业的纯技术效率值是 0.918，表明我国白酒企业注重技术投入，纯技术效率较高①。白酒企业规模效率反映白酒企业通过扩大生产规模所带来的投入产出效率。计算结果显示，我国 2014 年 14 家白酒上市公司的规模效率值是 0.971，表明我国白酒产业集聚使得区域内白酒企业获得外部经济效益，大大降低了白酒企业单位生产成本，白酒产业通过聚集获得了规模经济效益。

（三）企业绩效分析

企业绩效反映特定市场结构下企业的盈利能力和发展情况。根据我国 14 家白酒企业特征和数据的可获得性，从盈利能力（总资产收益率、主营业务利润率、净资产收益率）、营运能力（总资产周转率、流动资产周转率）、偿债能力（速动比率、流动比率、现金比率、资产负债率）、发展能力（总资产增长率、主营业务收入增长率）四方面选取 11 个财务指标并设置指标权重，14 家白酒企业的企业绩效分析指标权重设置如表 3-7 所示。

表 3-7　2014 年度 14 家白酒企业的企业绩效分析指标权重　　单位：%

一级指标	二级指标	指标性质	指标权重
盈利能力	总资产收益率	正向	15.31
	主营业务利润率	正向	6.68
	净资产收益率	正向	11.09
营运能力	总资产周转率	正向	7.55
	流动资产周转率	正向	7.14
偿债能力	速动比率	适度	2.59
	流动比率	适度	4.48
	现金比	正向	20.62
	资产负债率	逆向	5.30
发展能力	总资产增长率	正向	12.07
	主营业务收入增长率	正向	7.17

资料来源：史利沙. 白酒产业市场结构、企业效率对企业绩效的影响研究［D］. 太原：中北大学，2016：38.

① 史利沙. 白酒产业市场结构、企业效率对企业绩效的影响研究［D］. 太原：中北大学，2016：22-40.

对 14 家白酒企业的企业绩效分析指标进行标准化处理后，借助熵值法，对 14 家白酒企业 2014 年度综合绩效进行分析，分析结果如图 3-13 所示。

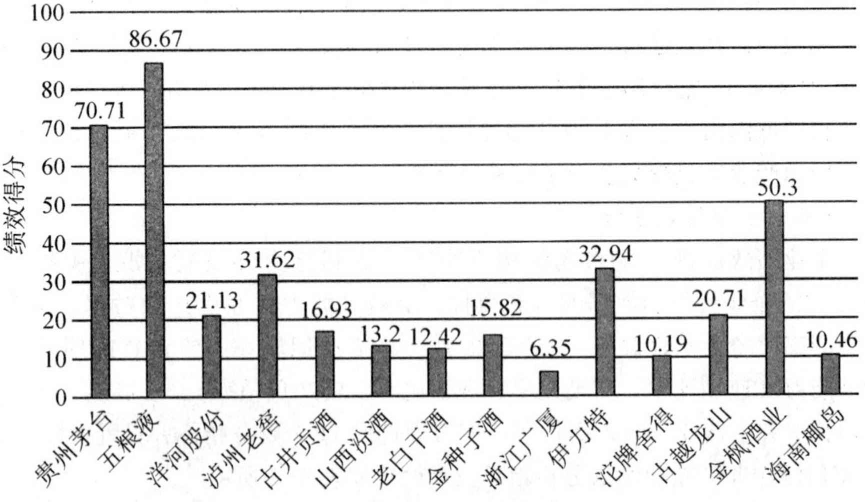

图 3-13　2014 年度 14 家白酒企业绩效得分

影响白酒企业绩效的因素很多，包括宏观经济环境、企业战略、政策制度因素等。2014 年度我国 14 家白酒企业综合绩效整体水平不高，仅 3 家企业超过 50；14 家白酒企业综合绩效差距较大，综合绩效最高的五粮液为 86. 67，最低的浙江广厦仅为 6. 35。

综上，运用 SCP 分析法对我国白酒行业的市场结构、企业效率对企业绩效影响的研究结果表明，我国白酒产业符合传统 SCP 理论，市场集中度、企业纯技术效率和规模效率均对企业绩效有显著的正向促进作用，提高白酒产业市场集中度、加大技术投入、产业聚集均可以有效促进我国白酒企业绩效水平的提高。

第四节　中国白酒业发展趋势

根据产业经济学基本原理，当一个产业达到一定规模后，该产业必然进入寡头竞争阶段，因寡头企业规模、效益、人才等多重积累，市场竞争将会加剧和提速，以上分析显示，我国白酒行业处于垄断竞争向寡头竞争阶段的过渡期，名酒企业“强者恒强”的趋势日益凸显，结合我国的宏观经济发展和政策环境，得出我国白酒行业发展趋势具有如下特征。

一、传统酿造白酒高端化和品牌化

用传统白酒原料和酿造工艺酿造的白酒，其独特性还不能用简单的工艺来复制替代，是目前高档白酒的主体，例如贵州茅台、五粮液、泸州老窖、水井坊等高端品牌名酒。数据显示，价格最低的经济型白酒的市场份额自2015年以来逐渐下滑，而未来白酒的高端化趋势将继续保持，预计在2022年经济型白酒的占比会从2017年的38.4%下降到18.1%。在我国房地产投资受到限制，银行存款利率较低，股市赚钱效应欠佳的背景下，以茅台酒为代表的高端白酒成了投资者热捧的对象，投资价值显现。具有名优品牌的高端白酒受到国内外高收入消费者和投资者的青睐，品牌的竞争力在市场竞争中显得越来越重要，消费者的选择越来越向传统白酒原料和酿造工艺酿造的茅台、五粮液等高端品牌"国酒"集中。消费取代投资成为中国经济增长的第一驱动力，随着中国国民经济的继续走强，消费者消费力的提升和消费观念的转变，酒品的消费升级成为必然趋势。中产阶层崛起之下，白酒行业将持续扩容，这将为中国白酒产业的快速持续发展造就一个10年左右的"黄金期"。

在经历了飞速发展期和调整期后，进入2018年以来，白酒行业正开启着新的"黄金十年"。白酒行业新"黄金十年"将呈现出几方面发展趋势：一是行业整体盈利能力将进一步提升，二是中产阶层的崛起将推动白酒消费的再次升级，三是巨头企业将带动白酒行业进一步发展。早在2015年年末，茅台便开始率先复苏，引领着一众名酒触底反弹（表3-8）。此轮行业复苏，主要集中于一二线名酒阵营，已不再是普惠式，第一梯队的白酒品牌正在拉大和二三线品牌的差距，挤压式增长的格局更加清晰。2017年白酒销售产值下降近14.42%，回落至5 654亿元，但利润总额却实现爆发式增长，达到1 028.48多亿元，增长约35.79%。一降一升间，反映出中国白酒深度调整的"供给侧改革"后，高质量、向名酒聚集的态势开始显现。2019年4月8日，茅台、五粮液股价均创下历史新高，高盛、摩根士丹利将茅台目标价由890元上调11%至990元，其未来的盈利确定性非常高。资本市场预估，2025年，仅茅台一家公司的利润将占全行业的一半，市值近2万亿元，远超全球酒类巨鳄帝亚吉欧。随着国家经济不断发展，城市新中产阶层快速崛起，消费升级下的高品质大品牌酒类需求高速增长，向老名酒集中下的挤压式竞争日趋白热化，白酒行业的品牌集中度将越来越高。

表 3-8　2017 年 19 家白酒上市公司业绩

公司	营收/亿元	增幅	利润/亿元	增幅
贵州茅台	582.18	49.81%	270.79	61.97%
五粮液	301.87	22.99%	96.74	42.58%
洋河股份	199.18	15.92%	66.27	13.73%
泸州老窖	103.95	20.50%	25.58	30.69%
古井贡酒	69.68	15.81%	11.49	38.46%
山西汾酒	60.37	37.06%	9.44	56.02%
顺鑫农业	64.51	23.95%	—	—
口子窖	36.03	27.29%	11.14	42.15%
迎驾贡酒	31.38	3.29%	6.67	-2.40%
今世缘	29.52	15.57%	8.96	18.21%
老白干	25.35	3.96%	1.64	47.53%
水井坊	20.48	74.13%	3.35	49.24%
伊力特	19.19	13.34%	3.53	27.65%
舍得酒业	16.18	20.94%	1.42	79.02%
金徽酒	13.33	4.35%	2.53	14.02%
青青稞酒	13.18	-8.27%	-0.94	-143.58%
金种子酒	12.9	-10.14%	0.08	-51.88%
酒鬼酒	8.78	34.13%	1.76	62.18%

二、现代白酒多元化和年轻化

优质、高产、低消耗是国家对白酒的产业政策，白酒工业要进一步落实国家关于酒类发展的产业政策，限制高度酒的发展，鼓励发酵酒和低度酒的发展，使白酒产业向“优质、低度、多样”和“无污染、低消耗、高效益”的方向调整。现代白酒包括新型勾兑白酒、新工艺白酒，虽然成本低但对质量要求高，并有利于消费者的健康，低度、纯净、健康的现代白酒是当今最有竞争力、发展前景最为广阔的中国白酒，物美价廉的特性必将推动其成为中国白酒消费的主战场。目前新工艺白酒（应用液态发酵的酒精生产白酒）已占我国白酒市场份额的60%左右，受到广大消费者的欢迎和喜爱。此外，国外酒类消费者多偏好中低度酒，世界最著名的六大蒸馏酒中，中国白酒酒精度最高，欧美国家烈性酒的酒精度普遍在 40%vol 左右，亚洲的日本和韩国蒸馏酒的酒精度在25%vol左右。新工艺白酒更容易被东南亚及国际市场所接受，优质、多样化的新工艺中低度酒和果酒具有广阔的国内外消费市场，“把白酒当作啤酒卖的新工艺白酒”在国内已渐成气候。近几年是国家自上而下倡导绿色消费，根据《国务院关于促进健康服务业发展的若干意见》的规划，健康服务业将在未来成为我国三大支柱产业之一，到2020年，大健康产业将达到10万亿元的规模。随着人口老龄化以及消费者对美好生活的追求，由大健康催生的养生健康酒将实现爆发式增长。未来大众将自下而上奉行绿色健康理念，自我健康意识将主导大众消费，这是时代发展的必然趋势，未来人们将越来越重视各酒类产品的品质与保健功效。五粮液推出贵泓国养健康酒、泸州老窖推出绿豆大曲保健酒、洋河推出健康白酒“双沟莜清”，均是以滋补或具备某种功效的健康白酒。有专家预估，健康白酒的市场份额将在未来几年增长到500亿元的体量。目前健康养生酒规模生产企业有近200家，亏损不足5%。从各种迹象看，健康养生酒已俨然成为下一个产业风口，各大酒企争相角逐将成为常态。

白酒年轻化、国际化的趋势也渐渐明显，用线上内容营销获得成功的江小白也证明了白酒是可以被年轻人所接受的。创立于2014年的百漾酒业认为，外国人和年轻人在口味上是可以接受白酒的，虽然没有具体数据，目前国内外许多以白酒为主的新型酒吧经营情况都不错，比如北京白酒吧，大部分客户都是外国人和年轻人。随着我国老龄化社会的到来，健康养生和科学饮酒观念得到加强，为中老年人量身定制的保健酒市场前景广阔。目前白酒收入占我国酒类总收入比例缓慢缩小，“80后”“90后”逐渐成为社会消费主流，酒精饮品消费结构多元化提速。在针对年轻消费群体方面，如五粮液推出的“干一杯”采用小包装，增加了卡通图案，同时酒瓶的形状也比较偏向于洋酒的外包装设计，是年轻人比较喜欢的外形。再如泸州老窖推出了“白调”，以迎合年轻消费者对鸡尾酒的追捧。为了吸引女性消费者，汾酒集团推出玫瑰汾酒限量版，保留了原来的度数和甜味，更换了包装，增加了玫瑰的口感，主要针对比较独立自强的现代化女性消费者。西凤酒推出的花瓣小酒，采用比较时尚的包装，同时有玫瑰、葡萄、苹果和菊花四个口味。小酒作为光瓶酒的重要组成部分，随着理性消费、健康饮酒观念逐步成为主流消费观念，迎合了广大年轻消费者的需求，市场容量进一步扩大，现已占据光瓶酒市场容量（650亿元）25%左右的份额，未来五年小酒市场容量将超过150亿元，量价齐升，增长空间巨大。

三、白酒产业集群化和区域化

行业集中度的提高有助于保持优秀企业的发展后劲，加速行业的优胜劣汰。目前我国白酒行业形成了十多个全国性品牌，两三百个区域性品牌，几千个地方性品牌，未来我国白酒品牌数量会减少 70%~90%，白酒产能会进一步向规模企业、大品牌企业集中，向优势产区集中。我国白酒行业面对产能和产量大大高于当前潜在需求的现状，白酒行业竞争会更加激烈，白酒集群化、产业规模化、区域品牌建设将成为主流趋势。中国白酒只有加强区域白酒产业集群建设，形成白酒区域化品牌，打造白酒地域特色，提升区域整体竞争实力，实现白酒优势资源的综合利用，凸显白酒区域规模化效益，方能在竞争日益激烈的国内外酒类产品市场中占据主动。由于地理、文化、技术等因素，在中国白酒版图中可以划分出十大白酒产区：黔酒产区、川酒产区、豫酒产区、鲁酒产区、东北产区、两湖产区、徽酒产区、苏酒产区、冀酒产区、西北地区，每个产区都有不同的风格和独具代表性的美酒佳酿。中国白酒有诸多与世界名酒比肩的知名品牌和产品，却没有一个能同“波尔多”比肩的中国白酒产区，将“中国白酒金三角”战略上升为国家战略，培养和打造中国白酒的“波尔多”，将加速我国白酒产业的转型升级和国际化进程。未来国内白酒市场之间的竞争很可能由单个企业竞争转化为以产区为单位的竞争。尤其是一些白酒企业相对集中的地区，打造好一个产区概念将有助于整个地区白酒产业的发展。

2003 年原《糖酒快讯》刊发《发现淮河名酒带》一文。该篇文章明确提出了长江名酒带和淮河名酒带的概念，得到了正处在低谷时期的淮河流域名酒企业的高度重视。2004 年，苏鲁豫皖四省行业协会联手，放大了淮河名酒带概念，将淮河名酒带扩展为黄淮名酒带，并在江苏洋河酒厂召开了前几届苏鲁豫皖白酒峰会，由此拉开了中国白酒产区化的进程。位于川黔产区，由川黔两省三市的宜宾、泸州和遵义所构成的三角地带孕育了茅台、董酒、五粮液、泸州老窖等中国名酒品牌，扛起了中国白酒产业的半壁江山，是中国优质白酒的主要产区之一。近年来，四川省提出打造“中国白酒金三角”，推进“长江上游白酒经济带和千亿产业的建设规划”建设工程，提出培育壮大以宜宾、泸州为区域中心城市的川南城市群，重点打造世界级白酒产业集群，建设“优质白酒核心产能区、优质白酒品牌聚集区、白酒产业创新创业集聚区、优质白酒产业集群地”。“中国白酒金三角”酒业园区是全国首个以白酒制造为核心的全产业链、集群式、专业化园区，经过 10 余年发展壮大，园区建成和在建面积达 10 平方千米；“中国白酒金三角”酒业园区实现年产值和服务性收入近 800 亿元。宜宾积极打造“中国白酒之都”，泸州打造“中国酒城”，推动川酒产业空间集聚，以建设“优质白酒核心产能区、打造优质白酒品牌聚集区、白酒产业创新创业集聚区、优质白酒产业集群地”为目标，建设世界知名的白酒产区。贵州出台“贵州白酒品牌基地建设方案”，建设黔北、黔中、黔南三大“贵州白酒”品牌基地等。山东出台“山东省白酒产业振兴和调整指导意见”等一系列的区域性产业政策，以推动我国白酒产业的空间聚集，谋求统一战略规划、技术创新和开拓海外市场。

四、中国白酒国际化

中国白酒是中华文化最具代表性的“液态符号”，是最具民族精神的“飘香名片”。传统酿造白酒是敬天畏祖的祭典祀礼，里有唐风宋韵的诗酒风雅，流淌的是千百年华夏大地上的生活百态，中国白酒以其独特的原料、工艺、风味及悠久的历史和丰富的文化内涵享誉海内外。就价值而言，Brand Finance 在 2017 年 3 月的调研结果显示：中国白酒已超越威士忌，首次成为世界烈酒里价值创造最高的类别。其中茅台傲冠群雄，位列榜首，并且前十名中中国白酒竟然占据了四位。就数量而言，IWSR（国际葡萄酒与烈酒数据分析公司）数据中白酒全球销售量世界第一，且并非险胜，是第二名伏特加总量的 2.5 倍。数据显示，不同于其他五大广为接受与传播的蒸馏酒，白酒销量集中在中国。与国内市场的发展相比，2018 年，中国白酒出口量仅占国内产量的 0.12%，出口销售仅占全年销售收入的 0.5%。周素明认为，中国白酒在国际市场的占有率与中国的国际地位极不匹配。在当前国内经济和消费趋于平缓的形势下，国际化成了中国白酒行业未来重点开拓的方向。随着中国综合国力的提升，国际影响力越来越强，世界各国开始认同和推崇中国文化，中国白酒国际化的时机就要来了。

“一带一路”倡议写进了党的十九大报告中，这为中国的企业积极走出去提供了保障。在“一带一路”倡议的强有力推动下，白酒国际化的条件已日趋成熟。作为全世界独一无二的“中国制造”，同时也是中国文化标志性符号的中国白酒，当然要国际化，且必须要国际化，这是个明确的方向。我国的“一带一路”倡议构建了强大的内外交流平台，众多白酒企业完全可以借助“一带一路”所建立起来的平台契机，引进来，走出去，对亟须走出国门走向世界的白酒企业来说，绝对是一次重要机遇。白酒酿造作为中国的一项传统技艺，是历史遗留下来的明珠。如何与时俱进进行创新是白酒企业不得不面对的问题。中国白酒要走出去，必须要进行工艺创新。面对国际市场，中国白酒必须讲传承，传统固态酿造是中国白酒在国际上所代表的民族特色，是中国白酒国际化的领导者，传统酿造高端白酒应在丰富和发展中国传统白酒内涵的基础上，打造精品，通过与境外酒商及知名洋酒品牌合作，走国际化道路。当前，中国白酒如何走向国际舞台已成为行业重要课题，各大酒企都在不同程度地展开酒类国际化的探索和尝试，参加国际展览、与国际酒业对话、培育国际核心消费领袖、品牌路演和开发适销产品等，策略和途径不一而足。在白酒国际化的浪潮中，涌现出很多企业策略。比如，贵州茅台、五粮液、山西汾酒、古井贡酒、青青稞酒等重点白酒企业都根据自身优势来走国际化道路。在全球化时代，我们也要不断吸收和借鉴世界各国酒文化文明成果，寻求新的发展活力，力争包容、兼容中西文化，以开放的姿态，包容的心态，世界的眼光和全球的高度，构筑中国白酒在世界的文化新优势，确立中国白酒在世界的新地位，向全球弘扬和传播中国白酒文化，提升中国白酒的国际影响力。

第四章 “中国白酒金三角”的发展定位与战略

随着经济全球化及产业分工的深化和细化，区域经济合作和产业合作已经成为不可阻挡的趋势。川黔两省同位于长江上游，是我国高端白酒品牌最集中的省份，白酒产业规模占全国的“半壁江山”，白酒产业又都是两省的支柱产业，有很多共同点，双方合作潜力较大，应该是中国白酒行业发展的伙伴而不是对手。川黔两省正依托“中国白酒金三角”，共同打造中国最具特色的浓香型、酱香型高端白酒产业基地，以及最具世界知名度和国际影响力的中国白酒区域品牌。

第一节 “中国白酒金三角”发展定位

2008 年刘奇葆提出川酒打造“白酒金三角”这一概念，省委副书记挂帅成立了“白酒金三角”推进办公室，省经委主任兼推进办公室主任。川酒打造“白酒金三角”的目的是通过打造“白酒金三角”产区概念，形成中国白酒生产的“波尔多”，拉动川南地区经济的整体发展。2010 年四川省政府为进一步促进川酒发展，提出打造“中国白酒金三角”战略规划，川酒“六朵金花”五粮液、剑南春、泸州老窖、沱牌、郎酒、水井坊一起构成了“中国白酒金三角”。贵州对四川省提出并正在实施的“中国白酒金三角”高度重视，2011 年，贵州省经信委向贵州省政府提交了《关于四川省打造“中国白酒金三角”情况及对我省白酒产业发展的影响》评估报告，该评估报告指出，“四川省提出的建设‘中国白酒金三角’的战略构想对我省白酒产业的健康发展会有一定的影响”；希望能塑造一个不分省际的国际著名“区域品牌”，将

“中国白酒金三角”打造成世界最大的顶级白酒基地和中国最具特色的浓香型、酱香型高端白酒生产基地，建议贵州积极应对四川省提出并正在实施的“中国白酒金三角”战略，积极推动以遵义市为主的城市参与打造“中国白酒金三角”战略合作。

一、“中国白酒金三角”区域概况

“中国白酒金三角”位于川南和黔北，是地球同纬度上最适合酿造优质纯正蒸馏酒的生态区，拥有集气候、水源、土壤“三位一体”的天然生态环境。“中国白酒金三角”核心三角区包括泸（州）—宜（宾）—遵（义），核心区五万多平方千米的土地上拥有五粮液、茅台、泸州老窖三个中国白酒行业著名的品牌。

“中国白酒金三角”在四川境内的延伸区位于涪江和岷江流域沿线，包括成都、德阳、绵阳、遂宁，协作区主要包括巴中、内江和凉山等地。“中国白酒金三角”在贵州境内的延伸区位于赤水河流域，包括贵阳、遵义。从更宏观的区域发展空间来看，“中国白酒金三角”覆盖了成渝经济区、川南经济区和黔北经济区，延伸到了重庆市。

川黔两省是我国酱香型、浓香型白酒的发源地以及优质高档白酒的主产区，也是全球规模最大，质量最优的蒸馏酒产区，仅核心区便拥有酿酒窖池34 000余口，其中100年以上窖池1 600余口，20年以上窖池14 400余口，为酿制纯正优质白酒提供了得天独厚、不可复制的条件。“中国白酒金三角”核心区孕育了享誉全球的五粮液、茅台、泸州老窖、郎酒等国内外最著名的中国白酒品牌，该区域白酒产业在我国白酒行业具有强大的整体竞争力。贵州省遵义仁怀的茅台酒与苏格兰威士忌、法国科涅克白兰地齐名，是酱香型的鼻祖，享有中国“国酒”的美誉。四川省宜宾的五粮液在1915年和1995年两度获得“巴拿马国际博览会”金奖。泸州老窖特曲（大曲），被誉为“浓香鼻祖”，获1915年“巴拿马国际博览会”金奖，其国窖1573是中国白酒鉴赏标准级酒品和钓鱼台国宾馆特供酒。四川六大名酒相继在2006年、2008年入选“国家级非物质文化遗产名录”，占全国白酒企业总数的一半。在我国供给侧改革，白酒行业转型升级的关键时期，川黔两省联合打造“中国白酒金三角”，团结区域内优势白酒企业，形成白酒产业集群，获得规模效应并带动白酒行业整体发展，有助于提升川黔两省各自白酒企业的发展实力，联合打造中国白酒区域品牌，共同拓展海外市场，推动中国白酒的国际化进程。

二、打造“中国白酒金三角”的战略意义及目标

我国白酒行业规模化、现代化和区域化进程加快，川黔两个相邻省份的联合能够充分发挥地缘、资源、品牌、文化等优势，进一步开展深化合作，优化资源配置，实现融合发展，提高综合竞争能力，共同打造中国白酒核心区。

（一）打造“中国白酒金三角”的战略意义

一般而论，产业内厂商所拥有的市场份额越大，集中度越高，对市场的控制能力就越强，少数市场份额大的厂商之间容易合谋，更有可能凭借其拥有的市场基础来提高价格，从而获得高额垄断利润。贵州和四川是我国白酒产业的两个重要产区，两省白酒酿造历史悠久，分别是中国酱香型白酒、浓香型白酒的发源地，也是中国白酒高端品牌聚集区域，川黔两省白酒产业合作，共同打造中国白酒产区品牌，对于深化两省经济文化交流，促进我国白酒产业健康持续发展具有重要意义。打造“中国白酒金三角”这一战略构想具有国际化视野和战略眼光，符合国际潮流，中国白酒产业将实现高效资源整合，实现区域规模效益的最大化。

2011 年，贵州省经信委向贵州省政府提交的《关于四川省打造“中国白酒金三角”情况及对我省白酒产业发展的影响》评估报告指出，川黔两省打造“中国白酒金三角”的设想如能获得国家支持，能建立长江上游名酒经济带内陆保税区，能出台对该地区名优酒企业在科技创新、技术改造、知识产权保护、资金支持等方面的政策措施，对贵州白酒产业的发展极为有利；如能塑造一个跨流域的国际著名“区域品牌”，将“中国白酒金三角”打造成世界最大的顶级白酒基地和中国最具特色的浓香型、酱香型高端白酒生产基地，有利于中国白酒国际化，以及贵州仁怀市二三线白酒企业的发展。

2012 年，四川省“中国白酒金三角”推进办公室副主任方建程指出，打造“中国白酒金三角”有望将这一地区打造成为具有世界影响力的中国传统特色白酒产业带和中国白酒国际品牌区域带，是抢占国际国内市场的重大举措，也是“金三角”地区白酒产业发挥自身资源优势，提高自身核心竞争力的发展战略。这一战略的实施将进一步巩固和提升川黔白酒在全国的市场份额，有力地推动川黔白酒板块的快速发展，确立川黔白酒板块在全国白酒行业中的地位。

2017 年，著名学者李后强、石明在《建议将“中国白酒金三角”上升为国家战略》一文中指出，打造“中国白酒金三角”的战略意义主要表现在五个方面：一是有利于有效整合资源，发挥产业链上的低成本优势，提高经济效

益；二是有利于提升白酒企业整体竞争力，加快地区内主导产业的快速发展；三是有利于带动关联产业发展，促进关联产业集群的形成和培育；四是有利于提升区域内主导产业及关联产业品牌的国际化建设；五是有利于促进企业创新和组织管理创新①。

可见，“中国白酒金三角”战略的实施将进一步巩固和提升川黔白酒在全国白酒市场上的份额，将有力推动川黔白酒产业区域核心竞争力和协作度的提高，提升其在全国白酒行业中的战略地位和产业地位。“中国白酒金三角”的建成有望将“金三角”地区白酒打造成为具有世界影响力的中国传统特色白酒产业带和中国白酒国际品牌区域带，是“中国白酒金三角”地区白酒抢占中国白酒全球份额，占据国际、国内市场的重大举措，也是“中国白酒金三角”地区白酒产业发挥自身资源优势，提高核心竞争力和协作度的发展战略。打造“中国白酒金三角”“建设长江上游白酒经济带”，是中国白酒产业板块在空间方位上的联盟，这一战略举措在中国白酒产业发展史上具有里程碑的意义，它是中国白酒产业国际化道路的必然选择，将进一步加快中国白酒产业的发展和结构性调整，推进民族传统产业国际化。

（二）打造“中国白酒金三角”的战略目标

“中国白酒金三角”区域总体发展目标是为了弘扬中国酒文化，打造中国优质白酒生产基地“波尔多”。

1. 总体目标

川黔联手将泸州—宜宾—仁怀打造成中国白酒的“波尔多”，塑造优质中国白酒产区，是“中国白酒金三角”区域抢占中国白酒市场份额、走向国际化的重大举措。“中国白酒金三角”的战略目标是在区域内形成中国白酒产业“最大的产业集群、最著名的品牌群、最大的产能群、最好的政策洼地”，培育区域内白酒产业的核心竞争力，将“中国白酒金三角”白酒品牌建设成世界知名的白酒生产基地和核心品牌，进而打造中国白酒产业的世界级影响力和竞争力，在世界范围初步形成“世界白酒看中国，中国白酒看川黔，川黔白酒看金三角”的区域品牌效应。

2. 近中期目标

近中期是“中国白酒金三角”战略实施的关键时期，该阶段发展的目标是：“推动产业集群、整合产业链、扩大品牌影响力”。根据“中国白酒金三

① 李后强，石明在. 建议将“中国白酒金三角”上升为国家战略［J］. 求是，2017（2）：23-26.

角”战略的初步规划，力争到2020年，构建起具有国际影响力的“中国白酒金三角”优质白酒产业集群。

具体措施：通过加速“中国白酒金三角”集群化进程和生产服务基地集聚效应的形成，推动集约化发展，提升区域内白酒企业的整体实力；加大“中国白酒金三角”的产业政策、财政金融、税收政策支持力度；完善相关产业平台，优化区域布局，依托白酒产业链，优化产品产业结构；加强各类人才培养，强化白酒标准体系建设；依靠科技全面提升白酒产业核心竞争力，将“中国白酒金三角”建设成中国白酒生产、研发、交易和物流中心；扩大品牌影响力，加快中国白酒产业的国际化步伐。

四川省提出以“中国白酒金三角”建设为契机，将川酒打造成千亿规模产业，这其中包括建设宜宾和泸州两大全国性白酒制造基地；打造“六朵金花”、丰谷等9家以上的全国20强白酒企业；发展以宜宾、泸州、成都、绵竹、遂宁为重点的白酒产业区，建成长江上游名酒经济带；将川酒和文化互相结合起来，打造名酒名镇。贵州工业“十三五”发展规划提出，以“中国白酒金三角”为契机，把茅台酒打造成为“世界蒸馏酒第一品牌”，到2020年，贵州省白酒产业产量达到80万千升，实现工业产值1 200亿元，力争贵州白酒在全国的销量占比达到8%。

3. 长期目标

“中国白酒金三角”战略的长期目标是，建设世界顶级白酒基地，和法国的波尔多、德国的慕尼黑产业带比肩，在世界范围形成“世界白酒看中国，中国白酒看川黔，川黔白酒看金三角”的区域品牌效应。

鉴于白酒产业与自然环境“先天性”的紧密关系，“中国白酒金三角”得天独厚的自然环境和生态环境优势是使其成为中国白酒“领跑者”的坚实基础和后盾，因此，保护和优化“中国白酒金三角”生态环境是“中国白酒金三角”实现长期战略目标的基础和保障。

优质的生态环境、独特的酿造工艺、强势的品牌聚集、深厚的文化积淀，共同构建了“中国白酒金三角”的区域品牌的价值，打造“中国白酒金三角”区域品牌的核心价值，树立品牌形象，是“中国白酒金三角”各方共同追求的长期目标。

第二节 “中国白酒金三角”SWOT 分析

SWOT 分析法也称态势分析法、波士顿矩阵，是一个众所周知的分析工具，通过对产业或区域的优势、劣势、机会和威胁加以综合评估与分析，通过内部资源、外部环境有机结合来清晰地确定产业或区域发展的资源优势和缺陷，把握产业或区域发展所面临的机遇和挑战，可据此了解区域核心竞争力，制定“中国白酒金三角”产业或区域发展战略，谋划提升“中国白酒金三角”区域核心竞争力的机制、模式和路径。优势和劣势分析主要着眼于产业或区域自身的实力及其与竞争对手的比较，机遇和威胁分析主要关注产业或区域外部环境的变化及对区域发展可能带来的影响。

一、优势分析

竞争优势（S）是指产业或区域超越其竞争对手的能力，是产业或区域所特有的能提高区域竞争力的资源，产业或区域的竞争优势包括有形资产和无形资产。对于“中国白酒金三角”的白酒产业和区域发展来说，竞争优势包括了环境与资源优势、技术和人才优势以及规模和品牌优势。

（一）环境与资源优势

“中国白酒金三角”所处的北纬 28 度左右地理范围是中国酿造最好蒸馏酒的区域，拥有独特的水源、土壤、空气、微生物及原粮、窖池、技艺、洞藏等优势资源，据联合国粮农组织专家论证：“在地球同经纬度上，只有沿长江两岸的才能酿造出纯正的浓香型白酒。”一是当地所产谷物品质纯正；二是当地具有独特的沙溪岩土壤；三是北纬 28°地带湿热、水质纯净，自然条件适合酿酒；四是曲药独特；五是自然微生物接种制成的老窖泥池及酿酒技艺一直沿用数百余年。特殊的地理环境，使“中国白酒金三角”在白酒酿制过程中能够“采天地之灵气，集日月之精华”。

“粮”是酒之肉，川南优质糯红高粱是酿造白酒的最好原料，是确保“中国白酒金三角”白酒品质的重要因素。目前“中国白酒金三角”各大品牌酒企业已陆续建立起自己的原料基地，有力地保障了产品的高品质。据专家考证，泸州是种植专用酿造浓香型白酒糯红高粱的最适宜区，“泸州糯红高粱”是泸州老窖、郎酒的独特原料，泸州老窖公司早在 2002 年就在酒类行业中率先提出并组织实施了“泸州糯红高粱”基地建设，泸县 10 余家高粱种植专业合作社带动种植“泸州糯红高粱”面积达6 667公顷，年产量约4万吨，年产值约1.6亿元，促进了“泸州糯红高粱”的区域化发展。泸州老窖公司的“泸州糯红高粱”核心基地已通过国家“有机转换期认证”，“泸州糯红高粱”已入选“国家农产品地理标志”和“中国著名农产品区域公用品牌”。

“佳酿之地，必有名泉。”从我国传统白酒生产来看，几乎所有的名酒都与所在地的水源紧密联系在一起。俗话说：“一方水土，养一方人。”在中国传统酿酒业中，我们可以导用为“一方水土，酿一方酒”。“中国白酒金三角”地区的茅台酒有“赤水河”，五粮液有安乐泉，泸州老窖有龙泉井，沱牌酒有沱泉，酒成了名酒，泉成了名泉，井成了名井①。

窖池是酿酒的重要容器，好的窖泥，才能生产出好的白酒②。“中国白酒金三角”仅核心区便拥有酿酒窖池34 000余口，其中100年以上窖池1 600余口，20年以上窖池14 400余口，为酿制纯正优质白酒提供了得天独厚的条件。宜宾地区现有明代古酒窖（遗址）三处、清代酒窖四处，最早的建于明代初期，至今已有600余年历史。泸州拥有“1573国宝窖池群”，该窖池群是世界上最大最古老的酿酒池群，自公元1573年持续使用至今，连续使用440多年，被誉为“中国第一窖”。1996年“1573国宝窖池群”被评为“全国重点文物保护单位”，2006年还入选“中国世界文化遗产”预备名单。泸州老窖有10 086口窖池，其中，百年以上老窖池有1 619口。国窖1573独有的自然环境、生产原料、独一无二的国宝窖池群和传统酿造工艺使其获得了原产地域产品认证。

（二）品牌优势

由于酿酒行业的技术传统，产品同质性日趋明显。该行业进入壁垒较低，而且毛利率一般都在30%以上，因此不断有大量的涌入者。品牌的知名程度决定着市场的占有率，白酒市场尤其明显。品牌的建立不仅需要雄厚的资金实力，更要经历较长时间的深耕细作，不是一朝一夕之功，高门槛的进入障碍使潜在进入者望而却步。高端品牌白酒大都有百年历史，拥有较稳定的“粉丝”，形成大量的忠诚客户，拥有固定的消费人群，不需要太多促销支持就能取得良好的销售业绩。川酒和黔酒历史积淀深厚，具有难以复制的酿酒生态环境，酿酒技艺独具一格，为“中国白酒金三角”品牌塑造提供了有利条件。“中国白酒金三角”的茅台、五粮液、泸州老窖占据了我国高端白酒市场90%

---

① 谭宏．基于地域特征的中国传统白酒产业核心竞争力的构建［J］．企业经济，2010（9）：93-96.

② 同①.

以上的销售额，高端白酒行业集中度较高，历史传承和文化底蕴又增加了市场进入壁垒，市场结构类似于寡头垄断市场，通过限产提价，可以获取更高垄断利润，这样的市场结构使“中国白酒金三角”的高端白酒具有很大的竞争优势。茅台的竞争优势是多年累积的第一品牌优势，在于它无可替代的“国酒”品牌垄断。在“中国白酒金三角”申报国家地理标志长期保护工作取得成功的背景之下，中国白酒一旦申遗成功不但能极大地提高中国白酒的知名度，更有利于提高“中国白酒金三角”区域的海内外知名度。

（三）规模优势

白酒是川黔两省在全国最具比较优势的特色支柱产业，在全省工业经济中占有较大比重。2016 年，川黔两省白酒销售收入在全国占比 44%；利润在全国占比近 60%。2016 年，我国有规模以上白酒企业 1 578 家，累计完成销售收入 6 125. 74 亿元，与上年同期相比增长 10. 07%；累计实现利润总额 797. 15 亿元，与上年同期相比增长 9. 24%；产量 1 358. 4 万千升，与上年同期相比增长 3. 2%。2016 年，四川省规模以上白酒企业产量 403 万千升，与上年同期相比增长 8. 7%，占全国 30%，是全国酿酒第一大省；主营业务收入 2 118. 7 亿元，与上年同期相比增长 11. 4%，占全国白酒产业的 34. 6%；完成利税 397. 3 亿元，与上年同期相比增长 11. 7%；完成利润 211. 6 亿元，占全国白酒产业的 26. 54%，与上年同期相比增长 13. 1%。2016 年，泸州规模以上企业白酒总产量 242. 25 万千升（折 65°商品量），主营业务收入 793. 35 亿元，利润总额 70. 04 亿元；宜宾规模以上白酒企业总产量 67. 1 万千升（折 65°商品量）；遵义完成白酒产量 42. 76 万千升，实现产值 688. 45 亿元，实现工业增加值 592. 89 亿元，白酒产业占全市工业增加值比重达 55. 78%。2016 年，川酒上市酒企公布的年报显示，五粮液营业收入 245. 44 亿元，净利润为 67. 85 亿元；泸州老窖营业收入 83. 04 亿元，同比增长 20. 34%，实现净利润 19. 27 亿元，同比增长 30. 89%；水井坊营业收入同比增长 37. 61%，净利润同比大增 155. 52%；沱牌舍得净利润同比暴涨 1 025. 11%；剑南春营业收入突破 80 亿元，郎酒入库税收增长 60%。

2016 年，贵州规模以上白酒企业累计产量 49 万千升，同比增长 10. 5%；完成产值 884 亿元，占全省工业产值的 7%；完成增加值 735 亿元，同比增长 11. 6%，占全省工业增加值的 18. 2%；实现主营业务收入 635. 8 亿元，同比增长 21. 1%；实现利润总额 263. 4 亿元，同比增长 11. 2%。2016 年，贵州省白酒出口额约 21 亿元，占全国白酒出口额的 78. 2%。2016 年，上市企业茅台集团累计完成产值 511 亿元，同比增长 15%，占全省白酒产业的 57. 8%；完成增值

444 亿元，同比增长 18%，占全省白酒产业的 60.4%；实现主营业务收入 491 亿元，同比增长 21%，占全省白酒产业的 77.2%；利润总额达 251 亿元，同比增长 10.5%，占全省白酒产业的 95.2%；出口额 20.4 亿元，同比增长 37.8%，占全国白酒产业的 74.2%，位居全国第一。

（四）技术和人才优势

“中国白酒金三角”地区是中国浓香型、酱香型白酒的起源地，这两种白酒香型也是中国白酒最基本的香型，具有代表性。

中国传统白酒制作工艺是非物质文化遗产中传统手工艺技能的重要形式。中国白酒的生产工艺独具匠心，具有独有的制曲工艺，靠制造生物酶来发酵，并在发酵的过程中自然生甜生香，相比国外蒸馏酒通过添加香精和糖精来生甜生香的方式，中国白酒生甜生香的方式显得更加天然、健康和安全。川酒和黔酒传承已有数千年历史，通过精致的酿造工艺技术，孕育出众多广受好评的白酒品牌。传统的中国白酒酿造工艺为固态发酵法，2006 年、2008 年，国务院先后将茅台、五粮液、郎酒、泸州老窖、水井坊、沱牌等白酒传统酿制技艺列为国家级非物质文化遗产。以中国白酒技术协作组组长单位泸州老窖为代表的四川白酒业，依托泸州老窖正在组建的固态酿造领域国家级工程技术研究中心，对白酒产业固态酿造过程实现了全面科技领先与创新。川酒在全国首创了省级白酒产业科技创新联盟，与全国著名高等院校、科研单位，如清华大学、上海交大、江南大学、四川大学、重庆大学、四川理工学院、中科院、中国食品发酵研究院、四川省食品发酵研究院等建立了广泛的产学研联盟，使川酒的科技创新能力处于同行业领先水平。

中国首届“酿酒大师”名单中，“白酒金三角”地区独占 32 人中的 12 名；2011 年第二届中国白酒酿酒大师评选的 43 名中，川酒有 8 名，贵州茅台有 2 名酿酒师获此殊荣；贵州茅台还拥有全国知名的若干享受国务院津贴的酿酒工艺专家、微生物专家以及“中国南方唯一的高粱育种岗位专家”和一大批懂生产经营的白酒行业知名企业家。川黔两省的各大酒企还通过博士后工作站，培养了一大批酒博士。贵州茅台集团拥有全国白酒行业唯一的国家级技术中心，茅台学院的成功申办填补了我国还没有一所酒类专门本科高校的空白。茅台学院将系统培养酿酒类高水平工艺技术人才，保障国酒品质，保障“中国白酒金三角”白酒产业的技术创新和发展。可见，“中国白酒金三角”地区汇聚了我国最优秀的酿酒大师、技术和管理人才。

二、劣势分析

竞争劣势（W）是指产业或区域缺少或发展得不够好的地方，如缺乏有竞争力的有形资产、无形资产以及在关键领域里的竞争能力正在丧失。对于“中国白酒金三角”的白酒业来说，竞争劣势主要表现为消费断代慢、产能过剩以及食品安全问题。

（一）产能过剩

在高利润、高增长的带动下，中国白酒行业生产企业数量过剩、品牌过剩、代理商过剩，带来整个白酒行业产能过剩，行业竞争十分激烈。统计数据显示，2004 年我国白酒产量仅 31. 17 亿升，到 2014 年已达 125. 71 亿升，十年内产量翻了 4 倍左右，增速超过国内大多数行业。根据《中国酿酒产业“十二五”发展规划》，到 2015 年，全行业将实现酿酒总产量 8 120 万千升，其中白酒行业预计产量将达到 960 万千升，销售收入达到 4 300 亿元。但在“十二五”开局年的 2011 年，中国的白酒产量达 102. 56 亿升，提前完成了既定产量额。也就是说，在 2011 年，中国的白酒产量已经提前 4 年，超额完成了 2015 年的规划目标。2013 年，我国白酒销售收入超过 5 000 亿元，是 2004 年的 8 倍；利润为 800 多亿元，是 2004 年的 13 倍多。据估计，中国白酒的合理产能为 800 万千升左右，未来白酒产能将下降 1/3，白酒产能过剩已是不争的事实。2013 年，我国宏观经济下行，加上外部限“三公消费”政策的影响，白酒行业结构调整，产能扩展得到抑制，但我国白酒行业产能过剩的深层次矛盾仍待进一步化解。“十二五”期间，我国白酒供大于求，产大于销，增速放缓，增幅收窄，全国白酒供给侧过剩，需求侧潜力空间较小，挤压式竞争性增长成为行业发展新常态（图 4-1）。

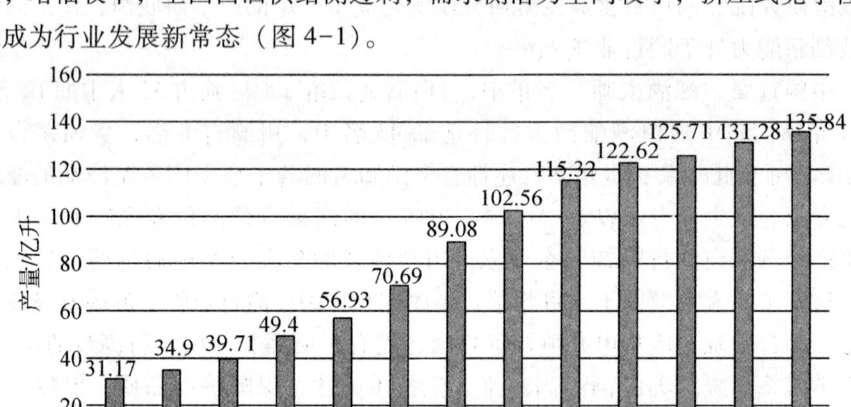

图 4-1　2004—2016 年我国白酒产量走势图

（资料来源：2004—2016 年我国白酒企业公告。）

“十一五”末贵州省白酒产能为16万千升，到“十二五”末要达到80万千升，其中酱香型白酒占90%，达到70万千升。四川省提出到“十二五”末，酱香型白酒产能要达到9万～10万千升。据统计，全国各地“十一五”末酱香型白酒产能约30万千升，到“十二五”末将达到90万～100万千升，产能将增加超过两倍。2011年和2012年，四川白酒的产销率增长分别为106%和109%，2013年起，四川白酒的产销率开始低于100%，白酒总产量供大于求，白酒企业的主要经济指标增速放缓（图4-2）。

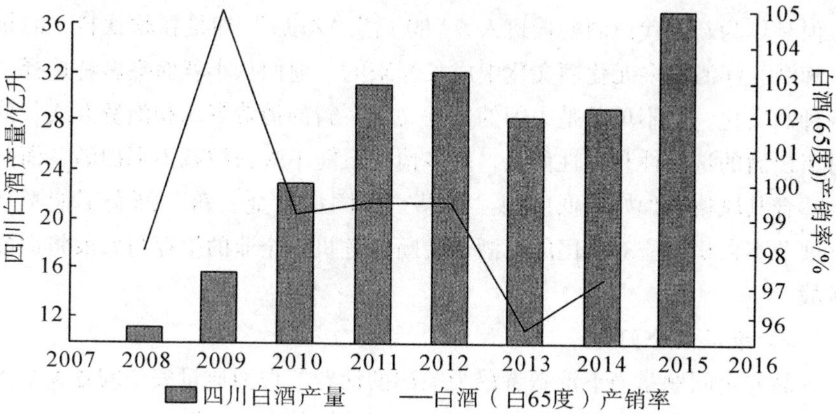

图4-2　2008—2015年四川省白酒产量及产销率

资料来源：四川省统计局，成都理工大学．四川工业产能过剩的现状及特征［J］．四川省情，2017（2）：17-19.

2015年在对贵州、四川的调研中发现，贵州仁怀中小白酒企业有将近55%处于歇业状态，30%处于关闭边缘，只有少数中小白酒企业维持了点状市场运营。四川泸州市白酒中小企业60%处于歇业状态，80%原酒企业处于关闭边缘。宜宾大量原酒企业陷入财务危机，我国白酒产能严重过剩，直接导致大量的川黔白酒中小企业和原酒企业走向破产和歇业状态。

（二）消费断代

在当下的国内外酒类产品消费市场，酒精度在60%vol左右的白酒寥寥无几，而酒精度在40%vol～50%vol的白酒则是消费主流①。由于每代人成长的环境截然不同，造成了不同酒类产品消费者消费偏好的差异，我国白酒产业面临消费断代危机。我国“50后”“60后”和“70后”消费者对白酒情有独钟，是当前我国白酒市场的主力消费军，2.7亿左右的“80后”“90后”将成为今

① 沈毅，彭毅，王冬梅，等．论中国白酒应向中低度方向发展［J］．酿酒，2017（1）：18-21.

后我国白酒市场的消费主力军，预计到2020年，白酒适龄消费群体（25～45岁）仍可以保持弱增长，且群体可达到5亿人，但是相对1.8亿左右的“60后”“70后”“80后”“90后”的白酒消费频次和消费忠诚度明显降低，白酒重度消费者呈高龄化趋势。作为新一代成长起来的“80后”“90后”年轻人，其接触酒的方式和方法与过去“60后”“70后”人群不同，现在的年轻一代在多元化酒文化的培养下成长起来，而不像过去“60后”“70后”从小接受单一的中国白酒文化，所以随着年龄的增长，对于白酒的热爱和热情越来越强。但是作为新一代白酒的接班人，“80后”“90后”却是在软饮料、酒精饮料、啤酒、洋酒等多元化酒文化中成长起来的，他们从小就面临多种选择，接触各种酒文化，而不单单是中国的白酒文化，新的消费观念和消费方式，使得其对于白酒的选择性和黏性偏低，很多情况下能不喝白酒就不喝白酒，而是选择更适合其风格和偏好的低度酒。如果“中国白酒金三角”酒企不能契合时代发展节奏，积极应对我国的白酒消费断代危机，企业的生存与发展将面临巨大挑战。

（三）食品安全问题

食品安全问题是当下消费者最为关注的话题。白酒质量安全问题关系到国民健康，困扰着行业的发展。近年来，白酒质量与安全问题日益凸现，给消费者的健康带来重大威胁，造成白酒行业信任危机。一直以来，我国关于白酒添加剂使用的标准滞后于产业的发展，以致一些企业打起了“擦边球”，不仅违规添加糖精钠等甜味剂，也未在标签上详细标明添加剂的使用情况。中国白酒的安全风险存在于白酒生产的各个环节，如原料、用水、发酵、包装等都有可能带来潜在安全风险，既有人为有意识添加或故意不避险，也有非人为意识的带入和白酒酿造本身产生的安全和质量问题①。2012年以来，我国白酒行业先后陷入“酒精勾兑”“塑化剂”“基酒外购”“添加剂”等风波中，“年份白酒问题”“散装白酒中毒”等质量安全问题层出不穷。此外，由于经济利益的驱动和监管的缺失，制造、销售假冒注册商标的假酒行为屡见不鲜。酒类产品已连续多年被我国政府监管部门列入监管重点，属于风险检测和监督抽查的重点产品。国家食品药品监管总局为此针对行业发布了一系列规范文件和监管要求，以更好地保障酒产品的质量安全。2016年国家对酿酒行业共抽检产品12 702批次，不合格样品为575批次，抽检合格率为95.5%，处于食品行业

① 张秋，范光森，李秀婷. 我国白酒质量安全现状浅析［J］. 中国酿造，2016（11）：15-20.

32 类受检产品中较靠后的位置。2015 年 8 月，四川省食品药品监督管理局对外公布食品安全抽查结果，白酒品类属于重灾区，在 235 批次抽查中有近 200 批次存在问题。2017 年 1 月，贵州省食品药品监督管理局共抽查了全省白酒生产企业 288 家，白酒生产小作坊 2 401 家，发现危险信息 713 条，查处案件 58 起，查处货物价值近 10 万元。据不完全统计，全国 4 万家白酒厂中，拥有生产许可证的仅有 8 000 多家，区域性品牌不多，全国性品牌少之又少，一些地方没有资质的小酒厂遍地开花，各种低价酒，劣质酒充斥着白酒市场，导致食品安全、白酒低品质等问题时有发生。目前，初步估计“中国白酒金三角”地区没有生产许可证的白酒生产企业尚有上千家，小而散的现状不仅导致资源分散，而且不便对白酒行业的质量进行管控。随着人们生活水平的不断提高，人们的消费理念也在不断地发生改变，食品安全问题越来越受到人们的关注，“中国白酒金三角”地区白酒行业所出现的一系列安全问题使得消费者对川酒、黔酒的信任度降低，不利于“中国白酒金三角”优质白酒品牌的树立。

三、机会分析

市场机会（O）是影响产业或区域发展战略的重大因素。对于企业来讲，潜在的发展机会可能是客户群的扩大趋势、市场需求增长强劲、市场份额扩大等。对于区域来讲，“中国白酒金三角”的区域发展机遇主要是可能获得我国“一带一路”倡议实施、消费升级所带来的市场份额以及客户群和消费市场的扩大。

（一）“一带一路”倡议的实施

推进“一路一带”倡议，是党中央、国务院根据全球形势深刻变化，统筹国内国际两个大局做出的重大战略决策，对于构建开放型经济新体制、形成全方位对外开放新格局，对于全面建成小康社会、实现中华民族伟大复兴的中国梦，具有重大深远的意义。2017 年 5 月 14 日，“一带一路”国际合作高峰论坛在北京隆重举行，论坛期间，多位酒业高级领导受邀参加了“一带一路”国际合作高峰论坛高级别全体会议，对白酒产业的发展具有极大的推进作用。白酒是中国最负盛名的中国特色之一，“一带一路”倡议构建了强大的内外交流的平台和通道，我国众多白酒企业可以借助“一带一路”所建立起来的平台契机，引进来，走出去，对亟须走出国门走向世界的中国白酒企业来说，绝对是一次重要机遇。“一带一路”建设为茅台、五粮液、泸州老窖等我国名酒企业提供了进一步提升的空间与舞台，“中国白酒金三角”的名酒企业可抓住“一带一路”带来的巨大商机和市场红利，充分发挥名酒优势，积极拓展对外贸易，让中国白酒的国际地位再跃升一个台阶。目前，贵州茅台酒已经进入了 26 个“一带一路”沿线国家，在沿线国家白酒销量的占比达到全球总销量

18.91%，其中东盟国家占到了沿线国家的71.11%。2015年7月3日，五粮液在有着“澳大利亚金融中心”之称的悉尼举办了“五粮液新品发布及高端品鉴会”。2016年9月30日，“一带一路全球行五粮液高端品鉴会”在德国法兰克福市举行，五粮液品牌借力“一带一路”，不断向全球市场推介中国白酒品牌与文化，开拓和培育国际市场。泸州老窖也抓住“一带一路”建设机遇，在沿线14个国家建立了经销网络。此外，每年泸州老窖都在“一带一路”沿线的泰国、新加坡、缅甸、柬埔寨、老挝等国家开展一系列酒文化、品牌推广活动。同时，我们还应看到，“一带一路”沿线有60多个国家，全球总人口的46%都将从中受益，幅员辽阔、人口众多，市场潜力巨大。“一带一路”沿路的国家和地区的白酒消费需求集中在中端和低端白酒，白酒市场存在不少市场空白点，这给“中国白酒金三角”地区的大量中小白酒企业带来了巨大的商机，“一带一路”有助于推动“中国白酒金三角”走向“世界白酒金三角”。

（二）国内的消费升级

自2010年以来，我国城镇居民人均可支配收入增速始终显著高于GDP增速。居民可支配收入在国民收入分配中的比重，自2012年后连续四年保持在60%以上，中国经济增长结构发生了根本性转变——消费取代投资成为中国经济增长的第一驱动力。数据显示，2016年我国居民最终消费支出对GDP增长贡献率达64.6%，创下历史新高，接近发达国家70%的平均水平（图4-3）。

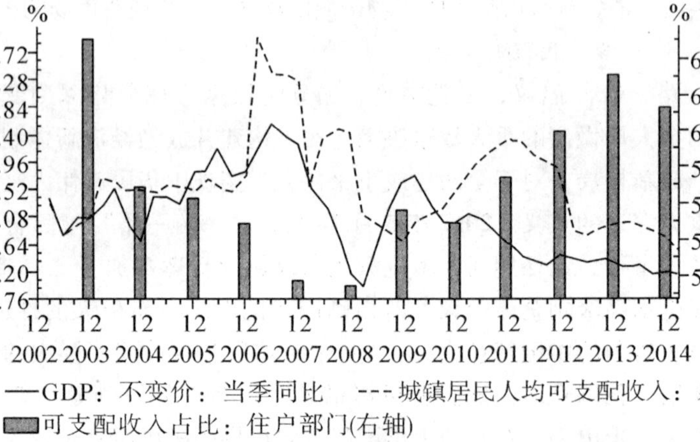

图4-3　2002—2014年我国GDP增速、城镇居民人均可支配收入变化图

［资料来源：中国报告大厅．消费品行业市场规模分析［EB/OL］．(2019-03-11)．http://www.chinabgao.com/freereport/80056.html.］

随着我国国民经济的继续走强、消费者消费力的提升和消费观念的转变，我国居民的消费升级成为必然趋势。波士顿咨询报告预测，到2020年年底，我国上层中产（家庭可支配月收入为12 500~24 000元）及富裕（家庭可支配月收入在24 000元以上）家庭数量将翻一番，达到1亿户，占中国家庭总数的比例也将从现在的17%提高到30%左右。据统计，中国的中产阶级人数从2000年的500万，发展到2016年的2.25亿。据瑞士投行瑞信发布的《全球财富报告》，2015年我国中产阶级人数达1.09亿，已经超过美国的9 200万，居全球第一位。国务院发展研究中心估算，2026年我国中产阶层将达到6.3亿人，这个数字超过了全欧洲人口的总和。我国中产阶层崛起的背景下，白酒行业将持续扩容，为中国白酒产业的快速持续发展造就了一个10年左右的黄金期。2015年是“中国制造2025”元年，中国制造业未来10年将通过努力，实现中国制造向中国创造，中国速度向中国质量，中国产品向中国品牌的三大转变。从2015年开始，中国制造将大踏步走向世界，对于中国白酒产业，这意味着巨大的空间和机遇。2016年部分高端白酒销售收入增速显著高于白酒行业销售收入增速，消费升级趋势非常明显。目前，在白酒消费市场，我国白酒消费升级非常明显，一部分大众和商务消费的白酒从原来的低端区域进入次高端区域。比如地方品牌的主力价格在50~300元/瓶，其中80~200元/瓶的消费区间是中档主流，而中高端商务宴请向400~800元/瓶的区间升级，其中主流价格档次在400~600元。2015年8月以来，我国高端白酒首次迎来提价。高端白酒股作为我国A股消费品龙头，消费升级也被演绎到了极致。2017年4月，贵州茅台股价再创历史新高，总市值站上5 000亿元，超过帝亚吉欧，成为全球市值最高的烈性酒酒企。受益于消费升级，2016年五粮液销量全国排名第一，泸州老窖“重归白酒三甲”，营业收入达83.04亿元，同比增长20.34%；实现净利润19.28亿元，同比增长30.89%，实现了营收、利润的“双位数”增长。我国的消费升级为“中国白酒金三角”白酒业的再次繁荣带来可能。

四、威胁分析

威胁（T）主要来自外部环境，外部环境中存在对行业的盈利能力和市场地位构成威胁的因素，如新竞争对手、替代品、社会消费方式的不利变动、市场需求的减少以及经济萧条或行业周期的冲击。当前，“中国白酒金三角”的白酒业主要面临由于洋酒的进入以及白酒消费方式的不利变化所带来的白酒消费市场萎缩和消费替代危机。

（一）白酒消费市场萎缩

中国白酒进入国际市场面临的问题包括：一是面临发达国家严格的白酒监

管规制。在美国，酒类质量安全等方面由美国食品药品管理局及其下属机构负责。酒精浓度在7%以上的酒类消费税、标签检查、广告宣传及市场营销行为规制，由财政部下辖的烟酒税收贸易局管辖，并对酒类饮料的标签规则、食品添加剂种类及使用限量、酒类包装等方面都有详尽的规定①。欧盟具有完善的食品监管体系，在确保成员国酒业利益的同时，有着完善的法律体系和极高的技术标准体系，在酒类食品基本法律法规、烈酒中使用的食品添加剂种类与限量、污染物及其限量、烈酒的定义及相关规定、酒类食品标签要求、包装材质与接触材料等方面，与国内通行法规和技术标准有着很大的不同②，客观上构成了中国白酒进入欧盟市场的技术壁垒。二是面临国外白酒消费者消费习惯和烈性酒消费文化的巨大差异。根据世界卫生组织发布的《2014 年全球酒精与健康状况报告》，中国消费者人年均饮用纯酒精 6.7 升，其中白酒占 69%，啤酒占 28%，葡萄酒占 3%，白酒为中国消费者的最爱。而在国外，除了俄罗斯、日本等少数国家居民的烈性酒消费占比高于啤酒和葡萄酒，大部分国家居民的啤酒和葡萄酒消费占比均高于烈性酒，与中国居民的酒类消费习惯差异较大。此外，中国有着显著区别于西方国家的酒文化，白酒是正式场合的主角，而葡萄酒和啤酒只是配角，在西方国家则情况相反，以葡萄酒、果酒、鸡尾酒为主角，白酒仅是鸡尾酒的酒基③。三是面临竞争激烈的国际烈性酒市场。国际烈性酒市场上的威士忌、白兰地、伏特加、朗姆酒、金酒等，经过多年国际化，拥有极强的国际市场竞争力，占有巨大的国际市场份额，深得各国消费者喜爱，如帝亚吉欧（Diageo）公司、百加得公司、保乐力加集团等。帝亚吉欧控股水井坊和轩尼诗控股文君酒显示，烈性酒竞争的“战火”已经“烧”到了家门口，走出去成了中国白酒企业无法回避的挑战。

2016 年，中国白酒出口量 16 070 021 升，仅占我国白酒总产量的 1.19‰；出口总额 468 776 746 美元，占白酒行业总收入的 5.10‰。中国白酒无论从出口量还是从出口值来讲，均只占据白酒行业的极小部分，且增长速度极其缓慢。贵州茅台酒一直重视国际市场的开拓，在国际市场享有较高知名度和美誉度。英国品牌评估机构 Brand Finance 发布的“2017 全球烈酒品牌价值 50 强”（*Top 50 Spirits Brands* 2017）显示，贵州茅台以 115.48 亿美元的品牌总价值进

---

① 程铁辕，刘彬，李明春，等. 中国酒类出口应对美国技术贸易措施研究［J］. 中国酿造，2012，31（3）：182-185.

② 程铁辕，刘彬，李明春，等. 欧盟烈性酒法律法规对我国白酒产业的启示［J］. 食品科学，2012，33（9）：271-276.

③ 杜莉. 中西酒文化比较［J］. 扬州大学烹饪学报，2004，21（1）：1-4.

入榜单，位列中国白酒品牌首位。从中国白酒出口的整体情形看，贵州茅台酒是我国白酒国际化速度最快、比重最高的企业，2016年茅台酒出口约占整个中国白酒行业出口总额的66%，茅台酒出口业务占据了中国白酒出口业务的半壁江山。从2010年起，茅台酒国际营收实现了快速增长，茅台酒国际营收从不到5亿元，国际营收占酒类营收的3.51%迅速上升到2016年的国际营收20亿元，国际营收占酒类营收的5.30%（图4-4）。

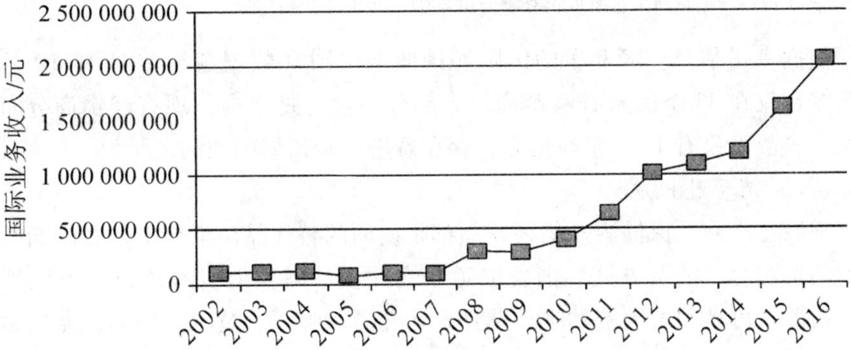

图4-4　2002—2016年贵州茅台酒国际业务收入变化图

（资料来源：根据贵州茅台酒股份有限公司2002—2016年公司年报。）

但是，茅台酒国际业务占公司业务的比重较小，国际业务收入占公司收入的比重多数年份在3%~4%，茅台酒国际业务扩张速度略显滞后（表4-1）。

表4-1　2002—2016年贵州茅台国际业务营业收入、增幅及占比

年度	酒类营业收入/%	增幅/%	国际业务营收/%	增幅/%	占比/%
2002	1 834 898 294. 90	—	109 542 800. 00	—	5. 97
2003	2 401 017 934. 93	30. 85	124 064 500. 00	13. 26	5. 17
2004	3 009 793 519. 92	25. 35	124 682 000. 00	0. 50	4. 14
2005	3 930 515 237. 61	30. 59	76 724 539. 10	-38. 46	1. 95
2006	4 896 186 901. 21	24. 57	110 246 442. 53	43. 69	2. 25
2007	7 237 302 489. 18	47. 60	102 675 762. 56	-6. 87	1. 42
2008	8 241 631 163. 54	13. 88	292 835 903. 94	185. 20	3. 55
2009	9 669 670 009. 59	17. 33	292 596 909. 98	-0. 08	3. 03
2010	11 632 417 331. 90	20. 30	408 813 479. 53	39. 72	3. 51
2011	18 402 055 500. 21	58. 20	640 573 926. 24	56. 69	3. 48
2012	26 455 251 445. 86	43. 76	1 015 117 971. 11	58. 47	3. 84

表4-1(续)

年度	酒类营业收入/%	增幅/%	国际业务营收/%	增幅/%	占比/%
2013	30 921 391 282. 59	16. 88	1 100 503 549. 65	8. 41	3. 56
2014	31 572 875 951. 45	2. 11	1 203 794 916. 31	9. 39	3. 81
2015	32 654 046 822. 87	3. 44	1 608 491 544. 86	33. 62	4. 93
2016	38 840 974 605. 54	18. 95	2 058 690 468. 61	27. 99	5. 30

资料来源：根据贵州茅台酒股份有限公司 2002—2016 年公司年报。

根据贵州茅台官网发布的国际经销商网络图（数据截至 2016 年 10 月），贵州茅台仅在 33 个国家有经销商，大部分国家还是空白，现有经销商分布的国家，多数也只有 1~2 家经销商，存在着进一步拓展的空间。

（二）消费替代危机

啤酒、红酒、保健酒及酒精饮品都是白酒的替代品。近年来，我国酒类消费者消费观念、消费方式、消费渠道都在改变，酒类消费群体也在不断地分化，白酒不再是酒类消费的唯一选择，葡萄酒、啤酒、黄酒、果酒，尤其是各类洋酒等产品正在切割白酒的市场份额。随着各类洋酒涌入中国市场，啤酒、葡萄酒、洋酒逐步侵蚀白酒的市场份额。对于年轻的消费群体，他们更偏好啤酒、葡萄酒和洋酒，这给中国白酒的发展带来了沉重的压力。啤酒的饮用场合宽泛，价格相对便宜，更加大众化，人均饮用量远远高于白酒，对白酒的替代威胁相对较大。从健康角度来看，红酒（有助于心脑血管疾病的预防，还有养生、美容养颜等功效）更有吸引力。特别是随着人们物质生活水平的不断提高，对高品质健康生活的追求会更加强烈，国人可能会更偏好消费红酒，红酒的市场潜力巨大。基于保健、养生的诉求，保健酒在中老年人消费市场也具有相当的吸引力。我国的女性酒类消费者也日趋增多，女性酒类消费者和新生代消费群体更多地偏好选择刺激感小、适口度好的中低度白酒、红酒、啤酒和配制酒。酒精饮品因口感较好，包装具有现代感，代表活力、时尚，也深受年轻群体和女性消费者的青睐。当前中国白酒占据高度酒市场，啤酒、红酒、配制酒和黄酒占据低度酒市场，随着物质生活水平的提高和健康消费理念的推广，中国酒类消费者越来越偏向选择中低度酒。随着现在白酒消费人群的不断老化，受多元化文化熏陶的个性较强的“80 后”“90 后”未来可能会放弃高度白酒品类，更多地选择洋酒、啤酒和葡萄酒等品类，中国白酒未来将面临人群流失的巨大压力。

第三节 “中国白酒金三角”TOWS 矩阵

基于“中国白酒金三角”发展的 SWOT 分析，将“中国白酒金三角”产业和区域发展所具有的优势、劣势，所面临的机会、威胁四个方面的情况总结起来列成表 4-2。

表 4-2 “中国白酒金三角”发展 SWOT 分析汇总表

优势	劣势
1. 环境与资源优势 2. 品牌优势 3. 规模优势 4. 技术和人才优势	1. 产能过剩 2. 消费断代 3. 食品安全问题
机会	**威胁**
1. “一带一路”倡议的实施 2. 国内的消费升级	1. 国际化进程缓慢 2. 消费替代危机

一、TOWS 分析法

SWOT 分析容易陷入简单地罗列出优势、劣势、机遇和威胁中，而忽视对这些因素的深入讨论。因此，本书将一种战略规划的系统方法：TOWS 分析，引入“中国白酒金三角”发展战略的制定过程中，以使“中国白酒金三角”发展战略的制定更具有客观性、系统性和可靠性。依据“中国白酒金三角”发展的 SWOT 分析，提出“中国白酒金三角”的 TOWS 矩阵。“TOWS”四个字母分别代表着“中国白酒金三角”区域面临的威胁（threats）、机遇（opportunities）、劣势（weaknesses）和优势（strengths）。TOWS 分析法是美国战略管理学者 Weirich 在 1982 年提出来的，旨在解决 SWOT 分析所遇到的部分难题①。TOWS 分析的步骤如下：

① Weihrich H. The TOWS Matrix-A Tool for situational analysis [J]. Long range planning, 1982, 15 (2): 54-66.

第一步，对各种内外部环境因素进行检测分析，总结出“中国白酒金三角”发展内外部所具有的优势和劣势以及面临的机遇和挑战，并最终确认和选择内外部的关键因素，为接下来的矩阵分析做好准备。在总结优势、劣势、机遇和挑战时需要进行指标体系的确定，并通过专家打分的方式，给出每一个指标相应的权重和分值，为避免分析受个人主观能动性的影响，在确认和选择内外部关键因素时，采用德尔菲法进行分析预测，避免个人主观判断的影响。

第二步，在第一步明确了关键因素并建立了指标体系的基础上，按照各因子对“中国白酒金三角”发展的影响程度，对内外部的各种因素进行组合排列，构建 TOWS 矩阵，进行综合对应分析，并最终形成四类潜在战略选择（图 3-3）。TOWS 分析矩阵的建立就是要充分发挥“中国白酒金三角”发展的优势，避免、克服劣势因素，利用、创造机会因素，化解、排除威胁因素，简言之，就是要扬长避短，取长补短，尽量发挥“中国白酒金三角”区域的最大潜力。对 TOWS 分析矩阵进行综合系统分析，并对内外部各种因素进行相互配对，得出 SO、WT、WO、ST 四种“中国白酒金三角”发展战略：①“中国白酒金三角”发展战略中的优势因素与机会因素的相互匹配，务必使以上两者所带来的有利影响发挥至最大，即 SO 战略；②劣势因素与威胁因素的相互匹配，务必使以上两者所带来的不利影响减至最小，即为 WT 战略；③劣势因素与机会因素的相互匹配，务必使以上两者中的前者所带来的不利影响减至最小而使后者产生的有利影响发挥至最大，即为 WO 战略；④优势因素与威胁因素的相互匹配，务必使以上两者中的前者所带来的有利影响发挥至最大而使后者产生的不利影响减至最小，即为 ST 战略。

第三步，在进行过基础因素分析、指标确定、矩阵构建之后，进入最终的战略优先选择。在 TOWS 分析矩阵的辅助下，对“中国白酒金三角”发展战略的优势、劣势、机遇与威胁进行交叉匹配得出四类优先发展战略。需要说明的是，最终战略的确定，必须要在综合分析前述没有考虑在内的各种非关键因素对“中国白酒金三角”发展战略影响的基础上，对各种优先发展战略进行最终的确定。

根据“中国白酒金三角”发展 TOWS 矩阵分析，得出“中国白酒金三角”发展的 SO 战略、ST 战略、WO 战略和 WT 战略，具体如表 4-3 所示。

表 4-3 “中国白酒金三角”发展 TOWS 矩阵分析

	优势： 1. 环境与资源优势 2. 品牌优势 3. 规模优势 4. 技术和人才优势	劣势： 1. 产能过剩 2. 消费断代 3. 食品安全问题
机遇： 1. “一带一路”倡议的实施 2. 国内的消费升级	SO 战略： 1. 保持行业领先和主导地位 2. 推进产业集群发展 3. 塑造区域品牌形象	WO 战略： 1. 扩大在全球的市场份额 2. 加快企业并购与整合
威胁： 1. 国际化进程缓慢 2. 消费替代	ST 战略： 1. 增加酒类产品开发 2. 建立新型营销渠道	WT 战略： 提高产品质量 加快国际化步伐

TOWS 矩阵是帮助“中国白酒金三角”地区政府和企业制定发展战略的重要匹配工具。根据矩阵分析，“中国白酒金三角”发展应加快推进区际合作、区域产业集群和产业链建设、区域品牌塑造与推广；抱团出海，加快区域品牌国际化步伐，尽快与国际酒类市场接轨，实现“中国白酒金三角”白酒业的可持续发展（表 4-4）。

表 4-4 “中国白酒金三角”发展 TOWS 矩阵

WO 战略（国际化战略）	SO 战略（区域品牌战略）
扭转型战略：利用外部机会，克服内部劣势。 1. 扩大在全球的市场份额 2. 加快企业并购与整合	进攻型战略：依靠内部优势，利用外部机会。 1. 保持行业领先和主导地位 2. 推进产业集群发展 3. 塑造区域品牌形象
WT 战略（一体化战略）	**ST 战略（多元化战略）**
防御型战略：克服内部劣势，回避外部威胁。 1. 提高产品质量 2. 加快国际化步伐	合作型战略：依靠内部优势，回避外部威胁。 1. 增加酒类产品开发 2. 建立新型营销渠道

二、“中国白酒金三角”发展战略

综合上述分析的结果，本书提出“中国白酒金三角”发展战略，以期充分发挥“中国白酒金三角”自身优势，克服劣势，避开威胁，把握发展机遇。

（一）SO（优势—机会）战略

SO战略即扩张型战略，或称为增长型战略。SO战略指产业或区域发展内部拥有优势，而外部环境又提供了机会，应发挥优势抓住机遇。采用SO战略的基础条件：一是“中国白酒金三角”产业和区域本身具有较强的核心竞争能力，在中国白酒市场占据较大的市场份额；二是“中国白酒金三角”的几大品牌白酒受外来洋酒的冲击不大，“中国白酒金三角”企业在中国酒类消费品市场处于有利地位。如贵州茅台酒是中国白酒的龙头企业，四川五粮液和泸州老窖占据了中国高端和次高端白酒的最大市场份额，“中国白酒金三角”地区在国内外白酒市场具有保持和赢得竞争优势的强大核心区域竞争力。“中国白酒金三角”SO战略即白酒领先战略的战略重点：一是整合“中国白酒金三角”地区科研力量，大力开展白酒产业关键技术的研究，力争在白酒酿制技术上取得突破，在我国白酒行业内继续保持技术、人才、品牌的领先优势。二是加快“中国白酒金三角”产业集群发展，利用特色产业园完成区域资源整合，以企业品牌推动区域品牌，加强区域合作和集群企业间的协调组织，通过产业集群建立区域品牌。三是借助国际合作与交流，全面塑造和整体宣传“中国白酒金三角”区域品牌形象。“中国白酒金三角”企业联盟应抓紧建立符合国际标准的白酒生产和质量认证体系，提高产品质量，塑造区域品牌形象，推广和弘扬中国酒文化，打造区域品牌，使“中国白酒金三角”地区成为中国最好的白酒产区。

（二）ST（优势—威胁）战略

ST战略也称扩张型战略，即应用自身优势弥补外部威胁的战略。“中国白酒金三角”发展ST战略即白酒产业多元化发展战略，其战略重点：一是增加与白酒相关的酒类产品开发，满足不同酒类消费者的需求，重视消费替代问题，在保持传统纯粮酿制的基础上大力研发现代白酒。二是做好白酒创新营销新思维的运用，随着移动互联网时代的到来，人们的生活方式与消费习惯逐渐变得越来越碎片化、多元化与个性化。在这一背景下，传统的营销方式已经不再适用于企业之间的竞争，以数据为基础、以场景为核心的“网络+”“场景营销”应得到更多的关注。“中国白酒金三角”的白酒企业要一切从市场需求出发，随着白酒销售的主要对象逐渐转向大众，以往的正式公务白酒消费模式已逐渐居于次要地位，有必要对大众消费者的多元化消费需求进行深度挖掘，为广大消费者酿造质优价廉的好酒，走白酒产业多元化发展道路。具体来说，一方面要突破年龄限制，面向新一代的年轻人重塑白酒文化形象；另一方面要挖掘消费者的需求潜力。如宜宾五粮液的创新产品“自由度”，以及以水果和花草搭配酿造而成的时尚型露酒、健康型果酒以及白酒配制酒、中式预调酒等均获得了市场的认可。通过技术创新、营销创新、消费体验创新等，给消费者带来更好的物质和精神享受，占领新一代白酒消费者的中低度酒类产品市场。

（三）WO（劣势—机遇）战略

WO 战略也称扭转型战略，即利用外部机会改进内部劣势的战略。战略重点：一是“中国白酒金三角”区域发展应借助我国“一带一路”倡议的实施，“中国白酒金三角”白酒企业应主动走出去，“中国白酒金三角”的大型酒企可通过兼并收购国外公司等各种形式向海外市场进行扩张，以扩大企业规模和在全球烈酒市场的份额。“中国白酒金三角”的大型酒企可与东道国酒企或跨国公司通过联合结盟的形式，包括以兼并和收购为主的牢固联合方式，以及以联合开发、生产、技术研发及市场合作、合资办厂等形式为主的松散联合方式等，建立起互惠互利的战略合作伙伴关系，在酒类产品的研究、生产和市场开拓等方面加强协调、开展合作，最终达到分散或防范海外扩展的经营风险，弥补劣势，优势互补的目的。二是“中国白酒金三角”内的白酒企业应加大整合力度，通过整合，提高整体实力，形成区域竞争优势。2015 年 4 月 10 日，《外商投资产业指导目录（2015 年修订）》正式施行，外资进入名优白酒股权比例的限制被取消，白酒行业并购整合潮有望开启。通过整合，“中国白酒金三角”白酒业可借助茅台、五粮液等大集团已经建立起的国际营销渠道和物理平台，实施白酒产业和区域品牌国际化拓展战略，支持区域内名酒企业携手参与国际性展览展示和品鉴活动，联手把“中国白酒金三角”打造成为全球具有重要影响力的白酒产业区域品牌，让“中国白酒金三角”的美酒佳酿蜚声中外。

（四）WT（劣势—威胁）战略

WT 战略也称防御型战略，即克服劣势、避免威胁的战略。“中国白酒金三角”应通过横向联合，优势互补，组成实力强大的集团公司，借助茅台、五粮液已经建立起的良好市场营销网络，联合开发适宜国内外消费者的新产品，共同拓展海外市场，抵御跨国公司洋酒的进攻。如今的国际白酒市场竞争日趋激烈，“中国白酒金三角”的白酒企业走出去的重点还是“一带一路”沿线国家。每个国家都有自己的价值观，都有自己的偏好与禁忌，也都有自己的酒文化。只有充分调研，才能入乡随俗。无论是市场调研，还是进入国际市场，都不是某个企业自己能够独立完成的。“中国白酒金三角”的酒企若是单个开拓世界市场就非常容易失败。也就是说，“中国白酒金三角”的酒企开拓海外市场既要各显神通，也要抱团出海。“中国白酒金三角”的酒企应组团联合调研，抱团进入国际市场，联合推广中国酒文化。在中国白酒文化的国际化进程中，还应充分发挥政府责任，这对于改变名酒企业单个突击的现状具有有利的作用。一旦白酒企业单个突进的现状得到改善，“中国白酒金三角”区域内的白酒企业就可以在国家的牵线和支持之下抱团或者相互合作，以强强联手之态打开海外酒类消费市场，有利于传播我国白酒文化，进一步增强中国白酒的国际竞争力。

我国白酒产业深度调整仍在进行中，“中国白酒金三角”的区域核心竞争力的构建应利用好资源、品牌、人才、技术、规模等自身独特优势，推动产业集群发展，构建区际合作机制，以优势产区引领产业新生态，打造中国白酒区域品牌。

第五章 “中国白酒金三角”产业集群竞争力提升

产业集群发展对提升产业竞争力、促进区域经济发展具有重要的现实意义。产业集群还通过专业化分工，加强了企业间的优势互补，不断整合、优化产业结构，降低交易费用，提升了区域整体竞争力，打造区域品牌。世界范围内产业集群的蓬勃发展及其对区域经济发展的促进作用，使得对产业集群核心竞争力的研究具有现实而深远的意义。川黔两省一个是白酒产量占全国三分之一强的省份，一个是白酒利润占全国三分之一强的省份。川黔两省规模以上白酒企业产量、主营业务收入和利润合计均居于全国主导地位，白酒产业初具集群发展雏形，双方的地理位置临近，产品具有互补性，集群发展基础好。

第一节 产业集群及产业集群竞争力的形成

如何通过生产要素的合理集聚来优化产业地理格局是当今中国区域经济发展面临的重要议题。国内外经济学家的研究指出，产业集群从整体出发挖掘特定区域的竞争优势，将是推动未来区域经济增长的“加速器”。

一、产业集群的形成与特征

一个国家或区域在国际上具有竞争力的关键是产业的竞争力，而产业竞争力来源于彼此相关的产业集群。产业集群是很多学科研究的热点和重点，如产业经济学、区域经济学和宏观经济学等。产业集群的现象很早就出现了，如瑞士钟表业产业集群、法国波尔多葡萄酒产业集群、美国底特律汽车及配套设备产业集群、意大利鞋业产业集群、德国慕尼黑汽车业集群、美国加州北部硅谷微电子业和信息技术产业集群等[①]。国外诸多学者的研究指出，历史和偶然事件是产业聚集的源头，而累积循环的自我实现机制有滚雪球般的效果，这导致产业长时期地锁定在某个地区[②]。我国学者梁琦指出，一个特定的产业集中在特定的区域，是历史和偶然事件的影响、累积循环的自我实现机制或预期的作用[③]。

19 世纪 90 年代，新古典经济学派经济学家马歇尔（Marshall，1890）在其《经济学原理》（1890）一书中提出了大规模生产的好处，并尝试对产业集群现象产生的原因进行分析[④]。继马歇尔之后，阿尔弗雷德·韦伯（1929）在其发表的著作《工业区位论》中，从工业区位论角度对产业聚集进行了深入研究，首次提出了聚集经济（agglomeration economies）的概念，并尝试用集聚因素和分散因素来建立集聚经济函数[⑤]。20 世纪 70 年代，意大利社会学家巴格纳斯科（Bagnasco，1977）在对意大利东北部地区的佛罗伦萨附近的产业区进行研究的时候，首次提出了新产业区的概念，并且将新产业区定义为“具有共同社会背景的人们和企业在一定自然地域上形成的社会地域生产综合体”。斯茨米特茨（Schmitz，1995）在研究发展中国家的产业集群时，将产业集群定义为由于地理位置的集中，一些存在着劳动分工和专业化创新优势，并且拥有在参与当地市场竞争时所具备的特殊优势的企业组群[⑥]。哈佛商学院的迈克尔·波特教授（M. Porter，1998）认为，产业集群是在某一特定领域内相互关联的公司和机构在地理位置上的集中，集群内企业既有竞争又有联系，彼此以共通性和互补性相联结[⑦]。Hill 和 Brennan（2004）将产业集群定义为一种生产组织，这种组织结构由五种因素构成：先导产业、技术、供给产业、消费产业及工人，产业集群使得企业获得更高的生产率和生产收益[⑧]。皮埃罗

① HELMSING A H J. Externalities, learning and governance: new perspectives on local economic development [J]. Development and change, 2001 (32): 277-308.

② REDDING S, VENABLES A J. Economic geography and international inequality [R]. London school of economics and CEPR, 2001 (4): 5.

③ 梁琦. 产业集聚论 [M]. 北京：商务印书馆，2004.

④ 马歇尔. 经济学原理 [M]. 朱志泰，陈良璧，译. 北京：商务印书馆，1964：290-291.

⑤ 韦伯. 工业区位论 [M]. 李刚剑，译. 北京：商务印书馆，1997：115-123.

⑥ SCHMITZ H. Collective efficiency: growth path for small scale industry [J]. The journal of development studies, 1995, 31 (4): 529-566.

⑦ PORTER M. Clusters and the new economics of competition [J]. Harvard business review, 1998, 76 (6): 77-91.

⑧ HILL, BRENNAN. Regional variation and economic drivers [J]. Economic development quarterly, 2004, 18 (4): 384-405.

（Piero，2004）认为：产业集群作为一个具有社会形式的经济体，具有一定的空间范围特征，由于地理上的接近而更方便在经济活动中密切联系，并且分享一切与生产和销售相关的技术和管理知识，以便能够为市场上的消费者提供更高级的产品和更优质的服务①。

改革开放后，我国沿海经济开放度高的地区利用政策和区位优势，逐渐形成了各种规模的产业集群，如浙江温州服装业集群、广东顺德陶瓷业集群、福建闽东制鞋业集群等。此外，我国各个地区为了提升区域经济竞争力，纷纷建立和开发了很多的科技园区、产业园区，形成了如北京中关村IT业集群、深圳华强IT业集群、珠江三角洲计算机制造业集群、重庆摩托车产业集群、武汉光电产业集群等。

20世纪90年代，我国学者对集群进行了研究。仇保兴（1999）从经济学的交易成本分析角度给出了产业集群的定义。产业集群指依据专业化和产业化的协作与分工建立起来的一个能够相互关联又能够独立自主的多个企业构成的群体②。王缉慈（2002）认为，产业集群是指在某一特定的产业及相关领域中，具有密切联系的主体企业和支撑主体企业的对应机构在有限的地域空间内形成聚集，形成强劲持续的竞争优势③。尽管对于产业集群的概念，不同学者、不同流派之间有不同的认识，但目前仍以美国学者迈克尔·波特的定义最为权威。上述国内外各种产业集群的定义虽然在表述上不同，但一般都包含了以下几个方面：产业集群的主体由企业和机构组成，一般处于同一产业或相关产业，且由于产业上的联系而在一定的地域空间集中。

二、产业集群竞争力的形成与体现

马歇尔（Marshall，1890）从“外部经济”角度，扬格（Young，1928）从“规模报酬理论”角度，胡佛（Hoover，1975）从“集群体”的规模效益角度，克鲁格曼（Krugman，1991）从“规模收益递增”角度阐释了产业集群竞争力的生成机制。

（一）产业集群竞争力的形成

国内和国外对产业集群竞争力的解释是不同的。有的学者人认为产业集群竞争力是市场表现，有的学者认为产业集群竞争力是对资源的优化配置能力，

---

① PIERO MOROSIN. Industrial clusters, knowledge integration and performance [J]. World development, 2004, 32: 16-23.

② 仇保兴. 论产业结构调整的有效途径 [J]. 浙江经济, 1999 (4): 22-23.

③ 王缉慈. 产业集群：新型区域经济发展理论 [J]. 经济经纬, 2002 (2): 18-21.

有的学者认为产业集群竞争力是其资源整合能力和市场表现的综合，还有些学者借用已有的“竞争力”概念，将产业集群竞争力简单定义为“产业集群+竞争力”[①]。关于产业集群竞争力的解释，主要有以下三种观点[②]。

1. 因素论

因素论强调产业集群的竞争力由不同的因素相互作用生成。马歇尔（1890）最早从外部规模经济角度概括了产业集群的竞争力的来源，即劳动力市场共享、专业性附属行业支持和“技术外溢”（technology spillover）。美国学者迈克尔·波特（1998）通过“钻石模型”对产业集群竞争力进行了全面的分析，他对产业集群竞争力概念的解释得到了大部分学者的认可[③]。波特将一个集群看作一个整体，认为要素条件、需求条件、相关产业和支持产业、企业战略、结构和竞争、机遇和政府这六个相互关联的因素决定产业集群竞争力，这六个因素的相互作用，形成了产业集群竞争力。他用国家竞争优势的钻石模型来解释因地理集中而在特定区域整合为一个整体后，能为集群带来竞争优势。集群的总体竞争力依赖于影响产业集群的相互关联的内部和外部相关因素，在这些相关因素的综合作用下，决定了产业集群竞争力的高低[④]。20 世纪 90 年代末期 Pietrobem（1998）也开展了产业集群竞争力研究，他认为影响产业集群竞争力的因素分别是：人的能力和技术的发展程度、企业以前有没有这方面的家族史、当地的不可移动的财产、企业的经营管理制度、企业的文化程度以及企业与企业的合作关系[⑤]。加拿大学者 Padmore 和 Gibson（1998）在波特提出的“钻石模型”的基础上，做了进一步的研究，提出了“基础—企业—市场”模型，并将这个模型命名为 GEM 模型。该模型认为有五个因素影响产业集群：资源是否优越、最基本的设施是否完善、企业经营的方式、与该产业相关的其他辅助产业以及市场氛围[⑥]。我国学者杨建梅、杨静（2003）对 Padmore 和 Gibson 提出的 GEM 模型和波特提出的“钻石模型”进行对比，得出 Padmore 和 Gibson 提出的模型相对于波特提出的“钻石模型”有了很大的

---

① 张凤涛. 中国纺织产业集群竞争力研究［D］. 哈尔滨：东北师范大学，2012：16.

② 刘恒江，陈继祥. 产业集群竞争力研究述评［J］. 外国经济与管理，2004，26（10）：1-8.

③ MICHAEL E PORTER. Clusters and new economics of competition［J］. Harvard business review，1998（11）：77-90.

④ 迈克尔·波特. 国家竞争优势［M］. 北京：华夏出版社，2002：72.

⑤ 金峰. 湖北省物流产业集群竞争力评价研究［D］. 武汉：武汉大学，2017：5-11.

⑥ PADMORE T，GIBSON H. Modelling systems of innovation：a framework for industrial cluster analysis in regions［J］. Research policy，1998，26（6）：625-641.

进步，肯定了 GEM 模型①。刘友金（2007）在 GEM 模型的基础上提出了 GEMN 模型。与 GEM 相比，GEMN 模型增加了一个由"内网"与"外网"组成的"因素对"，简称"GEMN 模型"②。因素论者认为，产业集群竞争力的强弱决定于集群的相互关联的因素的质量水平。

2. 能力论

能力论者提出通过强化环境与集群的关系，鼓励产业集群内企业参与市场竞争，优化集群的整体绩效，采用特殊手段完善、引导、梳理企业资源，进行资源高效利用和合理化配置，促进区域经济发展。以"新产业区""加利福尼亚"学派等为代表的创新理论学者利恩和弗尔维（Lynn and Fulvia，2000）认为产业集群竞争力就是集群的能力，主要体现为集群的创新能力③。他们突出知识经济背景下知识和技术要素对区域经济的意义，强调集群的竞争力在于区域创新能力，并把特定的资源和制度背景作为影响区域产业增长或衰退的重要因素④。皮卡（Pekka，2004）强调从集群提高生产率和创新绩效、发挥正的专业化效应、推动正的外部性和知识溢出、增强企业间协同作用、占有全球市场份额五个方面的能力来理解和提高产业集群竞争力⑤。我国学者蔡宁（2002）认为，集群的竞争优势来源于资源的创新性整合能力、资源禀赋和资源的整合能力⑥。

3. 结构论

结构论者从产业结构优化角度分析产业集群的成因、价值和意义。结构论可以分为横向结构论和纵向结构论。横向结构论的代表人物为 Ahuj 和 Stefan（2002）。他们认为：产业集群内部的众多企业间存在着相互关联性，这种关

---

① 杨建梅，杨静. 评价企业集群竞争力的 GEM 模型及其应用［J］. 科学学与科学技术管理，2003（9）：34-40.

② 刘友金. 产业集群竞争力评价量化模型研究—GEM 模型解析与 GEMN 模型构建［J］. 中国软科学，2007（9）：104-111.

③ MYTELKA LYNN，FARINELLI FULVIA. Local clusters，innovation systems and sustained competitiveness［R］. Discussion Papers from United Nations University，Institute for New Technologies，The Netherlands，2000：23-26.

④ MYTELKA LYNN，FARINELLI FULVIA. Local clusters，innovation systems and sustained competitiveness［R］. Discussion Papers from United Nations University，Institute for New Technologies，The Netherlands，2000：23-26

⑤ PEKKA Y A. Industrial in change-how to stay competitive in the global competition?［R］. The Search Institute of the Finnish Economy（ETLA），Opening Seminar，Marina Congress Center，Helsinki，2004：65-68.

⑥ 蔡宁，吴结兵. 企业集群的竞争优势：资源的结构性整合［J］. 中国工业经济，2002（8）：45-51.

联性以生产、市场、技术、采购、基础设施等要素为依托；同时又存在着竞合关系，这种竞合关系是基于友谊、声誉、利他行为而相互依存的。Ahuj 和 Stefan 据此得出结论：产业集群是拥有社会属性、经济属性和自我属性的一种组织①。以 Manuel 和 Stamer（2003）为代表的纵向结构论认为产业集群竞争力源于各类综合形式。Manuel（2001）认为，产业集群竞争力来源于企业层面、集群层面和国家层面这三个层面竞争力的综合。他将结构划分为：企业层面，包括源于所有企业及企业之间的关系作用的竞争力；集群层面，包括源于集群的组织管理、相互信任、经济外部性、联合行动等的作用；国家层面，包括政策体系的作用、政府支持行为、源于集群所能利用的宏观经济。迈尔·斯特莫（Meyer Stamer，2003）将产业集群竞争力扩展为四个层次：①微观层次。微观层次主要来源于知识共享、地域分工、交易、协同、创新等机制的作用。②中观层次。中观层次主要来源于协同机制、外部竞争机制、政府行为机制的作用。③宏观层次。宏观层次主要来源于激发动力机制的作用。④兆观层次。兆观层次主要来源于区域品牌机制、外部竞争机制的作用②。他认为产业集群竞争力主要表现在集群面对全球竞争的品牌、应对外部竞争等方面的国家竞争力。

此外，新产业区理论学派的司特勃（Storper，1992）等在对产业集群竞争力进行实证研究后认为，产业集群内企业形成实行专业化分工的生产协作网络是通过产业集群内企业的高效合作与竞争来实现的，因此产业集群内企业具有很强的内生优势③。新经济地理学派的克鲁格曼（Krugman，1995）指出：在某特定区域集聚是将生产经营活动空间格局转变的结果，特定区域集聚会形成专业化分工，特定区域集聚效应最终从中获取利益，从而能够实现产业集群优势规模报酬递增。社会经济网络理论学派伯克利与亨利（Barkley et al.，2001）认为产业集群竞争力的来源包括以下几点：加快专业知识的传播和创新扩散、隐含经验类知识的共享交易费用的降低、社会资本的积累、企业之间的分工和生产灵活性的促进、生产成本节约、信任关系的建立、保障信任关系的社会制度的建立、公共基础设施和专业技术劳动力资源的分享、外部经济刺激等④。

---

① 闵鹏. 基于动力机制的产业集群竞争优势研究［D］. 长沙：中南大学，2008：4.

② 陈柳钦. 产业集群竞争力的政府主导提升研究［J］. 延边大学学报（社会科学版），2009（1）：127-131.

③ STORPER M. The transition to flexible specialization in industry: external economies, the division of labor and the crossing of industrial divides [J]. Cambridge journal of economics, 1989 (13): 273-305.

④ DAVID BARKLEY, MARK HENRY. Advantages and disadvantages of targeting industry clusters [R]. REDRL Research Report, 2001.

"因素论"反应集群发展的主要因素；"能力论"反映产业集群持续发展能力，可以考察各产业集群的功能导向能力；"结构论"反映产业集群之间的关联程度①。综上所述，国内和国外不同学者对产业集群竞争力的分析研究所得出的结果不同，因此，关于什么是产业集群竞争力仍有不同的观点②。概括起来看，产业集群竞争力反映的是一个产业集群的综合实力；产业集群竞争力是一种自组织力，通过内部企业间的互动交流、合作竞争、网络创新以及建立在分工基础上的协作配套，发挥规模经济和范围经济的效益，产生出动态的、持续的集群竞争力。产业集群竞争力是一种协作力，可以创造出一种在非集群状态下不能得到的集体生产能力，也就是协作效应③；产业集群竞争力是一种品牌力，产业集群的产品体现出一定的地域特性，即集群品牌，集群品牌一经形成，对产业集群的进一步发展具有明显的推动作用④。

（二）产业集群竞争力的体现

产业集群的竞争力体现在两方面：一方面是集群的正面经济效应，即产业集群带来的各种有利于经济发展、技术进步及规模扩大等方面的积极因素；另一方面是产业集群对负面经济效应的规避能力，即集群对不利于经济发展的各种因素的规避和纠正能力⑤。

一是通过产业集群获得外部规模经济效应。产业集群内各企业能够形成一个高效的专业化分工协作体系，产业集群内相关联的企业通过企业间的合作与协作带来成本下降、收益上升、优势互补和资源共享，获得外部规模经济效应。

二是通过产业集群减少交易费用。产业集群内部相同行业或者同一产业链上的相关企业，由于地理位置上的邻近在分工协作、资源和信息共享上可以减少交易费用。企业还可以通过共同使用公共设施，减少分散布局所需的额外投资，节省物质和信息流的转移费用，降低成本。产业集群内的企业基于相同的地域背景和制度环境更容易达成协作关系，节省企业所付出的信用成本，并减少外部的制度监管费用，降低了机会成本。

---

① 陈继祥. 产业集群与复杂性［M］. 上海：上海财经大学出版社，2005：23-26.

② 陈柳钦. 论产业集群竞争力的内涵和性质［J］. 太原理工大学学报（社会科学版），2009，27（1）：1-6.

③ 何辉. 输变电设备制造业集群竞争力研究［D］. 西安：西安理工大学，2006：12-13.

④ 张凤涛. 中国纺织产业集群竞争力研究［D］. 长春：东北师范大学，2012：19-20.

⑤ 张洁. 综合比较优势视角下的中国产业集群竞争力研究［D］. 长春：吉林大学，2011：80-82.

三是产业集群对“柠檬效应”具有规避作用。产业集群在经济活动的空间集聚，容易形成“区位品牌”效应。产业集群制定行业的市场标准以及生产规范会更为便利，产业的规范发展能得到有效保证，帮助消费者规避信息不对称产生的“柠檬效应”。此外，产业集群不但能够快速获取市场，把握市场对产品以及服务的新要求或新需求，而且能够为产品及服务提供更加可靠和完善的信誉担当，所以产业集群在一定程度上具有规避“柠檬效应”的优势。

四是产业集群能够内化“负外部性”。一方面，产业集群相对于单个企业对外在成本的内部化具有更大的承受力；另一方面，产业集群能更方便地制定统一的行业标准来控制整个区域的企业行为，实现区域内企业间的互相约束和监督，社会舆论和政府部门也能更方便有效地进行管理和监督，对抑制“负外部性”有重要作用。

第二节 “中国白酒金三角”产业集群发展现状及特征

“中国白酒金三角”的白酒产业在地理上的集聚，能够提高白酒产业的整体竞争能力，加强白酒产业内企业间的有效合作和资源共享，增强企业创新能力，促进区域经济发展。“中国白酒金三角”内的白酒产业集群发展对提升产业核心竞争力，促进川黔两省区域经济发展具有重要的现实意义。

一、省域层面的产业集群发展现状

如表 5-1 所示，从川黔两省层面看，2017 年全国两省共有规模以上白酒企业 1 593 家，完成酿酒总产量 1 198.06 万千升，同比增长 6.86%；实现销售收入 5 654.42 亿元，同比增长 14.42%；实现利润总额 1 028.48 亿元，同比增长 35.79%。2017 年四川省有规模以上白酒企业 348 家，累计生产白酒 372.4 万千升，实现销售收入 2 257.2 亿元，利润 263.5 亿元。四川省白酒业总体规模继续位居全国首位；销售收入、利润同比分别增长 16.1%、30.9%，较 2013 年分别提高了 10.6 个和 47.0 个百分点，较 2016 年分别提高了 4.7 个和 17.8 个百分点，为五年来最快增速。近年来，四川省依托地域资源优势培育发展白酒产业，构建了以长江（宜宾—泸州）、岷江（宜宾段）、赤水河流域为核心区，以涪江和岷江流域沿线为延伸区，以四川盆地周边山区及高原地带为协作区的“中国白酒金三角”集中发展区域，产业布局进一步优化①。五粮液、泸州老窖、郎酒、剑南春、舍得、水井坊“六朵金花”2018 年共实现销售收入 1 280 亿元，实现利润 284 亿元，分别占据了川酒产业 54%和 83%的规模。

2017 年贵州省规模以上的白酒企业 156 家，其中 117 家主要集中在遵义仁怀和习水一带。贵州省规模以上白酒企业完成总产量 45.52 万千升，同比增长 2.1%；完成销售收入 828.6 亿元，同比增长 40.4%；完成利润总额 420.3 亿元，同比增长 59.9%。

2017 年四川省规模以上白酒企业总产量、销售收入和利润分别约占全国的 31.1%、39.9%和 25.6%。贵州省规模以上白酒企业产量约占全国的 3.8%，销售收入约占全国的 14.7%，利润约占全国的 40.9%。

表 5-1　2017 年川黔两省规模以上白酒企业基本情况及其在全国份额

	企业/家	总产量/万千升	销售收入/亿元	利润总额/亿元
四川省	348	372.4	2 257.2	263.5
贵州省	156	45.52	828.6	420.3
全国	1 593	1 198.06	5 654.42	1 028.48

资料来源：依据 2017 年白酒上市公司年报计算得出。

区位熵用以衡量某一区域要素的空间分布情况，反映某一产业部门的专业化程度，以及某一区域在高层次区域的地位和作用。根据白酒产业集聚的特征和其数据的可得性采用区位熵指数来衡量白酒产业的集聚水平。期望能够通过相关指数的计算真实地反映川黔两省白酒产业的专门化程度、地理集中程度和产业集中程度。区位熵的计算公式如下：

$$LQ_{ij} = \frac{Q_{ij}/Q_i}{Q_j/Q}$$

其中，Q_{ij} 为该地区规模以上白酒企业销售收入，Q_i 为该地区规模以上工业企业销售收入，Q_j 为同期全国规模以上白酒企业销售收入，Q 为同期全国规模以上工业企业销售收入。LQ_{ij} 值越大，表示其白酒产业的集聚程度越高。测度结果如表 5-2 所示。

① 何林，任勇，谢江，等. 四川省白酒行业发展现状及绿色发展路径探讨 [J]. 资源节约与环保，2019（3）：113-115，132.

表 5-2 2006—2017 年川黔白酒产业区位熵

年份	四川省	贵州省
2006 年	14. 28	10. 87
2007 年	13. 39	12. 48
2008 年	12. 21	12. 47
2009 年	10. 49	10. 75
2010 年	10. 53	10. 67
2011 年	10. 17	11. 68
2012 年	9. 92	13. 41
2013 年	10. 29	12. 65
2014 年	10. 12	11. 64
2015 年	9. 82	10. 96
2016 年	10. 83	10. 98
2017 年	10. 60	15. 97

数据来源：2007—2016 年《贵州统计年鉴》《四川统计年鉴》《中国工业统计年鉴》《中国酒业年鉴》和《中国糖酒年鉴》。

2017 年全国规模以上白酒企业实现销售收入 5 654. 42 亿元，四川省规模以上白酒企业实现销售收入 2 257. 2 亿元，2017 年四川省白酒产业区位熵为 10. 60。2017 年贵州省规模以上白酒企业实现销售收入 828. 6 亿元，2017 年贵州省白酒产业的区位熵为 15. 97。一般而言，如果一个地区某产业的区位熵大于 2，则表明该产业为该地区的优势主导产业，川黔两省白酒产业区位熵的分析结果显示，白酒产业为四川省和贵州省具有显著优势的支柱产业。

从横向与江苏、山东、河南的区位熵的比较可以看出（图 5-1），贵州、四川、江苏、山东、河南五个省份白酒产业集聚程度差异较大。贵州和四川的区位熵都在 10 左右，白酒产业集聚程度较高，比较优势明显，专门化率很高，江苏、山东、河南的区位熵均未达到 1，白酒产业集聚程度较低，专门化率不高。

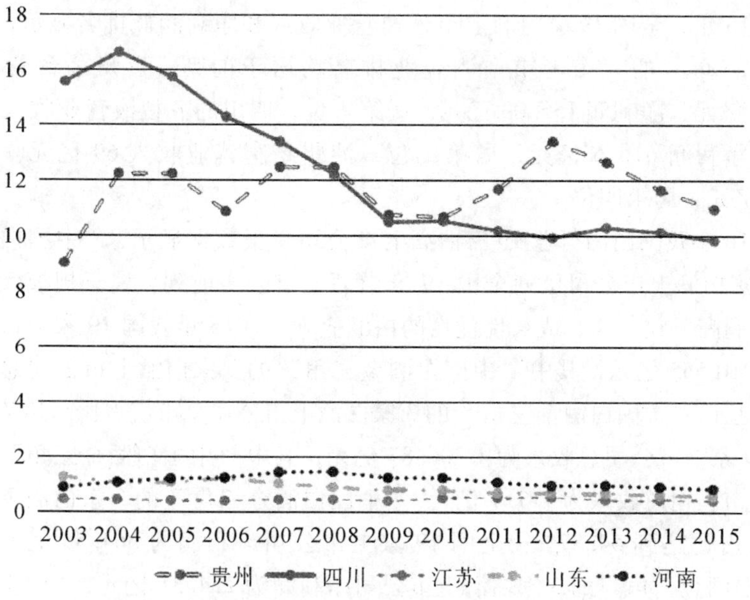

图 5-1　2003—2015 年五省白酒产业区位熵变化图

（资料来源：韩草. 贵州白酒产业聚集的经济效应研究［D］. 贵阳：贵州财经大学，2018：23.）

2018 年我国规模以上白酒企业销售额同比增长 13%，利润增长近 30%，但规模以上企业数量减少了 148 家，白酒行业挤压式增长，强者愈强、弱者愈弱现象更加突出。

三、区域层面的产业集群发展现状

从“中国白酒金三角”的区域层面看，2014 年其白酒产量比重接近全国白酒产量的三分之一，白酒销售量占全国白酒销售量的比重接近一半，“中国白酒金三角”的白酒产业在国内白酒行业已具有举足轻重的影响力（表 5-3）①。

表 5-3　2014 年“中国白酒金三角”白酒产量、销售额及比重

	产量/万吨	产量比重/%	销售量/万吨	销售量比重/%
“中国白酒金三角”地区	388.01	31	2 432.75	46.25
其他地区	857.12	69	2 826.14	53.75
全国	1 257.13	100	5 258.89	100

资料来源：李强.“白酒金三角”基地的国际市场营销分析［J］. 商，2015（31）：109-112.

① 李强.“白酒金三角”基地的国际市场营销分析［J］. 商，2015（31）：109-112.

2015 年，全国 19 家白酒上市公司营业收入和净利润额排名显示，“中国白酒金三角”的三个上市白酒企业排名均居于前列，贵州茅台营业收入 326.30 亿元，净利润 155.03 亿元，居第一位，四川的五粮液营业收入 216.59 亿元，净利润 61.76 亿元，居第二位，泸州老窖营业收入 69 亿元，净利润 14.73 亿元，居第四位。

2016 年我国白酒行业 19 家白酒上市公司年报数据显示，“中国白酒金三角”3 家白酒上市公司位列全国 19 家白酒上市公司前列，属于规模大、市值高、利润高、收入高、成长性优良的白酒企业。2016 年我国 19 家上市公司总市值为 10 555 亿元，其中“中国白酒金三角”的 3 家白酒上市公司总市值为 7 541 亿元，“中国白酒金三角”的 3 家白酒上市公司总市值占比高达 71.44%；全国 19 家上市公司总收入为 1 306.87 亿元，其中“中国白酒金三角”的 3 家白酒上市公司总收入为 717.1 亿元，“中国白酒金三角”的 3 家白酒上市公司总收入占比达到 54.87%；全国 19 家上市公司净利润为 364.55 亿元，其中“中国白酒金三角”的 3 家白酒上市公司净利润为 254.31 亿元，“中国白酒金三角”的 3 家白酒上市公司净利润占比高达 69.76%；从产量和销量看，“中国白酒金三角”的 3 家白酒上市公司的白酒产量和销量分别仅为全国 19 家上市公司白酒产量总量和销售量总量的 28.44%和 27.95%（表 5-4）。

表 5-4　2016 年“中国白酒金三角”3 家上市公司市场份额

企业	市值/亿元	总收入/亿元	净利润/亿元	产量/万吨	销量/万吨
贵州茅台	5 228	388.62	167.18	5.99	3.69
五粮液	1 676	245.44	67.85	15.13	14.87
泸州老窖	637	83.04	19.28	17.41	17.79
“中国白酒金三角”3 家上市公司总和	7 541	717.1	254.31	38.53	36.35
全国 19 家上市公司总和	10 555	1 306.87	364.55	135.48	130.04

资料来源：依据 2016 年白酒上市公司年报计算得出。

三、企业层面的产业集群发展现状

从企业层面看，川酒企业梯队建设较好，五粮液酒业是 400 亿元的规模，泸州老窖、郎酒、剑南春的规模均为 100 亿元以上，水井坊与舍得的规模都在 20 亿元以上，但川酒龙头企业的规模和带动作用还有待提升。黔酒除了一骑绝尘的茅台集团（包括习酒等子公司）规模在 800 亿元以上，剩下的就是

15 亿元规模的国台，金沙、珍酒、钓鱼台等规模都在 10 亿元以内，企业整体梯队建设有待突破。在 2012 年国家颁布的“八项规定”冲击下，我国白酒行业开始整体调整，白酒产品价格出现大幅下滑，产品出现滞销。“八项规定”的颁布首先是针对高端白酒，而高端白酒一直是一线白酒品牌的主要利润来源。以茅台、五粮液、泸州老窖为代表的一线白酒品牌具有品牌、资产、现金流等方面的强大优势，在面临政策影响的情况下，通过限量保价，发展中端产品进行结构调整，通过兼并收购和扩大海外市场，率先走出低谷，显示出其在我国白酒行业强大的影响力和企业盈利能力（图 5-2）。

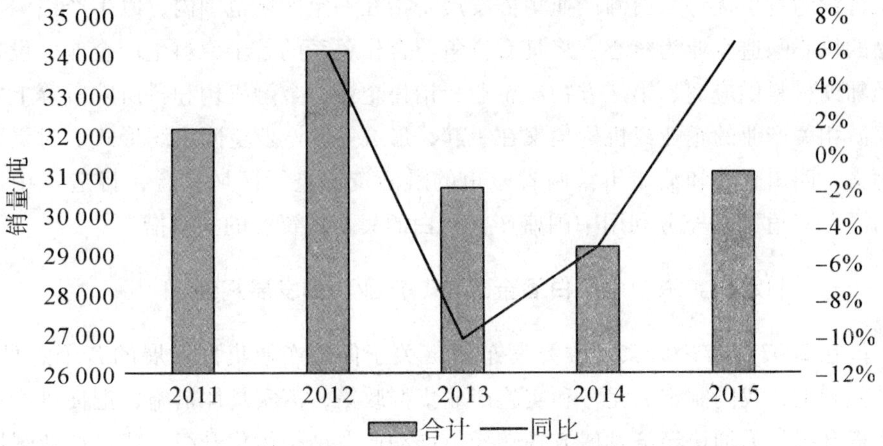

图 5-2　2011—2015 年茅台、五粮液和泸州老窖总销售量及同比增长率

（资料来源：2011—2015 年白酒上市公司年报。）

自 2015 年我国白酒行业复苏以来，我国白酒行业的集中度进一步提高，白酒企业的分化态势也将继续。2017 年国家统计局统计数据及各上市酒企年报数据显示，我国白酒行业的集中度仍然较低，19 家白酒行业上市公司营收占行业总体营收的 28. 96%，同比增加 3. 47%；上市公司前 10 名营收占行业总体营收的 26. 65%，同比增加 3. 53%；而规模最大的 3 家白酒企业（贵州茅台、五粮液、洋河股份）2017 年营收占行业总额的 19. 66%，同比增加 3. 09%。白酒行业的马太效应在利润端表现得更加显著，2017 年白酒上市公司三强实现利润总额 609. 80 亿元，占行业利润总额的 59. 29%，同比增加 5. 08%；上市公司前十名实现利润总额 715. 58 亿元，占行业利润总额的 69. 58%，占比同比增加 4. 84%。在利润方面，白酒行业集中度非常高，前三名公司占据了行业近 1 600 家规模以上白酒制造企业利润的近 60%，前十名占据了近 70%，而且这一比例还在不断提高。

产业集群作为联系企业、产业和区域、国家经济发展的桥梁，在不同层次核心竞争力提升方面都发挥着十分重要的作用。合理的产业空间聚集可以促进经济发展，反之，则会降低资源配置效率阻碍经济发展。

第三节 “中国白酒金三角”产业集群竞争力提升策略

产业集群是现代产业发展的重要组织形式，产业集群通过空间集聚能够形成持续的竞争优势。白酒产业集群发展是指在一定区域范围内，以生产白酒产品的核心酿造企业为核心，将具有竞争与合作关系的若干原料生产企业、设备及辅助材料供应商、第三方物流企业、销售企业、金融机构和科研院所等上中下游相关产业的企业或机构集聚在一起，形成一种产业空间组织形式。对贵州遵义、四川宜宾和泸州川黔两省三市的酿酒资源进行区域整合，打造“中国白酒金三角”是充分利用中国盛产优质白酒集聚地资源的大举措。

一、制定和实施“中国白酒金三角”产业集群发展规划

在2007年年底国家发改委发布的《关于促进产业集群发展的若干意见》的基础上，我国制定、完善和实施产业集群政策，落实具体措施，把促进产业集群升级作为加快经济发展方式转变、推动产业结构优化升级、建设产业强国的战略举措。川黔两省致力于联手将“泸州—宜宾—仁怀”打造成中国白酒的“波尔多”，打造中国白酒品牌集群，塑造优质中国白酒产区。2012年根据四川省委省政府打造“中国白酒金三角”的战略部署，宜宾市编制了《宜宾市建设“中国白酒金三角”总体规划纲要》。2018年四川省出台《四川省人民政府办公厅关于优化区域产业布局的指导意见（川办发〔2018〕92号）》，提出要将川南经济区打造成世界级白酒产业集群，将泸州市打造为“泸州酿”白酒产区国际品牌和世界级白酒生产基地，将宜宾市打造为世界级白酒生产基地。贵州省遵义市于2011年年底着手遵义白酒及配套产业发展调研工作，2012年启动《遵义市赤水河酱香白酒产业发展规划》的编制准备工作，并委托江南大学编制了《遵义市赤水河酱香白酒产业发展规划》，研究解决白酒配套产业发展、基础设施配套及空间布局、白酒市场开拓、人才队伍建设、安全保障及生产原料、投资测算和投资筹措的方案，通过规划保障努力把遵义打造成为“国酒茅台”品牌统领下“赤水河酱香白酒”的中国名酒基地。2012年为加快贵州省白酒产业发展的要求，出台了《贵州省“十二五”白酒产业发

展规划》，提出打造3个“贵州白酒”品牌基地，即黔北地区（以遵义市和毕节市为主）、黔中地区（以贵阳市和安顺市为主）、黔南地区（以黔东南州、黔南州和黔西南州为主），形成3个名优白酒产业集群，重点打造遵义市“一带两点”白酒产业聚集区（带）。

现实中，“中国白酒金三角”产业集群是提升区域核心竞争力的重要因素得到了各界人士的广泛认同，川黔两省均制定了白酒产业集群发展规划，并出台各项政策措施推动白酒产业集群发展。2013年泸州与遵义结为友好城市，2018年宜宾与遵义结为友好城市，但由于行政区的分割，川黔两省各自为政，分别制定了本省的白酒产业集群发展规划，覆盖“中国白酒金三角”整个白酒产区的白酒产业集群的统一规划还有缺失，阻碍了生产要素和资源的自由流动和有效配置，导致区域内整合协同的优势无法充分发挥。“中国白酒金三角”白酒产业发展缺乏总体布局引导，项目随意落地，给生产组织造成很大的困难；企业间的关联度较低，缺少内在联系，资源配置效率低，降低了区域和企业的综合竞争力；白酒产业链延伸缓慢，未形成协调、有序、前后向延伸的产业链；低端产品恶性竞争，产业结构单一，无法实现产业结构的战略性升级。川黔两省应抓紧制定和实施《“中国白酒金三角”产业集群发展规划》，按照集聚发展，以及“园区承载、产业集聚、专业分工、市场联动、服务支撑”的要求，统筹建设基础设施，完善公共服务，提高分工合作水平，促进信息共享，加强联合创新，提升“中国白酒金三角”产业集群竞争力。

二、共建“中国白酒金三角”产业园区

目前，产业园区是产业集群的重要载体，是区域经济发展、产业调整升级的重要空间聚集形式。产业园区是集生产、加工、研发、科技创新等的一个有机融合体，通过龙头企业带动辐射区域发展，拥有交互关联性的企业，专业化、标准化供应商，服务供应商，金融机构，相关产业的厂商及其他相关机构，实现生产、加工、销售、物流运输等链条式服务，达到原产地产品可追溯的生产模式。产业园区能够有效地创造聚集力，通过共享资源、克服外部负效应，带动关联产业的发展，从而有效地推动产业集群的形成。

贵州省充分发挥白酒酿制独特的环境、资源优势，吸引国内外白酒生产经营要素向省内的白酒工业园区聚集，以期做大做强白酒产业。2014年贵州省规划了黔北、黔中、黔南及其仁怀名酒工业园四个白酒产业园区。仁怀以酱香型白酒生产和白酒配套产业为主导产业，以茅台酒镇、仁怀名酒工业园区为两大主战场，按照“高端引领、中低并举、以质取胜、打造品牌、盘活存量、造

增总量、优化环境”总体思路，“一区三园”（贵州仁怀经济开发区、名酒工业园、茅台古镇文化产业园、坛厂现代服务园）布局产业，倾力打造全国最大的酱香型白酒生产基地和白酒特色工业旅游区，全市酱香酒核心产区面积达85平方千米。

四川省根据白酒产业转型升级发展的需要，2015年成立了泸州白酒产业园区，集中发展江阳区黄舣成品基地、纳溪区大渡酿酒基地等，倾力打造以白酒生产加工为枢纽、串联产业链涉及所有产业、促进城乡一体化进程的超大规模品牌产业聚集区。泸州白酒产业园区按照“一区两园”空间布局建设，“一区”即泸州白酒产业园区，“两园”即江阳区黄舣成品基地和纳溪区大渡酿酒基地2个核心板块，总规划面积82平方千米。2019年四川省政府颁布了《四川省人民政府关于设立四川蒲江经济开发区等64家省级开发区的批复》，设立四川泸州白酒产业园区，设立地点在泸州市江阳区，核准面积为371.33公顷，开发区以酿酒、印刷、包装为主导产业。泸州白酒产业园区是我国首个以酒业深加工为载体、疏通相关产业参与、提升产业链联系的发展群①。

川黔两省白酒产业集中度进一步提高，白酒产业集群发展态势明显。基于“中国白酒金三角”白酒产业集群发展需要，川黔两省应抓紧共建白酒产业园区，共同打造集白酒生产、包装、仓储、销售、物流、会展、旅游等为一体的酒业集中发展区，构建以白酒生产为核心、上下游产品配套的产业集群。川黔两省应积极引导白酒企业向产业园区聚集，促进产业园区建设规范化、集约化、特色化，优化产业布局，形成独具特色的白酒产业集群。

“中国白酒金三角”产业集群发展应按照“以块为主、条块结合”的原则，遵循由“集中办企业”向“集中办产业”转变的发展思路，以酒业集中发展区为平台，鼓励企业横向整合、纵向延伸，推动骨干企业、优势产品和品牌集中的集群规模效应形成，积极推进酒产业的跨区域合作，以集群规模效应做大区域品牌。加快“中国白酒金三角”合作平台建设，从政府层面以白酒产业园区为平台，鼓励企业横向整合、纵向延伸，推动骨干企业、优势产品和知名品牌的集群规模效应形成，积极推进白酒产业的跨区域合作，以集群规模效应做大区域品牌。其次，政府与企业合作共同加快“中国白酒金三角”区域内物流系统、信息和技术系统、白酒企业CIS系统等公共平台建设，为区内核心企业提供辅助系统，促进区域内各种资源优化配置，提高企业效率和绩效。同时，建立多方协调与合作平台，推进企业与政府、企业与协会、企业与

---

① 江源. 泸州成立白酒产业园区 [J]. 酿酒科技，2015 (7)：81.

高校、企业之间信息、技术、业务、销售等方面合作的“无缝对接”。帮助企业从全球市场的高度，打造核心竞争力，以“中国制造”“中国白酒”的姿态，实现抱团出海，走出国门、走向世界。此外，还应搭建区域内大中小企业合作平台，建立战略联盟，抱团取暖、共同发展、优势互补、资源共享、共创辉煌。从企业层面，开展企业合作交流，组织开展业务合作洽谈会、白酒产品和品牌推介会，筛选区域内市场前景广阔、效益优良、资信状况好的项目或企业开展合作，促进区域产业的合理分工和协调发展。

（三）产业链整合

产业集群是基于纵向企业的高度分工协作，横向具有相对完整的产业链而形成的区域性组织。如果没有产业链的特征，集群内企业、产品会产生同质化倾向，最终导致集群内部企业的恶性竞争。产业链的本质是打破资源流动空间约束的一种整合资源机制①。产业链整合能使企业获得协同效应，可以降低核心企业的经营成本，提高企业核心企业的收益水平，是企业提高核心竞争力的有效途径②。产业链是在产业集聚过程中，基于产品的生产流程，处于上下游的企业之间在长期的互动中结成的一种战略联盟。产业链的各环节相互依存、相互制约、相互联动，在技术、经济上具有高度的关联性，共同形成完整的有机整体。产业链有助于降低企业交易费用，提升产业链各环节的经济效益，进而提升产业链的整体竞争优势，产业链的整合一般在产业链条上的主导企业的引导下完成，其最终目标在于提升产业链的整体运行效益、提升产业竞争优势③。

1. 纵向产业链整合

分工的深化进一步促进产业链的动态发展，需要对产业链各环节进行相应的整合。通过产业链条各环节的动态整合，各环节协调分工、降低交易成本、加强知识与资源的共享，最终获得规模递增的经济效益。白酒产业专业化分工越来越细，白酒纵向产业链包括原粮种植、酿造、储存、包装、研发、物流运输、销售等，形成酒粮、酒窖、酒坛、酒洞、酒庄、酒坊、酒街、酒镇、酒城等构成白酒特色的实物载体。白酒产业纵向产业链包括核心企业、协作配套企业和服务业在内的所有相关企业，即白酒原料的生产加工、辅助材料的生产、

① 程宏伟，冯茜颖，张永海. 资本与知识驱动的产业链整合研究［J］. 中国工业经济，2008（3）：143-151.

② 严勇. 国外核心竞争力理论综述与启示［J］. 经济学动态，1999（10）：66-70.

③ 卜庆军，古赞歌，孙春晓. 基于企业核心竞争力的产业链整合模式研究［J］. 企业经济，2006（2）：59-61.

酒类生产机械及工具的生产、加工和维修；酒类产品设计及酿造；原酒的储藏；包装的设计及生产；产品的推广和销售；物流平台及流通渠道建设；金融服务；经营管理服务；酒文化旅游的开发及宣传等，涵盖了与白酒产业相关的第一、第二和第三产业（图 5-3）。白酒纵向产业链上存在两类企业：核心企业——白酒生产企业，配套企业——辅助材料生产或服务企业。核心酿造企业专注于自己的核心技术研发和产品生产，将价值链上的非核心环节分离出去，与上游供应商、下游服务商、金融机构、科研院所等配套协作，结成紧密合作关系，形成完整的纵向产业链条，将整个产业链上的各企业单元有机整合。这种模式犹如一条“组装生产线”，产业链上的每个企业只负责其在白酒产业链上自己具有核心优势环节的生产和经营活动，各环节之间建立起和谐的契约关系，从而最大限度降低了单个企业生产经营面临的风险。白酒产业链上非核心环节由独立企业承担后，可以发挥生产的专业性和规模经济效应，提高生产品质和经营效率。白酒产业链上的核心酿造企业根据自身产品特点和需求对原料生产商、包装设计商、经销商、研发单位等进行技术指导，同时，还可以获得这些专业服务企业所提供的更高质量的服务，提高产品的附加值。白酒行业核心企业与配套企业之间建立起产业链关系，一方面节约了市场交易费用，另一方面又节约了一体化组织内部的协调和激励成本，可以极大地提高产品品质、产品附加值和经济效益①。产业链纵向整合的关键是主导企业对产业链条上下游环节进行优化调整，通过兼并重组构建企业联盟，对企业组织结构和企业生产流程再造。

将“中国白酒金三角”作为一个整体区域来看，其白酒产业还没有形成统一的纵向产业链。“中国白酒金三角”纵向产业链整合亟待统一制定该区域白酒产业的发展规划，形成以白酒产业为龙头，一、二、三产业联动发展的良性产业发展生态，促进白酒产业链向纵深发展，最终形成立体化的综合产业链优势②。

---

① 奥利弗·E. 威廉姆森. 资本主义经济制度：论企业签约与市场签约［M］. 段毅才，王伟，译. 北京：商务印书馆，2002：118-119.

② 冉景亮，龙承春. “中国白酒金三角”的战略定位研究［J］. 四川理工学院学报（社会科学版），2015（3）：21-29.

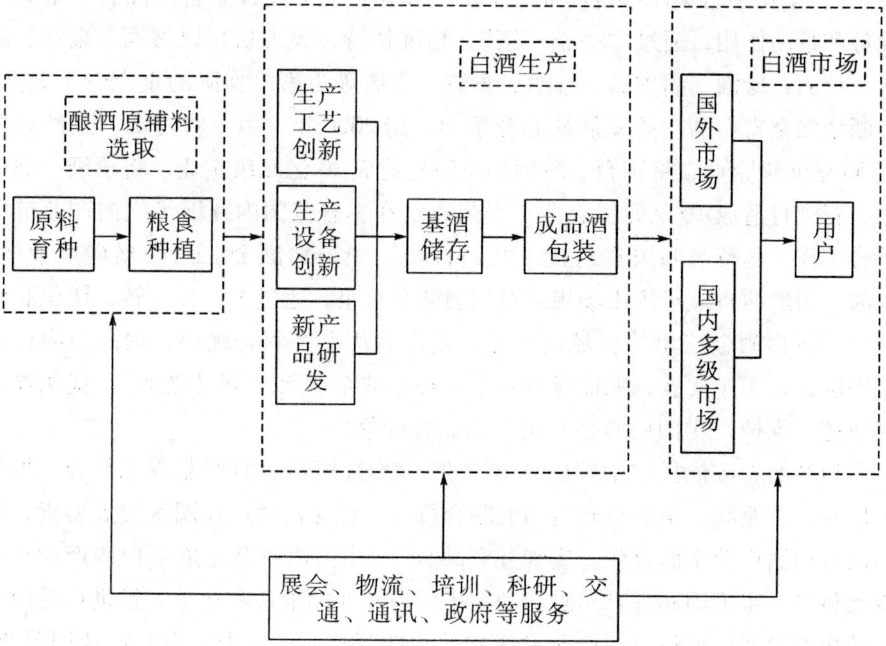

图 5-3　白酒纵向产业链结构图

（资料来源：侯亚景. 我国白酒产业集聚与产业链的优化研究［D］. 天津：天津理工大学，2011：37.）

2. 横向产业链整合

川黔两省酿酒历史悠久，有许多知名白酒品牌、产品竞争力较强的地方性白酒企业，但一些小微型地方酒企由于体制等原因导致经营效益较差，甚至濒临破产。近年来我国白酒行业的深度调整又导致一些靠生产原酒为生的白酒企业大面积消亡，若这些企业与经营能力强的龙头企业联合，将有望借助龙头企业良好的销售渠道和管理经验以及雄厚的技术实力，提高产品质量，扩大销售渠道和销售市场。"中国白酒金三角"区域交通等基础设施建设总体滞后，尤其是茅台所在地仁怀市、郎酒所在地古蔺县，两地地处赤水河流域，山高谷深，制约了当地交通等基础设施建设，直接影响当地白酒酿造原料、产品运输，物流成本明显高于泸州、宜宾，导致企业生产成本增高，对小型和微型白酒企业、低端白酒品牌发展具有十分明显的制约作用①。2016 年 9 月，贵州省政府下发《贵州省推动白酒行业供给侧结构性改革促进产业转型升级的实施

---

① 陈于后. 打造"中国白酒金三角"的区域合作问题研究［J］. 四川理工学院学报（社会科学版），2012（1）：57-60.

意见》，支持茅台集团推进酒业上下游一体化，充分发挥茅台的品牌、市场等优势和带动作用，通过“一企一策”、精准扶持，大力培育以习酒、金沙、国台、董酒、珍酒、酒中酒、青酒、贵酒、安酒等为第二梯队的重点骨干企业，不断增强全省白酒产业发展核心竞争力，到2020年，力争将习酒、金沙打造成50亿元级企业，将国台、珍酒、贵酒打造成20亿元级企业，将董酒、酒中酒、青酒打造成10亿元级企业。贵州省已在本省范围内开展了横向产业链的整合工作，亟待与四川省对接，共同整合“中国白酒金三角”横向产业链。同时，川黔两省应运用市场规律对川酒联合重组，通过关、并、转，优化和整合“中国白酒金三角”区域内酒企，发挥名优品牌酒企优势，提高白酒行业集中度，让无序发展、无证经营和不守规矩的企业无“立足之地”，优化横向产业链，维护“中国白酒金三角”的品牌现象。

川黔两省应依托“中国白酒金三角”，加快川黔白酒产业资源整合，加强政府间、企业间、企业与政府间的联合行动，优化白酒产业园区发展要素，推进两省白酒产业全面合作，实现互利共赢。“中国白酒金三角”白酒产业集群发展将进一步巩固和提升川黔白酒在中国白酒业的地位和比重，推进川黔白酒业的快速发展，加快白酒产业发展和结构性调整，推进中国白酒产业国际化，提升“中国白酒金三角”产业集群竞争力。

第六章 “中国白酒金三角”区际合作机制构建

我国区域经济发展进入了“互惠共生，合作共赢”的新阶段，即区域经济协同发展阶段。如果“中国白酒金三角”区域内部能够很好地整合资源、优势互补，必将带动整个产区，乃至川黔两省白酒产业、区域经济更好更快的发展。提升“中国白酒金三角”区域核心竞争力不仅需要产业层面的积极参与，白酒业核心竞争力的培养，更需要加强两省政府间的合作：共建协商机制，建立政府高层会商机制、相关部门协作机制和企业沟通机制；共建发展平台，统筹编制区域白酒产业发展总体规划，进一步优化产业布局；共同研究制定土地、金融、财税等政策，支持白酒重点企业、重点品牌加快发展；联合开展“中国白酒金三角”区域品牌的整体宣传推介。

第一节 “中国白酒金三角”区际合作现状

“中国白酒金三角”遵循“政府主导，企业主体，协会主推，市场运作”的区际合作发展模式。战略实施以来，“中国白酒金三角”地区白酒产业发展态势良好，目前，政府、企业和城市间的合作已逐步展开。

一、省级层面的合作

川黔两省均把白酒产业作为全省的重要产业支柱，全力予以扶持，强势推进“中国白酒金三角”战略，从政府层面，双方签署了《川贵两省白酒产业合作会谈备忘录》，不仅成立了“中国白酒金三角”推进办公室，而且注册了“中国白酒金三角”网络域名，申请了“中国白酒金三角”地理标志，成立了

“中国白酒金三角”酒业协会，以加强“中国白酒金三角”品牌推广和营销宣传工作。

2008 年，四川省委、省政府为了弘扬中国酒文化，以宜宾、泸州和遵义为中心，提出“中国白酒金三角”及“长江上游名酒经济带”战略；为了打造中国的“波尔多”国际品牌，让中国白酒更多地进入国际市场，先后出台了《四川省工业“7+3”产业发展规划纲要》《关于推动“中国白酒金三角”共同发展的建议》等文件。

2009 年，四川省委、省政府提出了“打造白酒金三角，建设千亿元白酒产业”的战略构想，即打造中国白酒区域品牌，把中国的白酒品牌上升到国际品牌；同时以酒文化为支撑，发展多种产业及旅游。

2010 年年初，四川省委、省政府在古蔺县二郎镇正式启动“中国白酒金三角”战略，得到贵州省委、省政府积极响应，共同推进，吹响了川酒和黔酒产业跨区域合作的号角。

2012 年 4 月 20 日，省委书记、省人大常委会主任刘奇葆率团前往贵州考察，提出加强白酒产业发展合作，共同推进“中国白酒金三角”建设，整合川南和黔北资源，在长江上游和赤水河流域打造新的经济增长极，带动贵州和川南地区经济跨越式发展。

2012 年，四川中国白酒金三角协会暨四川中国白酒金三角发展研究院正式成立，推进白酒行业产、学、政、研四者有机结合，重点加强“中国白酒金三角”品牌战略研究、酒业技术研发、行业标准制定，推动“中国白酒金三角”白酒产业资源整合，品牌提升。

2014 年，按照“包容开放，兼顾利益，长短结合，先易后难，重点突破，有序推进”的原则，川贵两省就白酒区域品牌建设目标、主要工作和措施以及工作机制等方面进行了多次友好会商，取得了一定的进展。

2015 年 6 月 16 日，川贵两省共同签署《川贵两省白酒产业合作会谈备忘录》，双方将通过加快推进企业间、政府间、企业和政府间的行动联合、资源整合，推进两省白酒产业全面合作，共同打造具有世界知名度和国际影响力的白酒区域品牌。

2017 年 3 月 21 日，四川中国白酒金三角酒业协会与贵州省酿酒工业协会在四川省经济和信息化委和贵州省经济和信息化委的共同见证下签署了《川贵两省白酒产业战略合作框架协议》，掀起两省“携手合作，抱团出击，创新发展，深入推进白酒业供给侧结构性改革浪潮”。《川贵两省白酒产业战略合作框架协议》提出：川贵两省将共同组织“中国白酒金三角”峰会论坛，还将共同打造赤水河流域名优白酒主产区区域品牌，合力宣传四川名酒“六朵金花”和贵州“十大名酒”。川贵两省战略合作协议的签署标志着“中国白酒金三角”区域品牌打造进入实质合作阶段，我国白酒产区概念进入具有划时代意义的2.0时代。

二、地方政府间的合作

“中国白酒金三角 ”位于川黔接壤地带，以宜宾、泸州、仁怀为核心区域，核心区域占地约5万平方千米。宜宾市、泸州市和仁怀市白酒产业在经济发展中具有举足轻重的作用，三个城市都是“酒以城兴、城以酒名”的城市，地方政府历来重视对白酒行业的组织领导和服务工作。

2015年，宜宾市全市62户规模以上白酒企业白酒总产量57.33万千升，同比增长6.81%；实现主营业务收入835.45亿元、利润总额112.91亿元、利税总额180.09亿元。宜宾市白酒企业主营业务收入、利润总额、利税总额分别占全省白酒行业的43.96%、61.06%、50.98%，占全国白酒行业的15.03%、15.53%、14.07%。宜宾市以五粮液为龙头，成立了酒类产业促进领导小组，提出了把宜宾打造成为“世界顶级白酒基地”的战略目标。宜宾市通过举办“酒圣节”，大力宣传宜宾酒文化和宜宾白酒，整体塑造“中国酒都·宜宾”的良好城市形象，着力打造城市名片。通过白酒产业园区构建多层次酒类产业集群，建设酒类食品基地，打造顶级白酒生产基地和中国酒类产品销售中心。组织企业参加全国春季、秋季糖酒交易会，西博会等展会。组织企业与阿里巴巴、酒仙网等电商平台对接，拓展电子商务市场。通过全国各地的宜宾商会、四川商会、川渝商会实施“乡情营销”。近年来，宜宾市先后编制了《宜宾名优白酒产业发展基地规划（2013—2020）》《四川省宜宾五粮液集团有限公司“十三五”战略发展规划》，出台了《推进宜宾名优白酒基地发展建设的近期工作方案》《关于推进宜宾名优白酒产业持续健康发展的意见》等系列政策文件，引导、扶持企业发展。研究出台《工业企业用电用气补贴办法》，每年市级财政统筹安排资金1.5亿元以上，在全省率先对工业企业用电、用气支出给予分类补贴。补贴后，用电用气成本分别为0.45元/度、2.19元/立方米，降低了企业生产成本。设立“宜宾市白酒企业互助资金”，搭建融资平台，创造“原酒质押贷款”“窖池抵押贷款”等融资模式。

2016年，泸州市规模以上白酒企业白酒总产量达到242.25万千升（折65°商品量），主营业务收入为793.35亿元，利润总额为70.04亿元。泸州市以泸州老窖为龙头，城市定位为“中国酒城（中国酒谷）”，泸州市委、市政府成立了酒业发展领导小组和酒业集中发展区领导协调小组，具体负责酒业发展的各项推进工作。同时，该市各区（县）也分别成立了由主要领导任组长的酒业发展领导小组，并增设了酒业发展促进局（或酒管局）等工作机构。泸州市将泸州老窖和郎酒作为引领该市酒业发展的“两大龙头”，引导该市白酒企业向园区集中、向品牌集中、向优势企业集中。泸州市着力打造古蔺县二郎镇，以郎酒为龙头，将二郎镇定位为“国际名酒·名镇”（中国“波尔多”），为推进名酒·名镇工程，专门成立了由县长任指挥长的名酒·名镇工程指挥部，并设立郎酒50工程促进办公室，定期分析和解决发展中的实际问题；邀请美国华伦设计公司进行创意，武汉、重庆设计院进行规划，计划在几年之后把郎酒天堂小镇建设成为一个集旅游、度假、探险、运动和品酒于一体的一大胜地，努力将其建成“全国最具特色的酱香型白酒生产基地”。泸州市古蔺县二郎镇以郎酒为龙头，仙潭酒业和红军杯酒业为两翼，金美酒业、佳乐酒业、天堂酒业、郎乡酒业等企业为支撑，形成“龙头带集群、集群建基地、基地带产业、产业拓市场、市场育人才”的酒业发展模式。2014年泸州“酒博会”成功升级为“中国国际酒业博览会”，并永久落户泸州，2014年中国国际酒业博览会参展参会人数达30万人次，参会客商累计达1.1万人，贸易成交金额128.2亿元，同比增长10%。这对拉动地方经济发展，提升泸酒形象和泸州城市形象都起到了积极作用。

2015年年末，仁怀市有酒类企业440户，其中白酒类企业433户；规模以上酒类行业企业54户。仁怀市规模以上酒类行业增加值、主营业务收入、利税总额、利润总额占全省规模以上酒类行业的比重分别为66.6%、72.6%、93.6%和96.6%。仁怀市以茅台酒为龙头，城市定位为“世界名酒之都”，成立了由市长任指挥长的白酒产业发展指挥部，组建白酒产业办公室，同时分别成立了整顿和规范地方酒业生产经营秩序、白酒产业资源整合、白酒质量安全专项整顿行动工作领导小组及专门办公室，分工落实省政府促进白酒产业发展的决策部署。2009年，仁怀市通过了《关于扎实抓好茅台镇环境整治及城镇规划建设工作的决定》，明确了抓好茅台镇环境整治及城镇规划建设工作的指导思想、总体目标、主要任务和战略措施，力求从根本上改善茅台镇环境状况，进一步提升茅台镇对外形象，努力打造世界名酒之都。为了科学保护和合理开发利用酿酒资源，编制了《仁怀市白酒产业发展规划》，对白酒产业园区的道路、消防、排污、水电进行规划建设，同步打造生态产业园区和工业旅游园区。为了促进企业技改和产业升级，自2009年起，仁怀市市级财政每年安排不少于200万元专项资金用于奖励和贴息扶持酒类企业及配套产业发展，重点向优势企业和规模企业倾斜，促进企业做优做强。仁怀市先后被国家工信部、质检总局授予“国家新型工业化产业示范基地（国优名酒）”“全国酱香型白酒酿造产业知名品牌创建示范区”，“中国国酒之心”“中国国酒文化之都”的荣誉称号，城市影响力不断扩大。

三、白酒企业间的合作

政府和企业是区域合作的两大主体，这两大主体的行为决定了区际合作的紧密程度以及合作的成效。在市场经济体制下，企业是区际经济合作最活跃的主体性力量，区际合作主要通过企业合作来完成，只有通过企业主体来推动区际合作，区域合作的行为和结果才有市场根基。

川酒和黔酒属于不同香型，双方都有各自相对固定的消费群体和消费市场，彼此是竞合而非竞争关系。从企业层面看，“中国白酒金三角”战略先后得到了川酒“六朵金花”的积极响应，“六朵金花”不仅分别建立了五粮液产业园区、泸州酒业集中区、郎酒二郎镇酒文化与旅游区、沱牌舍得诗酒文化一条街，而且有的企业还在其产品上打出“中国白酒金三角”字样。

2006 年起，四川泸州老窖就先后建成了国家级固态酿造技术研究中心、国家酒检中心、中国白酒名酒价格指数和白酒交易中心等公共服务平台，通过供应链整合、技术链分享，带动中小企业发展，扩大企业间的横向联系①。

2012 年 8 月，贵州省委省政府主导了“大茅台集团”合作，茅台集团分别与贵州国台酒业集团有限公司、贵州怀庄酒业（集团）、贵州省仁怀市茅台镇糊涂酒业有限公司和贵州钓鱼台国宾酒业有限公司进行会谈，通过企业抱团发展，改善了茅台集团一枝独秀却产能严重不足的局面。

2017 年 2 月，四川名酒企业五粮液、泸州老窖、郎酒、剑南春与茅台酒集团举行座谈会。四家川酒名酒企业与贵州茅台集团共商白酒价格、营销手段、有关产品重合、企业管理等重要问题。参与座谈会的酒业主要负责人共同探讨了白酒行业在发展中面临的困难、产业区域内品牌保护、生态环境治理及绿色发展的具体措施，商榷建立协会及企业间的合作机制，共谋酒业发展，探索搭建川黔两省酒类产业创新发展合作平台。

2017 年 3 月，以贵州茅台集团董事长袁仁国为首的茅台高层来到四川五粮液集团进行参观考察，茅台集团和五粮液集团达成了“宜宾共识”：共同呼

---

① 李启宇，何凡.“中国白酒金三角”白酒产业空间组织优化探讨［J］. 酿酒科技，2013（4）：21-26.

吁国家支持白酒产业发展；共同携手走出国门；共同积极推进白酒百年老字号发展；共同打造“中国白酒金三角”；共同担当起民族品牌的责任。川黔两大酒企的合作，标志着“中国白酒金三角”企业进入实质性合作阶段。

2017 年 9 月，在茅台的倡议和发起下，川黔板块中的茅（茅台）、五（五粮液）、泸（泸州老窖）、郎（郎酒）四大企业尝试性开展了一次“联合推广”活动：“川黔名酒，情系东北——2017 沈阳峰会”，联合在东北举办推广、宣讲活动。

2018 年 7 月，泸州、遵义和宜宾三市领导以及茅台、五粮液、泸州老窖、郎酒企业领导，围绕“加强合作、共谋发展和白酒金三角”等课题开展了一系列活动。这是白酒行业内又一个区域合作的标志性事件，是“泸州、遵义和宜宾”白酒金三角范围川黔产区的大融合，也是继 2017 年 9 月川黔名酒东北行之后又一个川黔白酒竞合大事件。

第二节 “中国白酒金三角”区际合作存在的主要问题

“中国白酒金三角”区际合作存在的主要问题：川黔两省白酒产业统一指挥和规划的局面尚未形成，泸州、宜宾和仁怀三地地方政府各自为政的形势还没有真正改变，两省企业间的深度合作还有待展开，行业协会的引领和监督作用尚未发挥。从操作层面看，“中国白酒金三角”区际合作面临诸多体制、机制等障碍。

一、行政和市场分割

由于“中国白酒金三角”地跨四川泸州、宜宾和贵州仁怀三个不同行政区，受行政区划影响，“中国白酒金三角”各地为加快发展本区域白酒产业，纷纷出台有利于本地区酒业发展的政策，对本地区酒类企业发展予以扶持，导致地方保护主义在一定程度上存在，市场壁垒没有完全消除，造成市场被分割、各地区优势不能得到整合和发挥，阻碍了生产要素和产品的有效配置和自由流动，导致区域内整合协同优势无法充分发挥，在一定程度上影响和损害了“中国白酒金三角”区域整体效益和相关企业的利益。在我国，地方政府仍然在较大程度上主导着地方经济发展，经济发展水平仍是考核地方政府工作的重要指标，因此各区域有着自己的利益考量。行政壁垒的存在会抬高生产、流通和交易成本，降低经济活力，因而打破行政壁垒是区际合作共赢的基础，这已成为一个共识。当前，“中国白酒金三角”区际合作存在川黔两省的“中国白酒金三角”双边合作协定、政策和资金支持比较零散且滞后于“中国白酒金三角”发展的需要等问题。诸多事实表明，即便是在同省内的区域合作，打破行政壁垒也是很难的。虽然白酒产业作为四川泸州、宜宾和贵州仁怀三地的共同支柱产业，各地方政府都有内在动力开展合作治理，但是由于行政分割、市场分割和合作机制的缺乏，很难将合作的意愿转化为实际的、高效的行为。此外，白酒产业的建立和发展需要依托当地特殊的地理环境，四川泸州、宜宾和贵州仁怀三地均有较强的白酒产业发展基础和优势，直接导致了在地理位置上的区域分隔化。三地初步形成了以泸州老窖、五粮液和茅台为核心企业，配套的上下游企业和金融保险等服务业在三地各自集聚的现象，“中国白酒金三角”跨地域行政区、产业链、市场整合尚未形成。如何将这个难题解决好，考验着“中国白酒金三角”合作区域之间的政府、企业的合作诚意以及利益协调。

二、竞争大于合作

处于“中国白酒金三角”核心区的四川宜宾、泸州和贵州仁怀三地的支柱产业都是白酒产业，按照传统产业组织理论，同质化竞争的产业结构导致了“中国白酒金三角”区域白酒产业的发展在很大程度上竞争大于合作①。长期以来，川黔两省存在着白酒行业的合作止步于技术层面，各酒类企业之间在资源整合、品牌推广、文化内涵和科技创新上依然有所保留。从“中国白酒金三角”企业间的合作看，目前川黔两省白酒企业已摆脱了原始的自我内耗性竞争，全国白酒行业的整体竞争格局基本确定，各家酒企定位基本清晰，价格带格局也已完成。目前我国白酒行业的竞争格局大致呈现出贵州茅台、五粮液为第一梯队。茅台和五粮液一个是酱香型白酒生产鼻祖，一个是浓香型白酒生产基地。二者的发展目标相近，共同打造中国高端白酒，以提高产品质量、产品知名度和美誉度，开拓国际国内高端白酒消费市场为核心。泸州老窖、郎酒、剑南春、董酒、习酒等几家酒企为第二梯队，这几家酒企呈现产能快速扩张的态势。其中，泸州老窖“国窖 1573”在高端白酒产品市场上竞争力强，在高端白酒产品市场上对贵州茅台会构成一定威胁，还分流了五粮液的部分客源，未来或许会打破现有的第一梯队竞争格局。虽然川黔的核心产品各自都有

① 冉景亮，何凡. 多中心治理视角下地方政府合作机制：以“中国白酒金三角”为例 [J]. 酿酒科技，2015，253（7）：119-121.

自己的消费人群，但是由于处在同一个市场，又有不断发展的需求。未来川酒与黔酒的产品大战不可避免，尤其是在400～1 000元这个新的次高端市场。“中国白酒金三角”企业间的竞争与合作并存，合作共赢的局面尚未形成。此外，白酒相关行业协会应积极发挥其在资源整合、协调各方的能力，集中开展技术研究和讨论，积极与公众进行信息交流和沟通，督促各方落实质量安全责任，做好本职工作。

三、产业链尚未整合

产业链纵向整合的关键是主导企业。主导企业“大而全”的模式不利于分工的深化与细化，不仅会带来本企业生产和交易成本较高，效率较低，不利于主导企业自身的发展，陷入“大而全”的困局，还会造成主导企业延伸产业链，挤压配套中小企业的发展，不利于资源的优化配置，不利于区域内大中小企业集群发展。主导企业专注做自己最擅长的业务，对于自己不擅长的，或不属于自己的核心业务，就与其他企业合作，共同分享利益。当前，“中国白酒金三角”的三个核心区域（宜宾、泸州、遵义）基本都拥有完整的产业链，违背了区域专业化分工的基本原理，“中国白酒金三角”区域和产业合作面临“囚徒困境”①。如五粮液集团除了生产酒的设备规模全国第一，还具备大规模生产商标、包装纸箱、塑胶瓶盖、酒瓶、包装物品等酒类配套产品的能力②。至今，“中国白酒金三角”作为一个整体区域，白酒主导企业产业还没有形成统一的纵向产业链，必然导致资源浪费以及区域内企业之间和地区之间的恶性竞争，必然会造成区域内企业效益和国际竞争力的低下。“中国白酒金三角”产业链的动态发展也就是各主体之间彼此竞争与合作，协同共进的过程，由于行为主体之间的背景、目标、成本、利益、风险存在分异，在已组织起来的产业链中也存在诸多问题。

四、区域品牌意识淡薄

提升区域品牌影响力和价值度是“中国白酒金三角”区域内所有白酒相关单位和个人的共同愿望。区域品牌的价值度与区域内白酒相关企业及相关白酒产品的价值度密切相关。区域品牌与相关企业及个人一损俱损一荣俱荣。区

① 黄元斌，樊玉然，叶文明．“中国白酒金三角”产业链垂直专业化的治理优化研究［J］．酿酒科技，2014，243（9）：119-121.

② 杨柳．四川打造中国白酒“金三角”的理论依据及对策建议［J］．酿酒，2010（4）：94-97.

域品牌为企业品牌背书，帮助其更快进入市场，打消消费者顾虑，增加企业品牌的可信度，缩减消费者购买的决策时间，从而帮助企业打开市场。区域品牌强则大家都受益，区域品牌弱则大家都无光可沾。小企业希望通过区域品牌的公信力和知名度提升自身企业形象促进产品销售，大企业却碍于区域品牌市场泛滥担心影响自身品牌。“中国白酒金三角”区域内小型、微型白酒生产企业众多，近年来大型白酒生产企业先后走集群化发展、集约化经营道路，川酒以“六朵金花”为代表的高端白酒发展势头强劲，黔酒贵州茅台一枝独秀。大企业注重品牌塑造，但大多数小型、微型白酒企业依然处于小作坊式生产、家族式经营管理阶段，生产效率低下，管理理念陈旧，面临激烈的市场竞争，川黔中低端白酒企业发展乏力，发展后劲明显不足。“中国白酒金三角”区域内小型、微型企业盲目扩张又容易导致产品质量下降，进而严重影响“中国白酒金三角”区域内白酒的整体品质，导致区域品牌信誉度和美誉度下降，消费者减少，企业生产经营困难。受行政区划和利益分配的影响，“中国白酒金三角”不同行政区域之间缺乏有效的区际合作；大企业、大品牌在竞争中有明显优势，在扶持区域内小企业、小品牌，带动本地区酒业整体发展上发挥的作用不够明显；小企业、小品牌在主动贴近大企业、大品牌方面做得还不够。如贵州茅台集团作为贵州省白酒行业的领军企业，是唯一主营业务收入超百亿的白酒企业，长期以来地位突出。其余白酒企业规模小、实力弱、盈利低，行业整体梯队建设滞后。除茅台集团外，134 户规模以上酒类行业工业企业的主营业务收入、利润、劳动生产率等都还处于较低水平，2015 年的户均主营业务收入不到 1.5 亿元、户均利润 987 万元。此外，部分企业采用品牌买断、资本操作等方式，率先打乱了市场竞争，带动一大批企业的跟风和模仿，使得市场竞争更加无序和混乱。

第三节 “中国白酒金三角”区际合作机制建设

川黔两省是浓香型和酱香型白酒的发源地和聚集区，2016 年，川黔两省白酒销售收入在全国占比达到 44 %左右，利润在全国占比近 60%。双方联手打造“中国白酒金三角”区域品牌，是一个关乎我国白酒产业和区域经济发展的战略大布局，对提升“中国白酒金三角”区域核心竞争力，推动川贵白酒乃至中国白酒走向世界意义重大。

一、建立跨区域经济联合体

经济联合体是指在市场经济条件下，打破所有制、行业、部门、地区的界限，按照平等协商和经济合理原则，由两个以上经济实体自愿组成的具有政府行政职能的区域性合作组织。经济联合体的建立原则是：联系互动、统一规划、整体布局、资源共享、设施共建、优势互补、双赢发展。区域间的合作可分为三个层次：一是区际合作，二是行业合作，三是企业间的合作。区际合作的主体是政府，行业合作的主体是行业协会，企业合作的主体是区域内的主导企业。政府、行业协会和主导企业在区域合作中扮演着不同的角色，需要承担不同的责任和义务，在我国，政府在区际合作中扮演着重要的角色，政府当务之急是出台一系列“中国白酒金三角”区际合作的相关政策，明确区际合作的原则、组织、目标等，制定区际合作政策和提高区际合作的资金支持。白酒产业利润丰厚，缴纳的税金是财政收入的重要来源，地方政府有必要给予适当的政策扶植。要充分发挥政府“有形的手”和市场“无形的手”的资源配置作用。一方面，要加强政府的引导和调控功能。由于白酒行业目前正处于“新常态”的发展低潮期，能吸引到的研发资金与产业化投资都比较匮乏，与其他产业相比，在产业资源竞争中处于劣势。因此，一方面政府应制定研发投入、金融支持、政府采购、市场准入等方面的优惠政策来扶持白酒业的发展，以推动地理标志品牌的塑造；另一方面，要突出市场在资源配置中的基础性作用，构建一个突出公平竞争与规范有序的市场环境，使各种资源能够在供求规律、价值规律和竞争规律的作用下合理流动。

共建“中国白酒金三角”区域经济联合体可从制度创新入手，基础条件是要打破行政壁垒。打破行政壁垒可以让资源、人才、技术、资金、信息、销售渠道等要素充分融合，增强区域协调发展能力，提高“中国白酒金三角”整体实力，提高“中国白酒金三角”区际合作度。“中国白酒金三角”区际合作亟待组建“中国白酒金三角”酒业管理委员会，该委员会相当于川黔两省省政府的派出机构，由省级相关部门和三个市的主要领导组成委员会成员，三市主要领导轮流担任“中国白酒金三角”酒业管理委员会召集人，定期或不定期召开协调会。“中国白酒金三角”酒业管理委员会应设相对固定的办公场所，设立秘书处，负责牵头组织、协调、商议、决策涉及“中国白酒金三角”白酒产业发展的事宜。

二、找准合作各方利益交汇点

区际产业合作的本质来源于经济利益主体的逐利性，企业追求企业经营利润的最大化，地方政府以谋求行政区利益最大化为目标，利益纽带是区际产业合作的推动力。“中国白酒金三角”是一个川黔合作共赢的平台，任何想“独大”“独占”的想法都会妨碍区际合作的顺利推进。因此，通过协调与磋商，找准合作各方利益的汇聚点，保证合作各方从合作中得到收益，提升合作主体的合作意愿是“中国白酒金三角”区际产业合作开展的前提，也是“中国白酒金三角”白酒区际合作顺利展开的基础条件。“中国白酒金三角”合作是否有效，关键在于能否找准合作各方的利益交汇点。“中国白酒金三角”的区域核心竞争力提升要依赖双边政府、企业、行业协会、高校、科研机构、消费者的协同配合，而各方利益、合作意愿和相互信任是实现区域和产业合作的基础条件。具体而言，政府期望通过打造“中国白酒金三角”，使川黔两省的众多白酒企业共同拓展白酒市场，使企业之间的竞争在行政协调、引导下趋于有序化。此外，白酒产业是“中国白酒金三角”三地的支柱产业，白酒企业为地方财税的支柱性来源，双方白酒产业的合作不仅有助于促进本地区产业结构的调整和优化，而且由于白酒是高税收产品，地方政府是重要的受益者，能带动区域经济的发展。“中国白酒金三角”地区白酒产业的持续发展的直接受益者是本地区的白酒企业。其中支柱企业是主要受益者，而一般中小企业也会因为区域品牌的塑造等而享受“搭便车”带来的好处，获得更大的发展空间。“中国白酒金三角”地区酒企间的合作有助于开发新产品，减少经营的成本，打造品牌，扩大消费市场。酒企的辅助企业可以通过产业聚集为主导企业提供更全面的服务，更好地了解主导企业的需求，与主导企业建立合作共赢的关系，扩大业务范围，增强企业盈利能力。科研机构和高校从合作中可以获得更多成果转化机会，将科研成果应用于企业实际经营，以取得更好的经济效益。消费者通过反馈或直接参与企业的创新过程能获得更好的消费体验并得到物美价廉的产品。行业协会作为非营利性组织，能充分行使利益协调的基本职能。

通过协调磋商，找准“中国白酒金三角”合作各方利益的汇聚点，提升合作主体的合作意愿是“中国白酒金三角”产业合作的前提。不同利益主体之间的合作本身也是一个博弈和妥协的过程，在目前竞争氛围浓厚，合作动力不足的情况下，“中国白酒金三角”的地方政府应该主动牵头，以充分调动各利益相关者的积极性。“中国白酒金三角”核心区的“三中心”现状，导致任何一个地方政府都不可能单独推进“中国白酒金三角”的建设、开发和保护工作。多方全方位合作为“中国白酒金三角”各方进行区域白酒品牌塑造奠定良好基础。在多方全方位合作的框架下，找到驱动各方合作的利益交汇点①，各方利益要紧密围绕“中国白酒金三角”区域核心竞争力提升这一发展战略目标，把握白酒产业发展趋势，结合本区域白酒企业实际情况，充分整合区域内的资源、基础设施、销售渠道和市场、科研机构和人才优势，发挥行业协会的协调和监督职能，共同提升“中国白酒金三角”品牌知名度和区域核心竞争力。

三、搭建多方合作与沟通制度平台

“中国白酒金三角”的建设涉及跨省的三个不同行政区，要求在省级层面就白酒产业的发展相关事务进行沟通和协调，建立包括“中国白酒金三角”主要利益相关者在内的地方政府合作组织机构，搭建各利益相关者沟通和对话的平台。基于“中国白酒金三角”白酒产业在较长时间内呈现“多中心”共同发展的基本态势②，在短期内不能形成一个能够整合各种资源、维护白酒产业发展基础的权威领导者，这样在客观上造成了区域内各利益主体之间彼此的竞争大于合作。按照多中心治理的基本理念，“中国白酒金三角”应以地方政府牵头，充分调动白酒产业和白酒企业的积极性，建立起能激发各种利益相关者积极性的多元合作机制。因此，应充分调动“中国白酒金三角”核心区三地地方政府、白酒产业的积极性，在川黔两省的省级层面牵头建立“中国白酒金三角”地方政府间的合作机制，为“中国白酒金三角”战略合作落地搭建一个合作与沟通的制度平台。

政府之间，政府与企业之间，企业之间，政府、企业与行业协会之间，政府与高校、研究院所之间，企业与高校、研究院所之间，高校与研究院所之间都需要建立多层次的协商与交流。在我国区域合作中，地方政府之间的合作至关重要。应在多方全方位合作的框架下，建立高层领导互访机制，达成广泛而深入的共识。高校可以参与到地方政府主导的与白酒相关的科技、产业规划中，面向产业发展的重大需求，围绕区域经济发展规划，为政府提供政策咨询服务；针对与地理标志品牌塑造相关的产业创新发展的核心共性问题，依托科研机构的优势学科，开展有组织的协同创新，建立多学科交叉、多团队合作、多技术融合的研发平台；以大学（或科研机构）在人文社会科学方面的优势为基础，推动本地大学、企业与区域外高等学校、研究机构等合作开展川酒文

---

① 黄永光，刘杰．中国白酒金三角发展战略分析［J］．酿酒科技，2010（8）：82-87.

② 冉景亮，杨晓宇．多中心视角下的中国白酒金三角发展战略［J］．酿酒科技，2014（4）：107-111.

化研究，探索建立川酒文化传承创新的新模式，加强川酒文化的对外表达和传播能力①。

四、建立利益与风险共担机制

“中国白酒金三角”的建设需要三地政府共同直面难题、相互依赖、相互协作，才能维护共同利益，实现共同目标。地方政府需要通过搭建合作机制，为地方政府以及白酒产业各利益相关主体建立对话平台，提供和建立将各种潜在的动力转化为现实的行动的制度和机制保障。衡量区际合作是否奏效的一个核心标准是是否实现了“帕累托最优”，能否将对立的区域利益转化为一致的区域利益。风险、成本和利益共担是多边合作、产业链整合的前提和结果，“中国白酒金三角”跨区域合作与产业链整合亟待建立各行为主体间的风险、成本和利益共担机制。

《四川省人民政府关于建立健全区域合作发展利益分享机制的指导意见》（川府发〔2015〕4号）为跨区域合作的利益分享提出了指导性意见，可成为“中国白酒金三角”政府间跨区域合作的指导性文件，在具体实施过程中，双方可通过协商来制定实施细则。四川泸州、宜宾和贵州仁怀三地政府及企业应尽快自觉拆除“行政壁垒”，建议宜宾、泸州和仁怀的政府联合在一起组建跨区域的“中国白酒金三角”酒业管理委员会，打破各自为政的局面，消除行政壁垒、市场障碍。双方遵循责任共负、利益均沾的原则，对“中国白酒金三角”实施统一规划、建设和管理，统筹协调区域的白酒产业发展规划、基础设施建设、区域品牌打造提升策略等，统一规划，统一管理，统一对外宣传并进行区域品牌塑造，朝着建立健全“中国白酒金三角”统一、规范有序的大市场迈进。

在企业层面，由于“中国白酒金三角”在政府层面缺乏具有权威性的统一协调机构和发展规划，主导企业缺乏明确的产业链优化调整思路，众多的中小企业与主导企业间的关系尚未理清。根据“中国白酒金三角”的跨省域特点，可优先考虑在各自省区范围内通过股权并购、战略联盟等模式进行各省区内部的产业链整合，然后逐步推进川黔双边的产业链整合。宜宾市由叙府酒业、国美酒业等28家企业出资2.45亿元，组建宜宾酒股份有限公司抱团发展，集中打造“宜宾酒”地理标志保护产品和“宜宾酒”地理标志集体商标，

① 陈于后. 打造“中国白酒金三角”的区域合作问题研究［J］. 四川理工学院学报（社会科学版），2012，27（1）：57-60.

将宜宾原酒优势转变为瓶装酒优势，提升宜宾酒的附加值。新宇酒业、圆明园实业、宝峰潭酒业与戎德坊销售公司四家企业合并组建戎德坊酒业股份有限公司。宜宾还制定了白酒行业首个团体标准——《多粮浓香型白酒生产企业良好行为规范》；成立了宜宾名优白酒标准联盟，强化行业自律，推进宜宾白酒产业标准化全覆盖，整合宜宾横向白酒产业链，以期将宜宾打造成“世界顶级白酒生产基地”。

“中国白酒金三角”区际合作首先要构建多方利益共享模式，在全方位合作的框架下，建立跨区域经济联合体，找准合作各方利益交汇点，搭建多方合作与沟通制度平台，建立利益与风险共担机制，为“中国白酒金三角”区际合作达成广泛而深入的共识，顺应中国白酒产业从“品牌竞争时代”净化、升级、发展到“产区竞争时代”的发展趋势，推动中国白酒行业发展从“竞争”走向“竞合”，共同打造“中国白酒金三角”区域品牌。

第七章 “中国白酒金三角”地域综合开发

“中国白酒金三角”地域综合开发将产生很强的区域辐射力和市场影响力，有效整合“中国白酒金三角”三次产业价值链，拉动周边三次产业的发展，带动区域经济协同、可持续发展。“中国白酒金三角”地域综合开发可以巧妙地融合传统白酒产业、白酒文化和地域旅游资源，借助“中国白酒金三角”的名酒品牌效应，促进酒文化综合开发，延展白酒产业价值链，增加“中国白酒金三角”白酒产业附加值，拓宽“中国白酒金三角”区域经济发展空间，提升区域核心竞争力。

第一节 “中国白酒金三角”地域综合开发基础

中国是世界上最早酿酒的国家之一，也是世界上白酒消费量最大的国家。“中国白酒金三角”拥有良好的白酒酿制自然、历史和人文条件，白酒景观遗址丰富，具有深厚而富有特色的酒文化，对“中国白酒金三角”地域进行综合开发有利于提高“中国白酒金三角”地域品牌知名度和区域核心竞争力。

一、酿酒遗址

中国白酒起源于元代，兴盛于清代中叶。川南和黔北的酿酒历史可追溯到三千多年前传说中的古蜀国蚕丛、鱼凫时代。在漫长的历史进程里，“中国白酒金三角”拥有诸多有历史研究价值的酿酒遗址，积淀了内涵丰富的酒文化。

在中国白酒企业中，五粮液拥有的古窖池数量最多、规模最大、历史最悠久。五粮液老窖池遗址位于宜宾市翠屏区的鼓楼街和长春街。现存“长发升”

及“利川永”酒坊建筑为明清砖木结构，占地面积约2 718平方米。酒坊建筑均较好地保留了明清时期的基本构架，体现了“前店后厂”中国白酒经营方式的平面布局，有15口明清老窖池至今仍在使用，并保留着原有的操作流程和酿造工艺。五粮液老窖池遗址是我国现存保存完好的地穴式曲酒发酵窖池群之一，是中国历史酿酒工艺和传统的重要实物遗存，具有重要的科学研究价值和独特的历史人文价值，2013年被国务院公布为第七批“全国重点文物保护单位”。

茅台酿酒工业遗址群是至今发现的最早的茅台酒酿造体系的实物见证。该遗址位于仁怀市茅台镇国酒社区杨叉街，由10余处实物构成，有一套完备的酿酒工业体系，占地20余亩（1亩≈666.67平方米）。这些酿酒坊最初建于明代，曾因战乱多次被毁，1862年在旧址恢复重建。茅台工业遗址群内，国家级文物项目数量之多、体量之大居全国酒行业之首。2006年茅台酒的酿造工艺被列为国家非物质文化遗产，2017年茅台酒酿酒工业遗址群入选第二批“中国20世纪建筑遗址”。

泸州老窖窖池群作为中国传统白酒的首个代表，早在1996年就成了“全国重点文物保护单位”；2006年6月，国家文化部正式颁布了首批国家非物质文化遗产名录，泸州老窖酒酿制技艺作为中国浓香型白酒的唯一代表名列其中，入选中国首批“中华老字号”认定名单。泸州老窖老窖池群作为“活文物”，已连续不间断使用430余年。泸州老窖公司现有生产性古窖池10 084口，其中百年以上窖池1 615口，连续使用时间最长、保护最完整的是1573国宝窖池群。泸州老窖1573国宝窖池群是中国建造年代最久的古窖池群，始于公元1573年（明朝万历元年），是汇集中国酿酒历史与文化的“活文物”。泸州老窖百年以上窖池群文物原真性价值明显，自其建窖之始，均保持了原貌、位置、操作流程及工艺未变的“四未变”特点。泸州老窖百年以上窖池群是中国至今唯一持续酿造白酒的窖池群，其千余口的规模和世界文化遗产的属性使其“世界酿酒奇迹之一”和“世界仅存的最大规模原生白酒窖池群”名副其实。

水井坊位于成都老东门大桥外，是一座元、明、清三代老烧坊遗址。1998年8月，四川全兴股份有限公司改造曲酒生产车间时，发现了该遗址。水井坊遗址是1999年“中国十大考古发现之一”，被国家文物局认定为“中国白酒第一坊”，经国务院批准列为“全国重点文物保护单位”，是不可复制的、极为珍贵的历史文化遗产和具有极高利用价值的“活文物”。水井坊遗址的史学价值可媲美“秦始皇兵马俑”，水井坊遗址的发掘填补了中国古代酒坊遗址、酿酒工艺等方面的考古空白。

四川绵竹剑南春“天益老号”酒坊遗址已有1 500年历史，“天益老号”酿酒作坊是国内历史最为久远、保存最完整至今仍在生产的传统酿酒作坊。该遗址是由茶盘街、棋盘街两侧的多个清代作坊构成的“前店后坊”式格局的酒坊遗址，分布面积约120 000平方米，分布面积广、作坊多，保存较好，全国罕见。剑南春酒坊遗址生产要素齐全，内容丰富。在已发掘出的遗迹中，不仅有反映酿酒工艺全过程的生产设施，如水井、酒窖、炉灶、晾堂、水沟、盛酒坑、池子、粮仓（制曲晾房）等遗迹，还有房屋建筑基址以及大量瓷质酒具。该遗址被评选为“2004年度中国十大考古新发现”，2006年被认定为第六批“全国重点文物保护单位”，入围“世界文化遗产预备名单”。

沱牌镇的“泰安作坊”经过百年传承，完整地留存着沱牌曲酒传统酿制技艺的全过程，被誉为“中国酒文化的活文物”。2005年“泰安作坊”被国家文物局、中国食品工业协会列入“中国食品文化遗产”，2008年“沱牌曲酒传统酿制技艺”被列入“全国非物质文化遗产”名录。

以上诸多酿酒遗址在国内、国际上享有较高的知名度，各级政府高度重视保护与开发，构成了“中国白酒金三角”地域综合开发的基础性资源。提出了按照“保护为主，合理开发”的原则和文物保护与旅游开发相结合的建设思路，以打造“中国白酒金三角”酒文化品牌为核心，搞好综合开发，争取利用3~5年的时间，在全省乃至全国叫响“中国白酒金三角”酒文化旅游品牌。

二、工业旅游景点

工业旅游是工业发展鼎盛时期的产物，主要分为工业遗址旅游和工厂参观旅游。欧美发达国家有15%以上的大中型企业都在发展工业旅游。特别是一些大企业，利用自己的品牌效应吸引游客，同时也使自己的产品家喻户晓。工业旅游是我国新兴的一种旅游方式，具有很强的生命力。2016年国家旅游局提出“大力推进工业旅游”，我国工业旅游开始不断升温，越来越多的大酒企希望借助工业旅游促进企业转型升级，提升品牌价值。2017年国家旅游局公布了《全国工业旅游创新发展三年行动方案（2018—2020）》，计划到2020年，全国工业旅游年接待游客量达2.4亿人次，旅游年收入超过300亿元。“中国白酒金三角”核心区域内工业旅游资源丰富，利用名酒酒厂和所在城镇，打造工业旅游景点，有助于巩固和提升名酒和名镇的品牌地位，提升“中国白酒金三角”整体核心竞争力。

近年来，贵州省仁怀市茅台镇重点推广“酒旅融合”工业旅游新模式，把“酒”列为旅游产业发展的重点元素，拓展了茅台酒的产业价值空间。仁怀市以茅台文化为内涵，以茅台古镇为支撑，从仁怀市文化旅游发展的角度着手，联动酒产业与旅游产业，进行产业链整合，将茅台工业旅游区打造为“中国酒文化旅游目的地”。位于茅台酒厂内的茅台酒厂工业旅游区、中国酒文化城景区成为目前茅台镇旅游的两大亮点。茅台酒厂工业旅游区以贵州茅台酒厂集团公司厂区为范围，面积约 5 平方千米，围绕“国酒”茅台生产过程，整合开放生产车间、酒库车间、包装车间等生产参观点，让游客了解“国酒”茅台的生产工艺及流程。国酒文化城景区位于茅台镇酒文化核心体验区，“茅台历史文化街区”是茅台镇旅游的重点项目，该项目通过对历史与文化脉络的梳理，再现清末民初茅台的传统工艺及盐运，城内有数十幢体现汉、唐、宋、元、明、清和现代风格的精致建筑。2016 年，国家旅游局为首批国家工业旅游创新单位授牌，茅台集团成为名单中唯一的白酒生产企业。但相比于我国青岛啤酒厂的工业旅游、烟台张裕卡斯特酒庄集酒酿造、旅游观光、休闲娱乐等多功能于一体的酒旅融合创新开发而言，茅台酒厂工业旅游区在酒旅融合创新开发、酒文化旅游体验环线打造等方面还有待提升。

五粮液集团有限公司享有“花园公司”的美名，为国家 4A 级旅游景区，2005 年入选全国工业旅游示范点，2018 年被认定为四川省工业旅游示范基地，有名的景观包括：全国最高的企业形象雕塑——奋进塔，全国规模最大的酒文化博览馆、鹏程广场、文化公园酒圣山等。近年来，五粮液集团以酒文化为依托，充分打造企业文化，大力发展工业旅游，依托五粮液酒厂和老窖池两块核心白酒生产基地，开发建设了 12 平方千米的工业旅游区，让白酒工业园区成了游客们体验酒文化的旅游胜地。未来五粮液将按照“两区一点”，即江北产业园区、城区老窖区、南岸青草坝酿酒观光点的总体规划，升级五粮液白酒产业园，构建集工厂观光、文化遗迹展示、传统作坊体验、精品白酒定制、收藏拍卖、养生等于一体的特色工业旅游平台，将其打造成为“以酿酒生产为主导，集特色生态、文化体验、工业旅游为一体”的世界级酒文化旅游胜地。

泸州老窖以“中国第一窖”为主要卖点打造泸州老窖工业旅游线，成为全国首批工业旅游示范点。泸州老窖旅游区是泸州老窖打造的名酒文化旅游区，泸州老窖旅游区以独家拥有的双国宝——物质文化遗产暨全国重点保护文物“1573 国宝窖池群”和国家级非物质文化遗产代表作“泸州老窖酒传统酿制技艺”为旅游线灵魂。泸州老窖以永兴村为核心，打造“名酒、名园、名镇、名村”旅游区，建设了万亩酿酒专用有机高粱基地，实现酒产业、酒文化、酒旅游的协同发展，着力将泸州打造为“中国酒城”。

中国迎来了大众旅游的黄金期，对工业旅游的需求逐年增长。“中国白酒金三角”发展工业旅游是适应大众旅游时代，推进“中国白酒金三角”地域综合开发的重要内容，与“创新、协调、绿色、开放、共享”五大发展理念吻合，对促进传统白酒产业转型升级、培育区域经济增长新动力具有重要作用。同时，工业旅游还是“中国白酒金三角”白酒企业实现品牌竞争，提升综合收益的有效手段，能够使“中国白酒金三角”区域地方政府、企业和居民多方受益，形成合作共赢格局。

三、酒文化特色小镇

近年来，各地特色小镇蓬勃发展，一些知名酒企也充分利用自身优势资源，规划建设了一系列以酿酒功能为主体的旅游项目实体。“酒文化”特色小镇成了推广企业品牌和区域特色的一个新途径。“酒文化”特色小镇以酿酒技艺为核心，将产业链延伸至旅游、文创等范畴，进行地域综合开发。

宜宾素有“万里长江第一城”的美誉，拥有丰富的旅游资源，被国务院列为国家历史文化名城，宜宾旅游业以五粮液工业园区、蜀南竹海、兴文石海、僰人悬棺最具特色。宜宾酒文化旅游涵盖了中国白酒发展历史，酿造文化，与酒有关的任务、事件、诗文等方面。宜宾新型城市建设实践地滨江生态示范区将打造酒文化特色街区，以酒为载体，融合中西方酒文化，形成一个全方位、多层次的酒产业、酒文化展示地，并结合东侧的酒文化特色小镇设计酒道主题餐厅、酒文化主题会所。

仁怀是驰名中外的“国酒”茅台的故乡，是中国最大的酱香型白酒生产基地，是中国白酒文化长廊中最为耀眼的一颗星星。2004 年 7 月，仁怀市被正式认定为“中国酒都”。茅台酒所在地茅台镇是黔北四大名镇之一，是“国酒茅台”的产地，先后被确定为首批全国小城镇重点建设镇、全国综合改革试点镇、全国 20 个财政体制改革试点镇、全国投资环境优良乡镇、全国科学建设百强乡镇、全国保增长促就业和谐城镇、中国十佳和谐小城镇、全国生态文明先进镇、贵州十大影响力乡镇和贵州省 100 个示范小城镇。茅台镇距离仁怀市主城区 13 千米，交通便捷。茅台镇南接遵义历史文化名城，西与五粮液等名酒产地接壤，北与习水、赤水旅游区相接，目前是遵义—赤水的必经之地，旅游区位条件好，能够达到相互促进的效果，可以很好地将白酒文化旅游与当地的民族文化和自然生态旅游有机结合起来。

泸州酒文化源远流长，是全国浓香型白酒发源地和酱香型白酒重要生产地，拥有泸州老窖、郎酒两大知名品牌。泸州老窖是中国浓香型白酒的始祖和典型代表，泸州市纳溪区大渡口镇是泸州老窖所在地，大渡口镇也是泸州酒文化最集中的体现，镇域内各种精品酒庄星罗棋布。大渡口镇北接长江，位于泸州，紧靠宜宾，是“中国白酒金三角”的核心腹地，为全国重点镇、全国建制镇示范试点镇。大渡口镇根据泸州白酒产业“一区两园”构想，发挥泸州老窖龙头引领作用，依托众多的酒镇酒庄，打造“中国酒镇”，力争建成中国白酒“波尔多”微庄园产业带。

伴随着体验经济时代的到来，世界“体验式”文化旅游也得到了长足的发展，许多国家都大力发展“体验式”文化旅游。相对于国内外如火如荼的葡萄酒旅游，作为中国传统文化重要组成部分的白酒文化旅游尚处于起步阶段。“中国白酒金三角”盛产白酒，是酱香型白酒和浓香型白酒的发源地，茅台酒、五粮液更是蜚声中外，在中国的酒文化中占据着特殊的地位。酒文化与旅游业的关联性非常高，“中国白酒金三角”核心区三地酒文化旅游资源丰富，泸州市与周边宜宾市、仁怀市共同形成了以名酒文化、生态文化、红色文化为特色的旅游资源富集区。以酒文化为载体，跨界合作，打破行业壁垒和区域壁垒，通过酿酒遗址保护与开发、工业旅游景点打造、酒文化特色小镇培育，可将“中国白酒金三角”培育为川黔渝旅游大环线上的重要节点和川南黔北旅游区的重要组成部分。

第二节 “中国白酒金三角”地域综合开发模式

“白酒产业园区+白酒名镇+酒文化旅游综合体”的“中国白酒金三角”地域综合开发是基于“中国白酒金三角”区域基础条件和资源基础并借鉴“波尔多”式葡萄酒庄而做出的理性选择。“白酒产业园区+白酒名镇+酒文化旅游综合体”的地域综合开发模式使“中国白酒金三角”与“波尔多”式葡萄酒庄无限接近，成为“中国白酒金三角”所青睐的发展模式。

一、白酒产业园区

白酒产业园区从供应链的集中生产配套，到金融创新的后台跟踪服务，再到三产联动，在增强白酒产业话语权的同时，还加强了产业与文化的双重聚集。2008 年四川省提出围绕“中国白酒金三角”，重点建设四川各大白酒产业园。五粮液投入 3 亿元，打造全国最大的超国家标准的质量检测中心；郎酒投资 20 亿元在二郎镇中心区规划 2.9 平方千米建设新厂区，并拆建二郎镇；泸州老窖规划面积 1 万亩，总投资额 150 亿元，建设中国最大的白酒加工配套基地、西南最大的包材集散基地和国家级酒类产品交易中心。贵州紧随其后也出台了以茅台镇国酒工业园、仁怀市酱香白酒聚集区、仁怀名酒工业园区三大板块为主体的白酒产业基地规划。

据不完全统计，“中国白酒金三角”新建以白酒产业为核心的工业园区二十余个，其中，2005 年 10 月成立的“泸州酒业集中发展区”是较为成功的白酒产业园区发展模式，目前已成为中国第一个白酒百亿园区，也是中国最大、产业链最完整的白酒产业综合配套工业园区。“泸州酒业集中发展区”成立以来，已经有包括从农业种植、基酒酿造、玻璃瓶生产、瓶盖制造、酒标印刷、酒盒加工到流水线灌装和包装、金融、物流等各个环节超过 120 家企业入驻。该园区产业聚集度达 98%，已成为白酒酿造、基酒储存、灌装生产、包装材料供应、仓储物流等功能齐全的白酒产业集群，实现了企业向园区集中，相关配套产业聚集，企业集约发展。2016 年，在泸州市“泸州酒业集中发展区”的基础上，打造“中国白酒金三角酒业园区”，该区将按照“立足黄舣、涵盖古蔺、对接高新、辐射纳溪”的原则，着力打造“一园三区”，力争“十三五”末再造一个白酒产业园区；力争到 2020 年，年产值与服务性收入超过 800 亿元；到 2025 年，年产值与服务性收入超过 1 000 亿元，将该区创建成为国家级经济开发区、国家级白酒产城融合示范区、世界级酒文化集中展示区、世界级酒文化旅游目的地。

需要注意的是，园区过度扩张必然会导致各地资源竞争加剧，同时也会滋生重复建设、资源浪费的现象。如何把“中国白酒金三角”区域内的白酒企业“组团”放到白酒产业园区的“大平台”上，让企业放弃内部恶性竞争，共同来打造区域品牌是当地政府部门或产区组织者们应该重点考虑的问题。

二、白酒名镇

“中国白酒金三角”在大力发展白酒产业园区的同时，展示白酒文化软实力的名镇建设也如火如荼地展开。白酒名镇借助以酒为媒的社交文化，让酒文化走进生活，成为酒业品牌体验的重要平台。中国白酒产业有独特的文化性，白酒小镇成为跨越历史、融汇古今的空间载体。可以白酒企业为龙头，白酒小镇为核心，将生态休闲、产业种植、文化创意、房地产、会议会展、旅游度假等一、二、三产业整合进来，形成一个庞大而统合的平台化空间聚集区，形成“产业园区+白酒名镇+酒文化旅游综合体”合一的泛文化创意产业集群模式。

白酒小镇文化旅游已经是中国非常成熟的一种文化旅游休闲模式，借鉴西方葡萄酒产区打造的经验，“中国白酒金三角”打造的白酒小镇也可以作为白酒产区品牌塑造的重要载体。白酒产区品牌的打造，以白酒企业为龙头，白酒小镇为核心，联动当地的产业种植示范、生态文化旅游与文化创意产业，以白酒小镇为窗口，让消费者看到中国白酒优质产区的实力，树形象、树标准、树信心，在消费者心目中不断积累“中国白酒金三角”优质白酒产区的形象认知。

2010 年，四川省委省政府明确提出将按照企业品牌、名镇建设、区域发展的三大构想，结合强有力的创新政策支撑，全力打造“中国白酒金三角”这一具有世界知名度和国际影响力的区域性白酒集群品牌。至此，白酒名镇建设开始成为“中国白酒金三角”区域内除产业园区外广泛推广的模式。

2010 年 9 月，宜宾投资 50 亿元，打造“酒都宜宾·五粮液文化特色街区”，编制了《中国白酒金三角——酒都宜宾·五粮液文化特色街区规划》(见附录 3)。“五粮液文化特色街区”是目前为止四川省投资最大的、以酒文化为主题的特色街区，是四川省构建“中国白酒金三角”的标志性举措。

2010 年 1 月，郎酒集团斥资 20 亿元打造“二郎镇”，计划用 5 年左右时间把二郎镇建成一个集工业旅游、休闲娱乐、现代商贸于一体，极具国际水准和中国特色的中国白酒小镇。2017 年，环球佳酿酒业有限公司拟在泸州建设中国酱酒文化主题公园项目、龙马潭区浓香酿酒基地项目。其中，中国酱酒文化主题公园项目拟选址古蔺县水口镇，目标是建设中国酱酒文化主题公园，打造中国酱香酒谷核心区；龙马潭区浓香酿酒基地项目拟选址龙马潭区石洞镇，目标是建设打造浓香型白酒生产基地。

2011 年，泸州老窖依托泸州老窖现代农业开发示范区，创新现代农业产业示范园区建设模式，全力推进“名酒名园名镇名村”建设。依托沿江桂圆长廊，融入江阳区发展沿江旅游经济的战略思路，围绕“1 个主题、1 条主线、3 大特色、3 个功能区、4 个活动”，以“旅游旺镇”推动沿江农业观光旅游规模发展。从 2006 年开始，泸州老窖集团就与泸州市委市政府合作，将酿酒高粱基地的建设与新农村建设及城乡统筹相结合，用工业的理念发展现代农业，在泸州市黄舣镇设立“四川省泸州老窖现代农业示范区”，打造“名酒名园名镇名村”。

2009 年 3 月，贵州省委省政府提出把茅台镇打造成中国“国酒之心”，把仁怀市打造成中国“国酒文化之都”的目标。2014 年 9 月编制完成了《茅台镇旅游总体规划》《茅台镇街区业态规划》《茅台镇 5A 级景区策划》，2014 年，茅台镇在贵州省全面小康统计监测中 6 大类 21 项指标实现程度达 99%，提前一年全面建成小康社会。2016 年，茅台镇全面推进国家 5A 景区、中国国际旅游目的地和世界自然文化双遗产申评工作，以期扩大茅台酒知名度，有效提升茅台镇文化旅游价值和游客吸引力。2017 年，贵州省旅发委与遵义、仁怀两级政府及茅台集团共同举办“中国酒都 · 神秘茅台”酒旅文化年开幕式暨“仁怀酱香 · 万人品酒大会”与“仁怀酱香酒生态游”参观考察活动，以及 9 个系列配套活动，为游客创造以优质酱香酒体验为核心的酒旅深度游体验。

在白酒名镇建设中，地方政府通过项目招商引进更多资金，加快了城乡一体化进程，实现地方政府财政收入和居民收入的双重提升。对白酒企业而言，通过名镇打造除获得品牌提升之外，还可通过介入相关商业项目，获得诸如房地产开发、旅游业开发等项目，从而使企业单一的白酒生产主营业务延伸到多元主营业务。单纯的模式复制仍会导致各名镇资源要素的重复、挤占，如何构建名镇特有的后续支撑，使“中国白酒金三角”白酒名镇的输血式竞争演变成造血式发展仍将是“中国白酒金三角”名镇建设值得深思的命题。

三、酒文化旅游综合体

借助酿酒业可以带动相关第一、二、三产业集群发展的特点，制定以酒业为核心资源驱动区域经济发展的政策，是名酒产区政府普遍的做法。目前，五粮液、泸州老窖和茅台酒集团都相继开展了酒文化旅游活动。“中国白酒金三角”正着力开发以“酒都”“酒城”“酒镇”“酒村”“酒厂”等为重要节点，串联成线，再融入优美独特的川南黔北自然风光，注入深厚的川黔酒文化，加以浓郁的民俗风情，形成富有参与性、体验性和文化内涵的，集观光、休闲、度假为一体的川黔酒文化旅游产品①。但“中国白酒金三角”的酒文化旅游综合开发还存在旅游产品单一，旅游基础设施不完善，旅游产业链不健全，旅游区域合作有待加强，酒文化旅游品牌尚未树立等问题。

应以酿酒工业为基础，向上、向下带动和促进一、二、三产业有机融合，联动发展。一产即农业，主要由白酒原粮种植、绿色生态农业、酒庄所组成；二产包括工业园区、已有和在建窖池窖洞、浓香清香拓展区；三产为酒城酒镇，包括白酒创新研发、酒文化旅游、白酒会展博览、白酒名镇建设等。“中国白酒金三角”地方政府和企业都非常重视旅游的综合效应，尝试通过酒文化旅游驱动厂城共建、品牌共建，打造酒文化旅游城市，提升白酒品牌、白酒

① 赵凤琦. 我国白酒产业可持续发展研究［D］. 北京：中国社会科学院研究生院，2014：103-110.

产区以及城市的知名度和美誉度，实现“城以酒兴，酒以城名”。

“中国白酒金三角”核心区地处云贵高原与四川盆地过渡地带，植被繁茂，物种丰富，生态环境极佳。该区域内有国家级风景名胜区四川蜀南竹海、石海洞乡、贵州赤水；有国家森林公园贵州赤水森林竹海、四川福宝；有国家级自然保护区贵州赤水桫椤、习水亚热带常绿阔叶林；还有世界地质公园四川兴文石林，国家地质公园贵州绥阳双河溶洞等丰富的自然旅游资源。作为酒文化发达高度的实物见证，“中国白酒金三角”拥有1573国宝窖池群、“水井坊”“剑南春”天益老号等全国重点保护单位，占据我国酒类国家重点文物的三分之二，并被国家文物局纳入33项中国世界文化遗产预备名录。这里还有大量与酒有关的民俗风情、名人轶事、诗词歌赋和传奇故事，如茅台酒的夺冠传奇：1915年，北洋政府以“茅台公司”的名义，将土瓦罐包装的茅台酒送到巴拿马万国博览会参展，外国人对之不屑一顾。一名中国官员情急之中将瓦罐掷碎于地，顿时，酒香扑鼻，惊倒四座，一举夺冠。悠久的历史，显赫的身份，巧夺天工的绝技，富有传奇的故事，它们共同构成了“中国白酒金三角”酒文化旅游丰富的内涵，奠定了“中国白酒金三角”旅游综合开发的基础。茅台集团国酒（红色）文化之旅、五粮液集团十里酒城（景观）文化之旅、泸州老窖“双国宝”（遗产）文化之旅、郎酒集团酒蕴天成（神奇）文化之旅，都在不断突破传统的酒厂参观方式，走向全面整合企业资源、产地资源、行业资源等的综合开发上。

第三节 “中国白酒金三角”地域综合开发策略

“中国白酒金三角”核心区的四川宜宾、泸州与贵州仁怀三地地理位置比邻，政治和经济联系紧密，文化同源，特别是在白酒酿造工艺上，川黔酿酒工艺同宗同源①。因此，构建一个超越省际合作概念的“中国白酒金三角”，打破行政区和市场壁垒，加强区域经济合作，进行地域综合开发既有历史基础，更是现实需要。目前，“中国白酒金三角”的地域综合开发还是以参观工厂为主的工业旅游，更多地体现为企业行为，难以和当地其他丰富的自然和人文旅游资源结合，在更高的起点、更大的规模、更远的纵深上进行整体、综合开发。

---

① 周山荣. 四川宜宾泸州贵州仁怀酒文化比较：以打造“中国白酒金三角”为视角［R］. 四川省宜宾市红楼梦酒文化研究会成立大会暨学术研讨会论文，2011-10-29.

一、完善地域综合开发体制与规划

“中国白酒金三角”区域涉及两省、三市，“中国白酒金三角”地域综合开发必须加强合作，完善地域综合开发体制。将“中国白酒金三角”打造成世界最大的顶级白酒生产基地和中国最具特色的浓香型、酱香型高端白酒生产基地，推进名酒、名企、名镇（城）建设，实现“三产联动”，统筹城乡发展，应该站在全局的高度，创新机制，打破行政、行业和体制的壁垒，以政府引导，企业主导，居民参与的模式协同推进。“中国白酒金三角”核心区由两省三市组成，白酒产业均是当地的主导产业，彼此之间的竞争在所难免，“中国白酒金三角”地域综合开发要打破行政壁垒，避免各自为政，做到政出一门，政令畅通。首先，“中国白酒金三角”三地的地方政府间应成立一个跨区域的特别行政区管委会，科学合理地划定综合开发区域范围和相关县乡，建立综合开发投入机制，设立综合开发专项资金，对“中国白酒金三角”实行统一规划、建设和管理。如果跨省协调难度太大，四川省可以先行建立跨宜宾、泸州两市的行政管理机构①，共同形成决策、协调、推进实施的组织架构，保障“中国白酒金三角”综合开发的进度和品质。此外，“中国白酒金三角”三地可合力构建一个超越省际合作概念的产业集群，减少彼此内耗，在发展过程中结合自身特色进行统筹和错位发展。“中国白酒金三角”三地可依托各自的白酒核心生产企业，做大各自酒企品牌，形成各具特色的竞合态势。在地图上把川酒“六朵金花”和黔酒茅台连接起来形成一条酒文化产业带。茅台发挥“国酒”优势，以“国酒”为主题，结合仁怀的长征文化和优美独特的自然环境打造“国酒”文化旅游产品；泸州老窖可围绕“窖池和传统酿制技艺”的双国宝资源，与周边旅游开发景区主动对接，打造一批酒文化特色旅游项目和产品，还可延长旅游产业链，强化旅游商品、特色农产品开发，带动农村休闲旅游业发展。宜宾则可依托酿酒工业遗址群、盐运码头、独特的酿酒工艺、红色文化、独一无二适宜酿酒的生产环境、酒历史文化博物馆等资源，将茅台酒文化景观申请为世界文化遗产，结合三江文化进行综合开发。

二、重视资源与环境保护

“中国白酒金三角”地区拥有优越的白酒酿造和开发条件，厚重的酒历史文化底蕴，白酒品牌荟萃，是全球规模最大、质量最优的蒸馏酒产区，有许多

① 邓宇. 整合川黔名酒 打造“白酒金三角”[J]. 中国食品，2010（4）：58-59.

物质和非物质文化遗产迫切需要保护。这里地处云贵高原与四川盆地过渡地带，植被繁茂，物种丰富，生态环境极佳，是以国家级风景名胜区、国家森林公园、国家级自然保护区、世界地质公园等构成的生态金三角。该区域拥有酿制纯正优质白酒得天独厚、不可复制的独特地域资源与比较优势，为酿制纯正优质白酒提供了得天独厚、不可复制的环境①。由于白酒酿造对自然条件的依赖性和敏感度非常高，"中国白酒金三角"的可持续发展和综合开发要求必须保护好生态环境。此外，旅游业是以促进人的流动和消费为基础的综合性服务产业，是第三产业的龙头。旅游业的发展高度依赖良好的空气质量、优美的自然景色、纯净的江河湖海、整洁的周边环境。保护"中国白酒金三角"自然资源和环境不受破坏，使其能被永续利用，才能实现川黔两省白酒产业和旅游业的可持续发展。在"中国白酒金三角"地区开展酒文化旅游综合开发，通过白酒产业链向旅游业的延伸，有助于提高当地居民保护生态环境的自觉性，带动当地居民收入与地方财政收入双丰收，实现白酒产业、旅游业和环境保护的多赢。"中国白酒金三角"地区在跨区域的产业发展规划、水资源利用、生态环境保护等方面还缺乏有效的协调与合作。贵州省已相继出台了《贵州省赤水河流域保护条例》《赤水河上游生态功能保护区规划（贵州境内）》《茅台酒原产地及赤水河上游地区生态建设和环境保护规划实施方案》等法律、法规和文件，为加强茅台酒原产地域及赤水河上游生态环境建设和保护，确保以国酒茅台为代表的赤水河流域名优白酒生产环境安全，提供了法律依据和政策保障。贵州省的相关文件为川黔两省共同设立资源环境保护委员会，保护"中国白酒金三角"生态环境提供了现实基础和借鉴。

三、创新酒文化开发思路

酒是一种特殊的文化载体，在人类交往中也占有独特的地位。酒文化包括酒的制法、品法、作用、历史等。中国的酒文化包括：酒的起源与发展、酒具、酒令、酒与文人、酒与武术、中国古代和现代的酒俗礼仪（重大节日的饮酒习俗、婚庆饮酒习俗、祭祀丧葬与酒、少数民族饮酒习俗及其他类型的饮酒习俗）等。传统酒文化开发主要通过让游客了解白酒酿制、生产与操作等全过程，获取科学知识，满足旅游者精神需求和行、吃、住、游等基本旅游享受。游客通过酒文化旅游体验，增加对酒的历史、文化、品法等的了解，从而

① 冉景亮，龙承春."中国白酒金三角"的战略定位研究［J］.四川理工学院学报（社会科学版），2015（3）：21-29.

增加知识和开阔眼界，或从中获得教育，但同时又获得许多的乐趣，满足了精神生活的需要。“中国白酒金三角”酒文化综合开发首先要对“酒文化”的特色，形成的演进规律有充分的认识和理解，对酒文化旅游的界定、酒文化旅游的实质、酒文化旅游者的行为、酒文化产地的吸引力等进行全方位分析。其次，酒文化开发不同于一般旅游文化开发，它在白酒产业的基础上整合了三次产业，具有很强的综合性。无论法国、澳大利亚的葡萄酒旅游还是德国的啤酒旅游，都是在原有强大酒类产业的基础上，通过开发一系列的精品休闲旅游项目，如慕尼黑啤酒节、啤酒花园、葡萄酒庄等进行酒文化综合开发。“中国白酒金三角”的白酒具有悠久的历史和坚实的产业基础，但有吸引力的酒文化精品项目较少。“中国白酒金三角”酒文化综合开发需要加强农业、工业、文化产业等的融合，进行多元化开发，上延伸至原粮种植，现代农业观光，酿酒工艺、流程，产品设计、创意、包装、研发；下延伸至贸易、展示、酒文化体验、消费和旅游，推进酒文化，引领产业联动发展。最后，酒文化是一个特殊的艺术产品，需要经销商与消费者的交流。对于酒文化的综合开发需要在专业酒文化知识基础上组织围绕酒文化的一些生动的人文活动，让酒文化更富有生命力以及趣味性，人为地进行消费引导。通过“中国白酒金三角”地域综合开发，传承和创新中国白酒文化，推动“中国白酒金三角”酒文化旅游的整体开发和品牌构建，有助于提升区域核心竞争力。

四、全方位开发酒旅游产品

从开发利用价值的角度来看，酒旅游产品开发主要包括酒工业旅游、酒文化旅游和酒农业生态旅游等方面。

酒工业旅游产品开发主要依托酒企和酒品牌进行，以科普教育为主要功能，以观光休闲为主要游览方式。酒工业旅游产品包括：酒厂工业园区参观、藏酒区参观挑选、品酒休闲吧休闲娱乐、工业园区参观等。

酒文化旅游产品开发是游客通过酒文化旅游体验，增加对酒的历史、文化、品法等的了解，从而深入了解酒文化和知识，满足精神生活的需要。酒文化旅游产品包括：酒文化博物馆、酒文化主题酒店、酒文化的主题餐厅、酿酒工艺参观体验、酒民俗节庆活动、酒文化交流活动、酒文化休闲街区、酒文化风情展示园等。

酒农业生态旅游产品开发依托乡村景观和自然生态，以观光休闲、参与体验为目的，是农业和旅游业相结合的一种新型产品。酒农业生态旅游产品包括：种植园观光、采摘等节庆活动、乡村节庆活动、摄影基地、购物等。

在新时代背景下，“中国白酒金三角”酒旅游产品开发应以酒为媒介，充分挖掘酒文化旅游资源的文化内涵，结合地域文化，进行全方位的创新与发展。

借助“中国白酒金三角”丰富的酿酒遗址、名厂名镇，整合区域内的酒文化旅游资源，打造中国白酒旅游目的地，增加白酒产业的附加值，传播中国酒文化，树立“中国白酒金三角”的品牌现象，提升“中国白酒金三角”的区域核心竞争力。

第八章 “中国白酒金三角”区域品牌塑造与推广

世界经济进入了品牌经济时代，市场竞争由价格竞争、质量竞争上升到品牌的竞争。中国白酒是拥有完整自主知识产权的独有优势产业，是最有希望代表中国制造走向世界并与国际顶级品牌一较高下的民族产业。“中国白酒金三角”位于酿造名优白酒的最佳产区，拥有适合酿制高品质白酒的得天独厚、无法复制的自然环境，是大自然的馈赠和上天的恩赐，“中国白酒金三角”区域品牌塑造和推广是中国白酒走向世界、提升企业核心竞争力，以及促进区域经济发展的关键环节。

第一节 区域品牌特征及影响因素

与单个企业品牌相比，区域品牌形象更直接，也更具轰动性、广泛性和可持续性。区域品牌常常以地方名特产品为载体，能够彰显地域特色和文化积淀，给区域带来外部收益，并能够被区域共享。因此，成功的区域品牌就是区域产业特色鲜明的“产业名片”，是产业和区域的核心竞争力。

一、区域品牌内涵与特征

区域品牌是指某个行政地理区域范围内，基于地方名优特产品、以悠久人文历史为内涵，冠之以行政区或经济区名称，享有较高知名度和美誉度，具有较高商业价值的品牌①。可见，区域品牌与一个地方的产业特色分不开，是依托某个行政区或地理区内某一优势特色产业，而形成或创建的为该区域内企业

① 张传统. 农产品区域品牌发展研究［D］. 北京：中国农业大学，2015：14.

所共同拥有的，在产业市场具有较高市场份额和影响力的品牌、形象或商誉，是区域内产业、企业、产品或服务及其品牌集体行为的综合反映①。区域品牌与农产品地理标志的区别与联系：我国国家质量监督检验检疫总局于2005年7月15日颁布实施的《地理标志产品保护规定》指出：地理标志产品（也称原产地产品）是产自特定地域，所具有的质量、声誉或其他特性本质上取决于该产地的自然因素和人文因素，经审核批准以地理名称进行命名的产品。也就是说，农产品地理标志是一种地理证明商标，是一种受法律监督与保护的特殊产品区域品牌。区域品牌与地理标志产品二者都是基于区域特色产品、独特资源发展起来的，都能够提高区域产品乃至整个行业的竞争力。与区域品牌相比，地理标志产品的地理界限更清晰严格，产品品质、声誉或其他特性与当地的自然因素和人文因素必须高度相关，并拥有专门的管理机构和严格的实施细则。区域品牌与企业品牌的区别：企业品牌由某企业或个人独占，并且可以在市场上进行交易。区域品牌是特定区域内所有同类企业或个人共同拥有的一种公共无形资产，且区域品牌不可进行市场交易；区域内各相关生产经营者要共同维护区域品牌形象，共同承担区域品牌风险。据此，区域品牌主要包含三个要素：一是区域性，区域品牌限定在一定地域范围内，带有很强的地域特色；二是品牌效应，区域品牌一般是本地区的特色或支柱产业，对本地区的经济发展起着举足轻重的作用，较之单一品牌更利于培养市场偏好，更易于增强企业和区域的竞争力，获得更广泛而持久的品牌效应；三是产业特色，区域品牌往往代表着一个地方产业产品的主体和形象，体现了本地产业的特色，且这种特色不容易被模仿与复制，为本区域独有。

首先，区域品牌具有区域独特性，区域品牌一般限定在一定的区域范围内，依托区域独特的资源，带有很强的区域特色，它是区域资源禀赋、区域历史文化的积淀，是各个生产经营者品牌积聚后的产物，很难被模仿与复制，是区域的核心竞争力，能够为区域经济发展带来集聚效应和规模效应②。其次，区域品牌具有公共性特征，区域品牌具有公共物品的非排他性特征，可以被众多的经济主体同时使用，且还具有非竞争性，即该区域范围内新增使用者并不会增加社会成本，因此，区域品牌在发展容易出现“搭便车”现象，损害区域品牌的形象。甚至出现“柠檬市场”效应，即在缺乏强有力的管制措施的情况下，由于消费者难以在高品质与低品质之间做出判别，使同一区域品牌的

① 李亚林. 农产品区域品牌：内涵、特征和作用［J］. 企业导报，2010（2）：107-108.
② 同①.

高品质产品销售量下降，出现“劣币驱逐良币”现象。最后，区域品牌具有外部性特征，区域品牌的外部性表现为正外部性和负外部性两种，即区域内某些经济主体使区域品牌形象得以提升，会导致该区域内所有经营同一产品的经济主体都可能受益，该产品知名度和美誉度的提高，给区域发展带来利益；相反，如果该区域内的某经济主体出现了某些不良的经济行为，将损害区域品牌形象，使该区域内所有共享该区域品牌的经济主体受到牵连，造成经济损失和品牌形象下降。

二、区域品牌影响因素

纵观国内外研究，国外学者主要从区域因素、产业因素、品牌经营管理因素和政府因素等方面来分析区域品牌形成与发展的主要影响因素。国外学者强调“区域名”和“产地来源”对区域品牌的重要性和作用。将品牌与其地理来源地联系起来，表明某产品产生于特定地域，用地理来源区别表示该产品的特定品质或其他特性，从而成为地方性的独特身份证明，凸显其产品的正宗身份，可以更好地赢得目标消费者的信任。地理位置是酒品牌定价中的一个重要组成部分。国内学者主要从自然地理资源优势、人文历史传承等方面研究区域因素对农特产品区域品牌发展的影响，指出区域自然地理资源优势为农特产品区域品牌发展提供物质基础，而区域文化历史传承积淀则丰富了农特产品区域品牌内涵、塑造了独特品牌文化、提高了知名度和美誉度、获得了消费者忠诚和信任。可见，区域优势对农特产品区域品牌的形成与发展起着很大的促进作用。其次，优良产品品质是农特产品区域品牌发展的核心要素，名特优产品是农特产品区域品牌发展的核心。支持龙头企业，推动产业集群发展，让龙头企业成为区域品牌创建主体，带动区域产业延伸产业链，提高区域产品品质，塑造良好产品区域品牌形象，扩大区域品牌知名度和美誉度。再次，品牌经营管理对区域品牌发展起着重要影响作用。积极申请地理标志保护产品和原产地证明等，可以使区域品牌合法化，依法保护区域品牌。同时，制定产品质量标准，实施产品生产全程质量监控体系，强化区域品牌的质量控制，打击假冒伪劣，规范品牌经营，维护区域品牌整体形象。最后，政府是区域品牌塑造的主要推动者，要突出政府实施品牌战略、实施区域营销、塑造区域形象和组织品牌评价等方面的引导和扶持作用，支持区域品牌塑造①。

20世纪90年代，随着中国区域经济的迅速发展，形成了各具特色的区域

① 张传统. 农产品区域品牌发展研究［D］. 北京：中国农业大学，2015：23.

品牌集群。国内的大多区域品牌以及区域内的企业品牌，独立性强，各自为阵，区域品牌无处落地，企业品牌无法借力，难以形成资源合力、资金合力、品牌合力和推广合力。区域品牌构建需要做好以下四个方面的工作：

一是发掘区域品牌核心价值。企业管理需要有核心价值观，区域品牌建设同样首先要树立核心价值观。核心价值观就是某一社会群体判断社会事务时所要依据的是非标准和必须遵循的行为准则。区域品牌核心价值是该品牌区别于其他同类产品的特质，或者说它吸引人的特质所在，是品牌在消费者心中的综合形象，包括其属性、品质、档次（品位）、文化、个性等，代表着该品牌可以为消费者带来的价值。因此，区域品牌构建的前提是要发掘区域产品与众不同的核心价值，只有精准地抓住区域品牌的核心价值，重铸区域品牌核心价值体系，才能塑造和提升区域品牌价值，提高区域品牌知名度和美誉度。

二是提高产品品质。品牌的核心是信誉，关键是产品品质。品牌之所以能够成为品牌，就在于它自身的品质和持续的信誉信赖，如果一个品牌没有良好的产品品质，仅靠夸大宣传甚至虚假宣传，这个品牌是不可能持续的。因此，打造源头可溯、产地直供的区域品牌至关重要。《2016 年中国快速消费品预测报告》的主题词是“品质”，一切以品质为前提，高品质、优品质、好品质，品牌建设的重点放在了品质与品牌的创新之上，需要回归“工匠精神”。可以说，中国白酒千千万，中国不缺白酒，但中国缺少“品质高、品牌佳”的白酒。

三是提升公共品牌意识。区域品牌的价值度与区域内相关企业及相关特色产品的价值度密切相关。区域品牌与相关企业及个人一损俱损一荣俱荣。所以，区域品牌和区域内相关企业及地方特色农产品是一个品牌价值共同体。提升区域企业的“公共品牌意识”，以“保护和提升区域品牌竞争力”为区域品牌核心价值观，在政府、机关、企业、种植户、产业服务单位及客户之间树立统一的区域品牌价值观念，打造“品牌价值共同体”，是区域品牌建设和推广的重要基础。

四是营造良好的品牌构建环境。区域品牌塑造是一个系统且长期的工程，需要社会各界的广泛参与，尤其是需要地方政府的有力扶持，才能为区域品牌建设保驾护航。地方政府既要发挥资源、财政、组织上的优势，当好区域品牌塑造的引领者，又要当好区域品牌的管理者，建立健全相关制度，包括涉及品牌使用方面的管理规则、产品的生产标准、质量监管，以及市场体系、信用体系，使各部门和企业达成共识，齐抓共管，形成合力，为区域品牌塑造营造一个良好的环境。

区域品牌在区域发展中有重要作用，首先，区域品牌塑造区域形象，凝聚要素资源，树立良好的区域形象，区域借助品牌在激烈的竞争中脱颖而出，吸引要素财富的聚集为区域发展服务。其次，区域品牌扩大产业集群，吸引关键要素加入，完善产业链条，加强专业分工以及营销策划，产业集聚与区域品牌塑造相互影响，相互螺旋式提升。最后，区域品牌的营造强化了区域核心竞争力，推动了区域的发展，区域核心竞争力和区域品牌的形成发展相互联系，相辅相成。

产地来源（区域）是一个重要的品牌差异化工具，通过强调地理来源和产地关键因素建立基于地理的营销战略可以提升品牌价值。曾经辉煌的“白酒黄金十年”已不复存在，“去产能、减库存”就成为白酒行业现阶段至关重要的问题，转型升级势在必行。利用区域品牌具有的强大的品牌辐射效应，塑造“中国白酒金三角”区域品牌有助于川黔两省白酒产业整合实力，在白酒行业产能过剩、同质化竞争中，实现集体突围。

第二节 “中国白酒金三角”名企品牌塑造与推广

从市场经济角度来看，大国崛起就是一大批中国品牌在全球市场崛起。2016 年 6 月，国务院办公厅发布《关于发挥品牌引领作用推动供需结构升级的意见》，明确指出要“大力宣传知名自主品牌，讲好中国品牌故事，提高自主品牌影响力和认知度。”而随着 2017 年 5 月“中国品牌日”的设立，国家对品牌的重视被提到了一个新高度，“中国白酒金三角”应全力推进区域品牌塑造与推广，讲好中国故事，逐渐树立中国白酒的国际地位。

一、中国白酒品牌的塑造与推广

企业产品的优质属性是区域品牌营造的基础。20 世纪 80 年代，我国白酒行业进入快速发展期，业内的龙头精英企业开始快速成长，名酒品牌的销售占据了市场的“半边天”。2003 年我国白酒行业步入“黄金十年”的高速发展期，这一时期白酒行业的飞速发展主要归结于政商消费，以中高端白酒消费带动整个行业的发展，给各大白酒品牌带来了一定的知名度与美誉度。2012 年国家出台“三公消费”受限政策，政商消费近乎“灰飞烟灭”，高端白酒少有人问津，白酒行业产量、收入和利润总额增速全面下滑，整个白酒行业面临较大的产能过剩压力，白酒行业进入深度调整期。自 2015 年起，白酒行业开始出现缓慢回升的趋势，白酒行业一线品牌股市更是一路飙红，白酒行业的“老大哥”茅台酒也时隔五年后再次提高出厂价格，国酒雄风再次展现。随着经济社会的快速发展，消费者的消费观念和消费意识发生改变，人们在消费时更多地考虑品质、健康等问题，更加重视选择名牌产品。白酒消费进入了品牌时代，品牌竞争愈发激烈。随着消费环境的变化，各大酒企纷纷意识到品牌的价值与意义，龙头酒企率先领头发力，加大了品牌的塑造和推广，提升白酒企业的形象。“中国白酒金三角”的白酒企业开始根据市场实际情况，结合自身产品特征，进行品牌塑造与推广，以期提升企业形象。

二、贵州茅台“国酒”的品牌塑造与推广

品牌是企业最重要的、具有经济价值的无形资产，是广大消费者对一个企业的产品形象、品质、服务、文化等所形成的一种评价和认知。对企业而言，品牌建设更是推进企业转型升级，实现高质量发展的必然选择。品牌对于企业来说至关重要，品牌是企业参与市场竞争、建立产品忠诚度、树立企业形象的重要保证。贵州茅台品牌在国内外享有很高的声誉，位居全国“十大驰名商标”首位，还被评为最有影响力的商标品牌。贵州茅台是中国酱香型白酒的代表者，茅台酒的品牌定位为“国酒”，试图用国酒茅台的定位，打造了一个茅台酒等于中国白酒的品牌形象。红军曾经经过茅台镇，抓住这个曾经的历史，茅台塑造了自己的红色品牌形象。再经过几代领导人的视察，国宴用酒、国礼用酒的强化，茅台的品牌定位已经根深蒂固了。贵州茅台酒是酱香型白酒的代表，风格、味道都是独一无二的，茅台酒的酿造和勾兑具有特殊性质，对地域、温度、气候的要求都很严格，是其他厂家模仿不来的，是独一无二的。茅台酒通过独特的固体发酵工艺、人工制曲等纯手工加工工艺，以及当地的小粒高粱品种和特定季节赤水河的水，从地域上打造产品的独特性和无可替代性。茅台酒具有色泽清透、入口清香、回味香甜的口感。茅台酒凝练出：闻起来香，喝了不上头的产品特点，将自己塑造为中国白酒行业的领导者形象。茅台酒定位于利润率高、有发展空间的高档白酒市场，并紧紧抓住高端客户，在高端市场进行细分，占领高端市场这一利润大、竞争相对较弱的市场，获得更大的效益，而不追求产量与销售额上的地位。

有了清晰的品牌定位，茅台酒从包装设计、宣传用语、产品定价都围绕着“国酒”的品牌定位来展开。茅台酒在全国各地都设立了营销网点，并且在世界其他各个大洲都有自己的店铺，形成了一个自己种植、生产、酿造、营销的体系。为更好地树立国际品牌形象，倡导“文化茅台中华国粹”全球推广理

念，茅台充分利用脸书（Facebook）、推特（Twitter）等海外平台传播属性，在依托完善的海外宣传矩阵提升茅台品牌影响力与扩大品牌传播力的同时，还利用重要节假日举办丰富多样的推广活动，打造茅台酿酒大师的国际形象。

随着白酒行业竞争的不断加剧，“五粮液”“水井坊”“汾酒”“剑南春”等白酒企业的兴起，贵州茅台酒的一部分市场被占领，为了稳固贵州茅台酒的市场地位，茅台酒也开始了品牌延伸，推出了茅台王子酒、茅台迎宾酒、茅台醇、茅台液等这类直接冠以茅台品牌的产品，还计划进军葡萄酒和啤酒领域，此外，茅台酒还推出一系列优惠活动吸引消费者，推出纪念版勾起消费者的购买欲望，加大高端白酒的生产，针对国际会展或者国际活动提供高端酒品，同时，推出茅台酒特殊防伪标志，加大对假酒打击力度，保护贵州茅台酒的品牌和口碑。

三、宜宾五粮液“酿酒帝国”的形象塑造与推广

五粮液是中国浓香型白酒的杰出代表，从盛唐时期的重碧酒，到宋代的姚子雪曲、明初的杂粮酒，再到1909年正式得名，五粮液已传承逾千载。五粮液是中国名酒中品牌资产最为丰厚企业之一，其拥有四届中国名酒、中国驰名商标、中华老字号、国家非物质文化遗产、中国文化名酒等所有国字号品牌资产。不仅如此，五粮液还拥有三大中国驰名商标品牌：五粮液、五粮春、五粮醇。五粮液集团实施“酒业为主，多元化战略”，与茅台酒的高档白酒品牌定位不同，五粮液追求多品牌延伸，五粮液集团利用“五粮液”这一主品牌优势，针对各地消费者习惯、口味、经济条件的不同，开发了高、中、低档系列区域性品牌，如金六福、浏阳河、京酒等品牌。五粮液不仅在白酒高端市场占据了半壁河山，而且也为其家族品牌迅速抢占各个档次的细分市场提供了广阔天地。五粮液依托众多品类的子品牌大举扩张，从在白酒高端市场的占有率、销售收入、利润等来看，五粮液实现了远超茅台的销量。然而，品牌扩张是一把双刃剑。五粮液由于盲目扩张，子品牌之间相互杀价，恶性竞争，管理也陷入半失控状态，使主品牌资源被严重透支，导致“五粮液”的品牌成分不断被稀释，五粮液没有了品牌所具备的高贵品质和声誉，因此，尽管五粮液集团的综合实力超过茅台集团，但五粮液的总市值竟不足茅台的三分之一。为此，五粮液公司调整品牌战略，只保留十个骨干品牌，明确了五粮液“1+3”及系列酒“4+4”核心产品体系，确保五粮液及其系列酒产品的纯正性，保持产品包装的一致性，增强产品的等级性，以提高品牌的辨识度。

“五茅剑”一直是被业内和消费者公认的高端白酒品牌形象。继三大品牌后，国窖1573、水井坊、舍得酒突破原母公司的中低端品牌形象，打破了高

端白酒竞争格局，在高端白酒市场取得了巨大成功，成为全国性高端白酒市场的新宠。五粮液作为白酒行业的龙头企业之一以及浓香型白酒的代表，在品牌、网络、产能、技术等方面的优势非常明显，具有较强的定价能力和渠道掌控能力。五粮液以“中国的五粮液、世界的五粮液”为主打口号，以不同的文化诉求先后出现了几百个子品牌，再附以地区不同或者经销商不同实施代理经销策略，通过广告等营销手段，五粮液塑造了一个庞大的、实力雄厚、充满活力和具有现代色彩的“酿酒帝国”形象。

五粮液近年来通过品牌结构调整，产品线开始向中档酒集中，公司吨酒价格以及整体毛利率有所提高，有力地支撑着五粮液品牌的高端地位。不足的是，五粮液与茅台共同形成了中国白酒双寡竞争，市场竞争激烈，受茅台“国酒”品牌的压制，五粮液品牌塑造和推广始终抓不住着力点和突破点，品牌的深度打造和提升乏力。

四、泸州老窖“百年品牌”的重塑与推广

泸州老窖白酒始于秦汉，兴于唐宋，盛于明清。泸州老窖是中国浓香型白酒的发源地，是白酒行业最早拥有“双国宝”文化遗产的企业。泸州老窖拥有宝贵的物质和文化财富：连续使用至今440余年的1573国宝窖池群；入选首批“国家级非物质文化遗产名录”，至今已口传心授690余年23代人的“泸州老窖酒传统酿制技艺”等，这些赋予了泸州老窖厚重的品牌底蕴。公司实施“双品牌塑造，多品牌运作”的品牌战略，构建起五大战略单品的金字塔品牌结构：国窖1573的定位为中国白酒超高端品牌，是塔尖；百年泸州老窖窖龄酒、泸州老窖特曲的定位为商务与宴会用酒第一品牌，是塔柱；泸州老窖头曲和二曲为大众市场覆盖的第一品牌，是塔基。与此同时，泸州老窖积极拓展养生酒产品和预调酒产品，开展以消费者需求为主导的定制酒业务①。

泸州老窖曾是国内白酒行业的龙头。20世纪80年代其营收远超贵州茅台、五粮液，但随着后者崛起，泸州老窖掉下了队。20世纪80年代中期，四川白酒有“六朵金花”，即五粮液、泸州老窖、剑南春、沱牌、全兴、郎酒，1987年五粮液加上其他四个品牌的销售收入总和都不及泸州老窖，但到了1997年，泸州老窖加其他四个品牌总收入却不及五粮液。泸州老窖由于战略和策略上的一些失误，如旗下品牌太多，中端、高端、低端分不清楚，特许品牌、主营品牌分不清楚等，稀释了企业的品牌价值。2015年泸州老窖对品牌

---

① 周双月．泸州老窖核心竞争力综合评价研究［D］．成都：西南石油大学，2017：18.

进行了重新定位和梳理，聚焦五大单品，将产品划分为以国窖 1573 为代表的高端系列，以百年泸州老窖窖龄酒、泸州老窖特曲为代表的中端产品，以泸州老窖头曲、泸州老窖二曲为代表的低端产品，确立了双品牌战略，即“国窖 1573”“泸州老窖”双品牌。泸州老窖“国窖 1573”的品牌树立以“活文物”为亮点，成功塑造成了“品味、珍惜”的形象品牌，因此泸州老窖在 2017 年又回到了中国白酒行业的“百亿俱乐部”。此外，泸州老窖海外市场已覆盖 47 个国家和地区，呈现“产品畅销、经销商热捧”的良好局面，成了在海外市场中有效覆盖面广、实际销量大的浓香型白酒。

秉持着“十年品牌靠营销，百年品牌靠质量，千年品牌靠文化”的发展理念，泸州老窖健全了从农田到餐桌的质量监管体系和质量追溯体系。同时，以文化为引领，泸州老窖在传承守护 1573 国宝窖池群等丰富的文化遗产，传承酿造白酒的非遗技艺，坚守传统文化的同时，还与时俱进，以国窖 1573 为基酒研发了多款中式鸡尾酒、配制酒、预调酒，并创新推出国窖 1573 冰 JOYS 快闪店，邀消费者体验白酒冰饮品鉴方式，深度挖掘品牌价值。泸州老窖连续 12 年开展泸州老窖·国窖 1573 封藏大典，举办国际诗酒文化大会、“让世界品味中国”全球文化之旅、泸州高粱红了文化采风活动、民族舞剧《孔子》全球巡演，还牵手世界杯、签约澳网，挖掘和传播品牌的历史文化价值，传递中国白酒的品牌价值。泸州老窖因其悠久的历史和卓越的品质在国内享有一定的知名度。随着我国的消费升级，泸州老窖面临国际洋酒品牌冲击和国内新兴消费群体白酒消费观念升级的双重挑战，泸州老窖品牌自身也存在着个性缺失、价值透支、形象受损等问题①。因此，对于泸州老窖来说，“重塑品牌、杀出重围、回归前三”是一个长期的发展目标。

白酒标准柔性多，无法进行具体的量化，对于白酒企业来说，由于无法用硬指标或具体的标准来证明自己品牌的优质，不得不通过宣传其历史如何悠久、环境如何适宜酿酒、工艺如何传统精湛、贮酒环境如何传统宝贵、勾调技术如何宝贵神秘等来说明其品质的优秀②。调整品牌战略，搞好品牌建设，把握好品牌塑造是白酒行业健康发展的当务之急。白酒品牌塑造是一个系统工程，白酒是物质和文化的融合，抓好白酒品牌塑造的文化、塑造白酒品牌的内在优良品质、主副品牌有机结合、掌握品牌更替的主动权、加强营销，才能使白酒品牌的塑造和推广成功。

---

① 牟红. 新形势下泸酒品牌形象塑造对策研究 [J]. 泸州职业技术学院. 酒城教育，2017（3）：81-84.

② 邓林. 论白酒的品牌塑造 [J]. 酿酒科技，2008，165（3）：104-107.

第三节 “中国白酒金三角”区域品牌塑造与推广策略

区域品牌是区域经济发展的直接产物，通过区域品牌塑造与推广来提升区域发展能力，已成为区域竞争的必由之路。区域品牌在维护区域经济可持续发展的过程中，被视为一种利用自身占有的资源，应用于区域发展实际，提升本区域的核心竞争力。因此，区域品牌是区域内企业或产品品牌集体行为的综合体现，打造区域品牌是提升区域核心竞争力的关键途径。“中国白酒金三角”区域品牌塑造可凭借得天独厚的地域性酿酒资源，利用知名企业和知名品牌数量众多、所占市场份额较大等优势，加大资源整合力度，打造国内乃至世界知名的地域品牌，形成中国白酒的“波尔多”。

一、明确区域品牌定位

品牌定位是区域品牌形成的条件和基础。通过对区域品牌内涵的把握，将区域品牌进行整合与传播，进一步明确区域定位。区域品牌的明确定位能给区域带来经济发展上的附加值，使公众更加认可区域发展行为与发展理念。同时，区域品牌的明确定位对区域内民众具有鼓励引导效应；使其提高自身的使命感和荣誉感，从而为区域发展做出自己的贡献①。进行区域品牌定位时，要将区域品牌塑造成为一种固有价值（形象）存在于大众心中，首先应该对区域品牌要素资源进行整合，立足于本区域发展实际，植根地域文化，挖掘区域品牌特有资源。通过挖掘区域品牌内涵，汇聚区域内相关资源，增强要素凝聚力，提高区域美誉度与知名度。例如，川酒行业率先提出产区品牌概念，促进各酒企的联动，携手叫响川酒产区品牌。以五粮液、泸州老窖、剑南春、郎酒、舍得、水井坊等川酒“六朵金花”为创始成员单位，成立四川名优白酒联盟，成立川酒原产地推广中心，重点打造好“五个一”，即一部宣传片、一个展示馆、一条旅游线、一个自媒体和一个主题推广活动，创新川酒品牌塑造和推广方式，发挥川酒品质和品牌效应，讲好川酒产区故事，持续提升川酒核心竞争力，在全球范围内叫响川酒产区品牌。贵州省积极申请办理赤水河流域两岸白酒产区原产地认证，促进该产区内酱香白酒企业依托酱香产区优势加快发展，提升地域资源的利用与对该酱香白酒产区的保护，并将赤水河流域两岸

① 候建新. 区域核心竞争力研究与区域品牌打造［D］. 天津：河北工业大学，2013：42.

酱香白酒产区的认证纳入大茅台镇概念，维护和提高茅台镇酱香白酒产区声誉，塑造酱香白酒产区品牌。

中国不乏知名白酒品牌，但缺乏法定意义上的区域品牌。“中国白酒金三角”拥有茅台、五粮液、泸州老窖、剑南春等享誉中外的知名白酒品牌，具备了打造中国白酒区域品牌的基础。对“中国白酒金三角”进行科学规划，协调区域内各地方政府、企业间的利益，共同打造中国著名白酒产区，提升区域品质，明确区域品牌定位，是“中国白酒金三角”的首要任务。“中国白酒金三角”的战略目标是将“中国白酒金三角”地区建设成世界知名的中国白酒生产基地，提升“中国白酒金三角”核心竞争力和在国内外的影响力，在世界范围形成“世界白酒看中国，中国白酒看川黔，川黔白酒看金三角”的中国白酒地域品牌效应。川黔两省应共同提出产区品牌概念，促进各酒企协调联动，叫响白酒产区概念，携手塑造中国白酒产区品牌。

二、促进产业集群发展

区域品牌的塑造以区域内龙头企业的带动为基础，集合所有企业的力量，共同创建区域集群特色。区域品牌的基本构成要素主要包括区域特征、品牌内涵和视觉标识等。从狭义概念来说，区域品牌特指某个地区的特色“产业集群”，它象征着该产业集群的历史与现状，是区域产业集群的代表。产业集群与区域核心竞争力的提升息息相关，产业集群被视为区域品牌塑造的中心环节。产业集群发展到高级阶段，区域内生产同类或关联产品的企业数量多，产品齐全，产业链完整，产品质量可靠，名牌产品也开始涌现，区域会由于产业集群的形成而著称，市场和消费者把某个地区同某种产业连接起来，促进相关生产要素进一步向区域集聚，地理品牌形象得以确立①。可见，产业集群是区域品牌形成的基础，有利于区域品牌的建立、传播与维护；而区域品牌一旦建立也会推动产业集群和区域经济的发展，有助于提升区域的核心竞争力。可见，区域品牌的塑造必然以产业集聚为依托，产业集聚推动产品创新和区域品牌塑造。在区域品牌塑造过程中，产业发展是主体，集聚是原动力，区域内产业集聚壮大，市场占有率提高，品牌效应才能形成，产业的集聚发展直接影响品牌的传播和经营策略。区域内行业壮大后，产生规模经济效应，区域产业的集聚与创新造就区域品牌的设立。以集群为支撑，进行资源调配，扩大市场占有率，承接产业发展，发挥主导产业的地位和作用，加快集群形成与升级，才

---

① 郭鹏洲. 基于产业集群的福建区域品牌建设初探 [J]. 价值工程，2009 (5)：15-17.

能建立规模特色集群，更好地推进区域品牌的发展[①]。区域品牌集群形成后，围绕着区域品牌逐渐形成完整的产业链，产业链又带动相关行业发展，最终推动区域经济持续健康发展。因此，区域品牌能推动区域发展，提高区域在整个地区的综合竞争力，为区域树立良好的形象，整合要素资源，有利于产业集聚，进而促进集群创新。

“中国白酒金三角”白酒产量比重接近全国白酒产量的三分之一，该区域白酒销售量占全国白酒销售量的比重接近一半，“中国白酒金三角”在中国白酒界具有举足轻重的地位和影响力，“茅五泸”为代表的一线白酒品牌具有品牌、资产、现金流等方面的强大优势，在我国白酒行业拥有强大的影响力和企业赢利能力。2015 年白酒行业复苏以来，我国白酒行业集中度进一步提高。贵州遵义、四川宜宾和泸州川黔两省三市应以生产白酒产品的核心酿造企业为核心，将具有竞争与合作关系的若干的原料生产企业、设备及辅助材料供应商、第三方物流企业、销售企业、金融机构和科研院所等上中下游相关产业的企业或机构集聚在一起，对“中国白酒金三角”核心区三地的酿酒资源进行区域整合。川黔两省应抓紧制定和实施《“中国白酒金三角”产业集群发展规划》，联手将泸州—宜宾—仁怀打造成中国白酒的“波尔多”，打造优质中国白酒产区，塑造中国白酒区域品牌。

三、维护地域品牌形象

发展品牌经济是企业、区域转变经济发展方式的重要途径。区域经济发展的高级形式之一是品牌经济，品牌已经成为区域、城市、产业、企业、产品核心竞争力的重要体现和提高顾客忠诚度的竞争手段。品牌是增值能力，是依靠无形资产获利的有效手段，无形资产可以盘活有形资产，品牌可以推动经济发展。地域品牌是对一定地理区域的稀缺资源、区域特色、区域文化的提炼和总结。区域品牌有利于建立消费者对地域空间内生产同类产品的企业的信任和忠诚。区域品牌的这种正向外部效应，使区域内企业通过“搭便车”来共同分享利益，导致效用增加或成本减少，有助于本区域内所有企业的成长[②]。2018 年，中国品牌价值 100 强研究报告发布，五粮液以 1 152.86 亿元的品牌价值居中国品牌价值百强第三位，位列白酒制造类第一名，茅台以 1 003.36 亿元的品牌价值居中国品牌价值百强第六位，位列白酒制造类第二名。

---

① 候建新．区域核心竞争力研究与区域品牌打造［D］．天津：河北工业大学，2013：43.

② 杨柳．产业空间集聚与区域经济发展［M］．成都：四川人民出版社，2009.

区域品牌也是一个识别系统，这个识别系统是由区域（地名）和产业（产品）名称为核心构成的，它在法律上表现为证明商标或集体商标。企业品牌价值是“中国白酒金三角”区域品牌价值的基础，代表着这一区域白酒产品的品质及特征，是“中国白酒金三角”核心价值的基础和根本体现[①]。2010年，四川省政府启动了“中国白酒金三角（川酒）”地理标志产品保护的申报工作。2012年，为有效保护“中国白酒金三角（川酒）”地理标志产品，规范“中国白酒金三角（川酒）”地理标志专用标志的申请、使用和管理，保障“中国白酒金三角（川酒）”的质量和特色，四川省政府出台了《中国白酒金三角（川酒）地理标志产品保护办法》。打造“中国白酒金三角”区域品牌，实施“中国白酒金三角”地理标志产品保护，扩大“中国白酒金三角”影响力，为中国白酒走出国门走向世界奠定质量基础，是“中国白酒金三角”走向国际化的桥梁。接下来的主要工作是在已出台的《中国白酒金三角（川酒）地理标志产品保护办法》的基础上，制定并完善“中国白酒金三角”地理标志产品管理实施细则，做好市场准入工作，规范企业行为，保障产品质量，加强监管，使“中国白酒金三角”成为具有全球意义的中国白酒区域品牌标志。

四、营造良好区域环境

区域优势是打造区域品牌的手段和工具，区域优势因素对区域品牌的发展起到很大的促进作用。白酒产品的品质、特征与该区域的水源、气候等自然因素以及酿造技艺等人文因素紧密相关[②]。把区域品牌联系到其地理来源地，表明某白酒产品产生于此特定地域，用地理来源区别表示该产品的特定口感、质量、声誉或其他特性，树立地方性的独特身份证明，凸显“中国白酒金三角”高品质白酒的正宗身份，并提供一种质量保证，更容易赢得消费者的信任。“中国白酒金三角”区域品牌塑造要注重有效利用自然地理资源优势、充分挖掘人文历史工艺传承资源优势，打造中国白酒区域品牌的差异化。

“中国白酒金三角”地理品牌的塑造离不开当地良好的自然和生态环境，即充足且无污染的水、微生物、原料、土地、空气等。独特且优质的自然生态环境是酿造美酒的必要条件，是“中国白酒金三角”地区成为中国最好的白酒产区的根本，因此，长期保护“中国白酒金三角”流域内的自然生态环境

---

① 雷蓉，胡北明. 中国“白酒金三角”的核心价值及其构建［J］. 酿酒科技，2012（9）：17-21.

② 杨永. 中国白酒地理标志保护现状分析与建议［J］. 酿酒科技，2012（2）：121.

是当地政府的一个特殊且重要的使命。“中国白酒金三角”区域内水系丰富，长江、岷江、赤水河横贯全境，其中赤水河被誉为“美酒河”，具备水质硬度低、酸度适中、含多种微量元素等优点，是酿酒的最佳用水。近年来，随着矿产资源开发、白酒产业扩大和城镇化推进，赤水河流域内经济开发与生态环境保护的矛盾日益突显，出现了生态环境破坏、水土流失等诸多问题。赤水河流域作为跨界河流，其上下游在行政区划、资源禀赋和经济发展等方面存在较大差异，很难形成统一的发展与保护规划。首先，川黔两省应呼吁国家尽快组织开展赤水河流域综合性保护与发展规划的编制工作，明确流域生态建设和环境保护的目标及责任，合理规划流域上下游的白酒产业发展，科学界定白酒生产总量，对白酒产能进行总量控制，防止白酒产业密集发展导致环境污染。其次，赤水河流域内地方政府要严格规定白酒企业及其他相关企业的“三废”处理，并鼓励企业针对容易产生污染的重要环节努力研发循环技术，提升酿酒副产品的循环利用能力。最后，川黔两省合作共建赤水河流域环境保护协调委员会，各地政府应加强沟通、搁置争议、协调合作，统筹实施兼顾各方权益的环保措施和解决方案，并定期组织开展赤水河流域的生态环境保护联合执法检查。严格执行基于环境影响评价的各类产业准入制度，保护区内一、二和三产业的所有新建、改建与扩建项目都需要通过环境影响评价才能“上马”。

区域人文历史传承是塑造区域品牌的重要文化基础，也是获得消费者信赖的重要因素。区域品牌地方特色化发展的主要影响因素之一是区域人文环境。依托“中国白酒金三角”与酒文化有关的独特历史人文资源，挖掘“中国白酒金三角”区域品牌的历史文化底蕴，充分利用地域传统酒文化资源优势，有效提升区域品牌知名度和美誉度，并将“中国白酒金三角”区域品牌宣传融入当地的文化生活中，不仅能丰富区域品牌的文化内涵，增强区域品牌的情感价值和精神价值，而且最终会凝聚成区域品牌的特色。

五、拓展品牌营销平台和渠道

零售行业发展至今，已经经历了三次变革：第一次零售革命的主角是以实体商超为载体的商超，把商超连接到了一起，消费者在一个场所满足绝大部分选择；第二次零售革命以互联网 B2C 商城为主角，把商品连接了起来，如酒仙网；第三次零售革命是以消费者为主导的新零售，通过大数据把消费者连接起来。大数据、电子商务的发展改变了白酒行业传统的交易模式，电子商务成为中国白酒行业新的经济增长点。电子商务可以更加接近消费主体，了解市场需求，掌握市场动向，传统知名酒企纷纷进入电商领域，打造电子商务网站，开展网络直销业务。“互联网+”的本质其实就是“商业+信息互联技术”，而商业的本质是“信任”，互联网技术的本质是“便利”。“互联网+”就是将这两个本质要素进行强力的结合。可以说“经营信任”与“提供便利”是白酒行业“互联网+”的核心逻辑，也是白酒行业“互联网+”发展的基本战略实施的法则。白酒行业在“互联网+”的发展中也算是个先行者，先有电商也买酒、酒仙网等，再有酒企主导的洋河一号、茅台云商等，如今酒类与互联网的融入方兴未艾，成为快消品行业“互联网+”进程中发展最为迅猛的一支。白酒行业销售中，电商渠道与传统渠道结合成为大势所趋，跨界整合的价值也进一步体现出来。例如，五粮液与京东强强联合、与苏宁签订战略合作协议、与四川中烟跨界合作、与工商银行联合发布定制期酒、与长安俱乐部合作等。2010 年茅台集团进军电子商务，开启网上商城项目，提供在线销售服务。2014 年年底茅台集团推出了“茅台商城”，2016 年 8 月又与阿里巴巴开展战略合作。据了解，“茅台云商”平台 2016 年 8 月正式上线，当年实现交易额 26. 39 亿元，增加线下服务网点 700 多个，发展会员 20 余万。2016 年贵州省白酒电商销售收入 20 亿元以上。2016 年“双 11”期间，茅台、金沙、国台、董酒等重点品牌取得优异成绩，其中贵州白酒在天猫商城实现销售额超过 1. 3 亿元，同比净增 0. 3 亿元，蝉联天猫全网白酒品牌综合排名第一位。

“中国白酒金三角”川酒、黔酒的核心优势在于“品质+品牌”的双核驱动。同徽酒的“渠道”驱动和苏酒“渠道+品牌”驱动（苏酒学习并超越了徽酒的“渠道”）相比，川酒、黔酒在品质（浓香酒质和原酒）和品牌（名酒口碑和基因）上具有先天优势，然而在对市场的反应、掌控、整合、抗压等方面，川酒、黔酒却相对处于弱势。“中国白酒金三角”酒企应该学习徽酒和苏酒的渠道运作经验，从“品质+品牌”的双核驱动升级到“品质+品牌+渠道”的三核驱动。事实上目前川酒中已经有部分企业开始尝试“品质+品牌+渠道”的三核驱动。根据中国互联网络信息中心（CNNIC）发布的《第 38 次中国互联网络发展状况统计报告》，我国网络购物用户规模达到 4. 48 亿人，约占网民总量的61%，消费能力最强的人群和消费行为频率最高的年轻人群体将成为我国酒类产品的潜在目标消费群①。“中国白酒金三角”企业应该与电子商务平台在战略共享、产品发展、新消费市场开发、品牌形象维护等方面开展合作，以立足于消费者需求为出发点，共同规范线上消费市场，整合网络营销数据资源，实现线上销售与一线零售市场的有效结合。同时，“中国白酒金三

① 任泽娟，彭煦，王敏. 酒类电商企业发展现状分析［J］. 电子商务，2017（2）：124-125.

角”企业还应该加强产品质量、品质的保障，严厉打击网络虚假伪劣产品，维护自身品牌形象，为消费者提供更好的购物体验。通过互联网自传播和区域化管理，实现全国或者区域市场数万名核心粉丝及口碑群体的建立，借助数据的管理让企业产品与信任群体进行深度的捆绑，发展其成为品牌的代理人，信任群体既是消费者，也是媒体，更是分销商，通过形成有机的整体带动市场整体业绩提升。“中国白酒金三角”各酒企要积极主动拥抱“互联网+”，拓展品牌营销的平台和渠道。

第九章 “中国白酒金三角” 酒文化挖掘与传播

中国白酒是一张代表中国文化的重要名片，传播中国白酒文化就是弘扬和传播中国文化。如何使“民族的成为世界的”，让中国白酒和白酒文化得到国际市场的认同，使中国白酒在国际市场上的地位和影响力提升，是我国白酒企业，尤其是龙头企业不可推卸的责任①。在众多区域性白酒品牌打造战略中，“中国白酒金三角”是国内规模最大、品牌最多的白酒产业聚集区，打造“中国白酒金三角”区域品牌具有国际化视野和战略眼光，符合国际潮流，意义非凡。

第一节 “中国白酒金三角”酒文化挖掘

白酒文化是中国饮食文化的典型代表，是中华文化走向世界的敲门砖、领头羊②。随着全球化、国际化步伐的加快，中国白酒国际化发展已经提到了国家战略的议程上，“白酒国际化”成了我国白酒行业响亮的口号，然而当前的白酒国际化成效并不明显，海外销售白酒的受众群体多为海外华人，白酒还没有真正进入海外主流市场。中国白酒未能进入国外主流市场的原因既有国外顾客对于口感的不适等主观原因，亦有我国白酒自身质量、标签、成分等各类标准未达到他国要求的客观原因③。从更深一个层次看，中国白酒文化的挖掘和

---

① 林洁. 面向国际的中国白酒文化传播体系研究 [J]. 科技与创新，2015 (6)：29-30.

② 杨柳. 产业政策限制约束下的川黔白酒发展研究 [J]. 酿酒科技，2015，252 (6)：131-133.

③ 王应之，尹波. “一带一路”下四川白酒国际化探究 [J]. 中国酿造，2018，37 (6)：205-208.

传播不足，是导致中国白酒国际化受阻的根本原因。中国白酒要走出国门，首先是中国白酒文化必须为国际消费者认识、理解和接受①。因此，在中国白酒国际化道路上，文化是引领和先导。

一、中国白酒文化内涵

中国白酒是世界上工艺最复杂，生产周期最长，生产成本最高的蒸馏酒，具有深厚的文化底蕴。中国白酒文化是中国悠久历史文化的重要组成部分，生生不息，人们常常将白酒与京剧、变脸等一起共同视作中国的国粹。随着中国国际影响力的不断提升，国外认识中国白酒文化和品尝中国白酒的热情正在持续上升。

酒文化是酒类行业的核心竞争力，酒文化在国内外源远流长，作为一种特殊的文化载体，在人类交往中具有独特的地位。中国白酒国际化战略必须坚持文化先行。酒文化是围绕酒产生的一系列物质的、技艺的、精神的、习俗的、心理的、行为的现象的总和，包括酒在生产中的制法、饮用过程中的品法以及酒的作用和历史等酒文化现象，既有酒自身的物质文化，也有酒所形成的精神文化，是在制酒饮酒活动过程中形成的②。酒文化形态作为中国传统文化重要组成部分的白酒文化，博大精深、源远流长，与中华民族生产生活息息相关。白酒文化的物质层包括与酒相关的原料、生产工具、技术工艺、遗址遗迹、艺术作品、食器、环境等要素；白酒文化的思想层包括与白酒相关的礼俗制度、传承等；白酒文化的核心层是文化层，与当时当地人们的价值观念、心理愉悦、审美情趣和宗教信仰、民族性格、哲学等密不可分。白酒文化的物质层是游客可以通过领略其风貌对其进行观赏感知的，属于显性文化；而白酒文化的思想层和文化层不能被游客直接感知，属于隐性文化。中国酒文化是中国酒与中国传统文化融合互动的产物，结伴发展，生生不息，相得益彰③。中国白酒文化的传承过程是中华文明历史的发展过程，白酒作为中国的重要元素和符号，是中国文化的重要组成部分。中国白酒是中国传统文化和饮食文化的结晶，在漫长的历史进程中，白酒形成了卓越的工艺、优质的品位、丰富的内涵，沉积了深厚的历史文化势能。在白酒消费者看来，白酒的历史文化就是产品品质的象征，如茅台、五粮液等传统白酒品牌。

---

① 周子荑. 欲借鸡尾酒概念突围，白酒国际化痛点在哪 [N]. 中国商报，2017-08-01.

② 肖家成. 升华的魅力：中华民族酒文化 [M]. 北京：华龄出版社，2007：43-46.

③ 徐少华. 中国酒文化研究 [J]. 中国酿造，1999 (5)：10-14.

二、川酒与黔酒文化挖掘

“中国白酒金三角”拥有泸州、宜宾及遵义三座毗邻的著名酒城，因有独特的自然环境条件、原粮生产、窖池洞藏和酿造技艺等资源优势，成为享誉全球的美酒聚集地，孕育出茅台、五粮液、泸州老窖、郎酒等中国名酒[①]。但是，对比海外葡萄酒大品牌以及洋酒品牌，“中国白酒金三角”区域品牌故事的挖掘，白酒文化的传播做得还远远不够。

（一）川酒文化挖掘

川酒文化历史悠久，泸州老窖、宜宾五粮液、绵竹剑南春、成都全兴、邛崃文君等美酒，享誉中外，是中国酒文化和中华文化体系的重要组成部分。川酒文化根植于四川历史文化土壤，关于酒文化的历史考古研究是四川酒文化研究的另一个重要方面。张德全通过梳理史料文献和考证四川汉代部分重要郡县和丰富的酒文物，对四川汉代酿酒和川酒文化遗产进行了科学论证[②]。水井街酒坊遗址的考古发掘对中国传统酒文化研究具有深远影响，填补了我国古代酒坊遗址、酿酒工艺等方面的考古空白，对探讨我国白酒的起源具有重大的科学研究价值[③]。四川各地所形成的酒文化各具特色，徐学书通过梳理历史文献，详细阐述了唐宋以来成都酒文化的发展与演进，论证了中国烧酒发源于唐宋时期的成都[④]。

川南作为四川最重要的白酒原产地，具有丰富的地方特色酒文化，“酒都”宜宾、“酒城”泸州是川南酒文化中最耀眼的两颗明星。宜宾是中国酒文化的发祥地之一，酿酒历史悠久。从宜宾汉代墓葬及古窖池出土的酒史文物中酿酒、盛酒、取酒、温酒、饮酒等各类酒器齐备。同时还出土了众多的陶制酒器，证明宜宾的酿酒历史可以追溯到3 000年以前。宜宾五粮液作为中国三大名酒之一，以“喷香浓郁、清冽甘爽、醇甜余香、回味悠长”四大特点享誉国内外，在全国名酒评比中连续三届被评为国家名酒，并在1915年和1995年两度获得“巴拿马国际博览会”金奖，形成了浑厚而又独具特色五粮液酒文化，蕴含着丰富的文化内涵和优良的文化基因。宜宾五粮液酒厂现存的明初酒窖，是宜宾酒文化和精湛酿酒技术的结晶，对探索中国名酒五粮液的形成、发

---

① 陈于后. 四川酒文化研究的知识图谱可视化分析［J］. 四川理工学院学报（社会科学版），2017，32（6）：10-25.

② 张德全. 汉代四川酿酒业研究［J］. 四川文物，2003（3）：64-67.

③ 杨荣新. 从考古发现看蜀酒文化与水井街酒坊遗址［J］. 四川文物，2001（6）：11-15.

④ 徐学书. 唐宋以来成都的酒文化［J］. 四川文物，2001（6）：44-48.

展有重要意义，对于研究宜宾酿酒史也有极其重要的价值。五粮液酒文化具有酿酒资源的唯一性、酿酒技艺的独特性和复合文化的多样性特征①。五粮液酒文化博物馆是目前国内建得最早，规模较大，馆藏丰富的酒文化博物馆，以收藏、研究、陈列五粮液酒文化、中国酒史文化为主要任务。五粮液酒文化博物馆通过5 000件文物、文献、模型、图片、雕塑、绘画、实物，向人们展示了五千年中国酒文化的历史画卷，它是一部浓缩了的中国酿酒历史。品味五粮液，品味的是千年中国传统文化与酒文化的完美结合，品味的是中华民族千年发展历程的厚重积淀。五粮液已成为国家交往的使者和桥梁，促进了川酒文化的国际传播，有助于中国文化的国际认同，提高了中国文化软实力和国际影响力，同时也有利于海外对中国白酒产品的认同，扩大中国白酒的国际市场②。

泸州酿酒的历史至少可以追溯到两三千年以前的秦汉时期。有关泸酒的典故传说举不胜举，如吕洞宾醉卧江阳、诸葛曲药制酒、三仙醉酒等，苏轼、黄庭坚、张船山等文人墨客曾在泸州留下“城下人家水上城，酒楼红处一江明。衔杯却爱泸州好，十指寒香给客橙”“佳酿飘香自蜀南，且邀明月醉花间”“江安食不足，江阳酒有余”等千古佳句。泸州是国家历史文化名城，也是国内唯一拥有两大知名白酒品牌（泸州老窖与郎酒）的城市。中国两大酱香白酒茅台、郎酒都在赤水河下游，据说离开了从茅台镇到二郎镇这40千米的赤水河谷，就酿造不出顶级的酱香白酒。泸州老窖拥有我国建造最早、连续使用时间最长、保护最完整的1573国宝窖池群，其古作坊群被列入“世界文化遗产预备名录”，其“泸州老窖酒传统酿制技艺”也入选首批“国家级非物质文化遗产名录”，泸州老窖是行业内唯一拥有“双国宝”的企业。泸州老窖池群享有“中国第一窖”之美誉，是中国酒文化的珍贵遗产，形成了独具特色的窖池文化。泸州老窖特曲（大曲），被誉为“浓香鼻祖”，以“醇香浓郁，清冽甘爽，回味悠长，饮后尤香”的独特风格，闻名古今，畅销中外。1915年在美国旧金山举办的巴拿马太平洋万国博览会上，泸州老窖大曲获得金奖，一举与茅台齐名，开创了川酒发展的新纪元，奠定了“浓香正宗”“酒中泰斗”的历史地位，其国窖1573是中国白酒鉴赏标准级酒品和钓鱼台国宾馆特供酒。郎酒所处的二郎镇，早在汉武帝年间就以酒闻名，据史料记载，当时二郎出产的“枸酱酒”被钦定为贡酒。

---

① 黄均红. 五粮液酒文化的特征与历史文化价值研究［J］. 中华文化论坛，2009（4）：130-133.

② 陈于后. 四川酒文化研究的知识图谱可视化分析［J］. 四川理工学院学报（社会科学版），2017，32（6）：10-25.

四川酿酒历史悠久，成都水井街酒坊遗址和泸州老窖酒具窑等考古发现和广汉三星堆、绵竹出土的陶酒器以及青铜酒器等历代文物是四川为中国白酒的故乡的佐证①。川酒主产区还有大量与酒有关的民俗风情、名人轶事和诗词歌赋，悠久的历史，显赫的身份，巧夺天工的绝技等，它们共同构成了川酒文化丰富的内涵。但陈于后教授的研究揭示出："川酒文化的研究和理论概括存在着落后于坊间流传的现象。近些年四川酒文化研究的文献有所增加，但由于四川酒文化的内涵和外延非常丰富，一方面研究内容呈现出多样性，涵盖川酒的历史文化、技艺文化、精神文化和川酒原产地地方特色文化等众多方面，使川酒文化研究显得有些杂乱纷繁。另一方面，对川酒文化研究的现状、研究主题的变迁、研究热点、研究方向和研究趋势等问题缺乏系统整体的梳理。"② 川酒蕴涵着数千年酒文化的深厚积淀，更应合理整合、科学规划，有效利用这一特殊资源，不断挖掘其独有的文化内涵。

（二）黔酒文化挖掘

贵州茅台在黔酒中一枝独秀，是黔酒文化的代表，是黔酒文化的挖掘重点。贵州茅台酒被誉为中国的国酒，其 2 000 多年来形成的酿酒工艺和酒文化是中国的宝贵财富，也是人类的共同文化遗产。贵州茅台酒是中国酱香型酒文化的缩影，特殊的人文环境、历史事件、不可复制的微生物系统、无法迁移的气候环境、原产地保护、地理标志产品、酒文学等与茅台酒有关的标签，多处已被列入国家重点文物保护单位，是构成茅台酒文化的重要特殊资源③。迄今为止，中国白酒行业只有茅台酒是唯一集绿色食品、有机食品和原产地域保护于一体的产品。茅台酒文化是多学科多领域文化的融合，具有系统化和完整性的酒文化载体，应当在国际话语体系下传承、弘扬和保护中华酒文化④。2018 年，茅台市值万亿元，年销售数达万吨，"进军" 78 个国家或地区，成为具有"世界"级影响力的品牌。茅台作为中国民族品牌的代表之一，始终以"传播民族品牌、传承传统工艺、弘扬民族文化"为目标，积极致力于打造茅台酿酒大师国际品牌形象，将中华民族数千年传承下来的智慧结晶传播至世界各地，将贵州茅台打造成"中国名片"，将中国白酒推上世界的舞台。

---

① 陈剑. 四川酒文化考古新发现述析 [J]. 中华文化论坛，2001（2）：129-133.

② 陈于后. 四川酒文化研究的知识图谱可视化分析 [J]. 四川理工学院学报（社会科学版），2017，32（6）：10-25.

③ 李聪聪. 贵州茅台酒文化全球对比分析及世界遗产价值 [D]. 贵阳：贵州师范大学，2017：19.

④ 同③55.

贵州是我国最重要的酿酒基地之一，酿出的白酒品种繁多、风格各异，尤以酱香酒最负盛名，形成了以国酒茅台为龙头的酒类生产系列，素有“酒乡”之美誉。黔酒产区拥有酿制优质白酒所需的不可复制的自然环境，实验证明茅台酒独特的生产环境包括适宜酿酒微生物繁衍的气候环境、赤水河水域、地质结构等，茅台酒是不可复制的，为此，2001 年茅台酒成为我国首个被国家纳入原产地保护的白酒，2001 年被批注为国家保护的原产地域产品。此外，黔酒地区有着丰富的文化景观，如历史建筑（酒坊、酒窖等）、历史街区（滨河街、羊叉街等）、茅台古镇、遗址遗迹（杨柳湾井泉、红军三渡赤水码头、旧时船只等）、自然遗产（赤水河、“茅台群”地层、自然地貌等）、特色产品（茅台酒、地方土特产、纪念品等）、酿造工艺技术、酿酒礼俗和重要庆典（纪念茅台酒巴拿马获奖、纪念红军长征、纪念赤水河开凿）等一系列遗产内容，多处已被列入国家重点文物保护单位，这些都是黔酒文化的重要特殊资源①。

中国地大物博，不同地域都有与其相适应的白酒文化，以四川、贵州及山西等地产品最为著名，不同地区的名酒各有其突出的风格。虽然川黔白酒酿酒技艺表现形式多样，但从酿酒工艺学角度看，川黔地区特别是川南黔北的“中国白酒金三角”是我国传统白酒固态、半固态蒸馏酒酿制技艺的宝库，几乎荟萃中国所有传统大曲酒、小曲酒工艺作法，白酒酿造工艺上，酱香型“茅台酒”脱胎于浓香型“茅台酒”，川黔酿酒工艺同宗同源，酒文化同属一家。鉴于当前川酒、黔酒文化缺少系统整理，难以为川酒、黔酒产业的发展提供助力的现状，可针对川酒、黔酒文化的“源”和“流”，对川酒、黔酒传统历史文化进行系统梳理，挖掘川酒、黔酒的文化价值。具体而言，一是要联合川黔两地的相关企业、高校与科研院所，大力推进与川酒、黔酒酒文化相关的历史文献研究工作；二是在“中国白酒金三角”区域内构建和倡导基于川酒、黔酒酒文化研究和提炼构建的川酒、黔酒酒文化核心价值体系；三是要创新思维，发掘川酒、黔酒酒文化的经济价值，进行市场化运作。

---

① 李聪聪. 贵州茅台酒文化全球对比分析及世界遗产价值［D］. 贵阳：贵州师范大学，2017：17.

第二节 “中国白酒金三角”酒文化传播

中外消费文化的差异是制约中国白酒产品国际化的首要原因，而解决这一问题则应该从酒文化的传播入手。面对琳琅满目的世界白酒品牌时，中国白酒品牌的价值在于它的文化内涵。在当前我国白酒产业规模产能过剩，国内消费市场疲软以及竞争日趋激烈的背景下，应整合政府、协会和企业的力量，找准对策，走好白酒的国际化之路。各级政府、白酒协会和知名酒企应高度重视中国白酒国际化战略，以“中国白酒金三角”的酒文化传播为先导，积极开拓国际酒市场。

一、企业推广

中国酒文化如何进行国际化融入，一直以来都是摆在每一个中国酒企面前的一道难题。中国白酒国际市场开拓不是一句空洞的口号，它需要企业切实将中国白酒文化国际化上升到企业发展战略的高度，在牢牢占据国内市场的同时，制定出切实可行的战略与规划，在国际市场上与其他烈酒品牌展开竞争。而整个白酒行业也需要有清醒的认识，不但要在国内市场上与洋酒品牌展开竞争，还要主动加入国际市场的角逐，夺取市场，培育新的营收及利润增长点，为中国白酒的发展开辟一片新的天地。

首先，中国白酒虽然具备了技术独特性、资源稀缺性、文化代表性等要素，但这些要素并没有转化为国际市场的竞争力，在全球消费者心中，没有建立起类似于“法国—红酒文化—波尔多红酒”“瑞士—奢侈品—手表”这样的认知序列[①]。究其原因是由于中国白酒文化在国际传播中过于重视物质手段的运用，而忽视了白酒文化的铺垫和渲染，阻碍了中国白酒文化内涵的广泛传播[②]。中国白酒国际化道路需要通过中国白酒文化传播建立“中国—中国酒文化—中国白酒金三角白酒”这样的认知序列。中国文化的推广和传播是中国酒文化、中国白酒金三角白酒推广和传播的基础，但国际上了解中国文化、中国白酒文化的群体仍较少。因此，中国白酒文化的传播要改变国内白酒品牌“各自为政”的状况，要主动融合西方主流消费文化，逐步与世界各地区的文

① 杨柳，徐洁．中国白酒产业转型升级的概念、目标和实施路径［J］．酿酒科技，2016（12）：17-23.

② 林洁．面向国际的中国白酒文化传播体系研究［J］．科技与创新，2015（6）：29-30.

化融为一体，并将白酒企业的生产技术与内涵价值结合起来，从行业内构建一整套符合中国白酒文化特色的国际传播体系，将中国白酒文化传播到海外，而不仅仅将白酒产品输送至国外。

其次，中国白酒知名企业在传承中国白酒文化的伟大事业中，应共担责任，团结一心，大力发掘和弘扬中国传统文化，实现中国白酒文化价值提升。因此，中国酒文化传播要改变国内白酒品牌“各自为政”的错误理念，要尽可能地整合各方资源和力量，构建一整套符合中国白酒文化特色的国际传播体系，从而将中国白酒文化更顺畅地传播到外界，而不是仅仅将白酒产品输送到国外。我国正在快速崛起，中华文化也不断走出国门，诸如武术、中医、中餐等，普遍在国际社会上产生了重要影响。“中国白酒金三角”的白酒企业可优先考虑加强与海外中国饮食行业的横向联合，借助海外中餐带动中国白酒的消费。在国际上，中国美食比中国白酒更负盛名，因此，可以借助中国美食，把中国白酒传播出去。在这方面，日本的清酒和烧酒的传播方式值得借鉴。这需要企业革新白酒传播和销售的理念，把白酒的日常销售工作从简单的买与卖，变成酒文化的传播，通过与海外知名餐饮企业的合作，开展形式多样的宣传、市场品鉴、比赛活动，推动海外中国白酒消费市场的扩大，让海外消费者真正认识到中国白酒的魅力。

最后，“中国白酒金三角”汇聚了全国众多知名酒企，如贵州茅台酒股份有限公司、五粮液集团有限公司、泸州老窖股份有限公司、四川郎酒股份有限公司等，拥有中国贵州茅台酒厂（集团）有限责任公司举办，经教育部批准设置的全日制普通本科高校的茅台学院，以及由中国酒业协会、五粮液、四川理工学院三方联合共建的中国白酒学院、中国白酒酿酒培训基地，中国白酒学院下设五粮液博士后工作站、五粮液技术研究中心、固态酿造关键技术院士（专家）工作站、川酒发展研究中心、川酒文化国际传播研究中心等科研院所。“中国白酒金三角”聚集了中国最顶尖的白酒研发、生产、管理、销售专家和人才，但中国白酒的国际化不同于国内的市场开拓，除了需要白酒的专业知识、营销知识，还需要熟悉发达国家食品方面的法律法规体系，以及国际贸易相关的知识。我国白酒企业这方面的专业人才严重缺乏，导致企业在谋划和实施国际化过程中，往往因为找不到合适人而搁浅①。为此，一方面茅台学院和中国白酒学院、中国白酒酿酒培训基地应加强既具有白酒专业知识，又具有国际贸易知识人才的培养，另一方面各大酒企要积极培养和引进既有白酒专业

① 赵凤琦. 我国白酒国际化道路的思考［J］. 酿酒，2013，40（6）：5-7.

知识、白酒营销知识，又有专业国际贸易知识的高级人才，为中国白酒的国际化提供足够的智力支持。

二、协会推动

行业协会是介于政府与企业之间，商品生产者与经营者之间，并为其服务、咨询、沟通、监督、公正、自律、协调的一种民间性组织，是政府与企业的桥梁和纽带。行业协会在倡导区域行业诚信经营、加强行业自律、维护流通秩序、扩大销售市场、促进行业健康发展等方面起到了重大作用①。国家层面，中国酒业协会在中国白酒国际化方面做了大量工作，比如统一白酒英文名称、白酒相关名词翻译、国际交流活动和展会等。中国酒业协会还与孔子学院在酒文化推广、白酒国际化、对外交流等方面开展合作，推动中国白酒文化的传播。2017 年 9 月 13 日“中国酒业协会白酒文化国际推广委员会”成立，旨在组织关联企业推动中国白酒国际化，向世界传播中国白酒的文化底蕴和消费方式，深入分析国际酒类消费市场，建立白酒国际技术标准体系，探索中国白酒国际化的表达方式，促进白酒在国际市场、国际领域健康持续发展。

川黔两省层面，2012 年 5 月由四川省经信委牵头，五粮液、泸州老窖、剑南春、郎酒、水井坊和沱牌六家企业作为筹备发起人单位，经过一年多筹备，成立了四川“中国白酒金三角”酒业协会，协会的成立标志着“中国白酒金三角”打造国际区域品牌走向世界又迈出了实质性的一步。四川“中国白酒金三角”酒业协会围绕建设长江上游名酒经济带，打造“中国白酒金三角”，建设中国白酒波尔多的战略构想，为深化“中国白酒金三角”品牌推广、促进白酒产业发展壮大、密切区域合作交流提供了有力支撑。然而四川“中国白酒金三角”酒业协会并非川黔“中国白酒金三角”酒业协会，贵州在 2016 年 4 月成立了遵义市（仁怀市）酒业协会。白酒是川黔两省的支柱产业、优势产业，在国内市场的竞争大于合作，加之从操作层面看，省际合作面临诸多观念、体制上的障碍，“中国白酒金三角”的各大酒企仍然是以打造企业品牌和产品品牌为主，区域品牌的塑造未取得实质性的进展。

中国白酒的海外征程揭示，中国白酒在国际市场上合作大于竞争，随着国内食品产区品牌代替产品品牌发展趋势的出现，川黔两省共同打造“中国白酒金三角”区域品牌、传承和发展白酒文化、联手开拓市场、加强环境保护

① 赵扬. 试论江苏酒协对全省白酒行业发展的推动作用 [J]. 市场周刊, 2015 (5): 36-37, 78.

和产业生态建设已成为两省各界人士的共识。2017 年 3 月，四川中国白酒金三角酒业协会与贵州省酿酒工业协会在成都签署战略合作协议，双方将进一步推进产业合作与发展，积极抓住国家实施“一带一路”倡议机遇，共同携手，推动川黔两省白酒产业与世界酒业发展接轨，实施“抱团出海”。期望借助茅台、五粮液等大企业大集团已经建立起的国际营销渠道和物理平台，实施白酒产业国际化拓展战略，联手把“中国白酒金三角区”打造成为全球具有重要影响力的白酒产业区域品牌。随着白酒大产区竞合时代、品牌时代的来临，产区概念的兴起，占据得天独厚优越条件的“中国白酒金三角”各家酒企唯有沿着打造“中国白酒金三角”核心腹地的目标不断前行，才能实现优势互补、合作共赢、走向世界。将四川“中国白酒金三角”酒业协会与贵州省酿酒工业协会统一为真正意义上的“中国白酒金三角”酒业协会是大势所趋。

近些年来，国内受健康饮食观念以及年轻人逐渐开始增加葡萄酒、果酒饮料用量的影响，白酒行业的消费群体呈现出不断下降的态势；国外因白酒属食品，发达国家为了保证国内市场的食品安全而制定了各种技术壁垒，对成分的构成、食品添加剂、污染物限量及标签都做出了严格的规定。中国白酒理化指标不能通过国际食品检验标准，导致中国白酒出口受阻。同时，中国白酒的微量成分分析至今没有定论，导致我国无法构建中国白酒业国际贸易的壁垒，白酒行业自我保护能力低，产业安全受到严重威胁①。“中国白酒金三角”酒业协会的首要任务是引导“中国白酒金三角”的各酒企，认清白酒行业发展趋势，积极主动创新产品、开拓海外市场。此外，在“中国白酒金三角”酒文化传播中，“中国白酒金三角”酒业协会应抢抓机遇，创新服务思路，拓宽服务职能，加强品牌战略研究、酒业技术研发、行业标准制定、产品质量检测等工作，整合“中国白酒金三角”白酒企业营销资源，加强“中国白酒金三角”区域品牌在国际市场的推广力度。

三、政府推介

中国白酒文化的国际传播仅依靠领军企业、行业协会、消费者是不够的，还必须充分发挥政府的作用，理清中国白酒文化国际传播中政府的责任体系（图 9-1）。以法国为例，法国政府非常重视法国葡萄酒的国际化，法国政府各级官员在重要的外事活动和宴请中都大力宣传和传播法国葡萄酒；政府还以财政补贴和额外补助等方式为国外的法国酒类公司提供了强有力的保障。此外，

① 赵凤琦. 我国白酒国际化道路的思考 [J]. 酿酒，2013，40（6）：5-7.

在法国企业的国际发展与市场开拓中，从事葡萄酒相关行业的工作人员数量众多。放眼世界，不难发现世界上很多强大的企业和商业帝国依靠的不单单是自身的力量和实力，他们还与外界其他企业寻求合作发展，政府的支持更是它们国际化道路所必备的①。

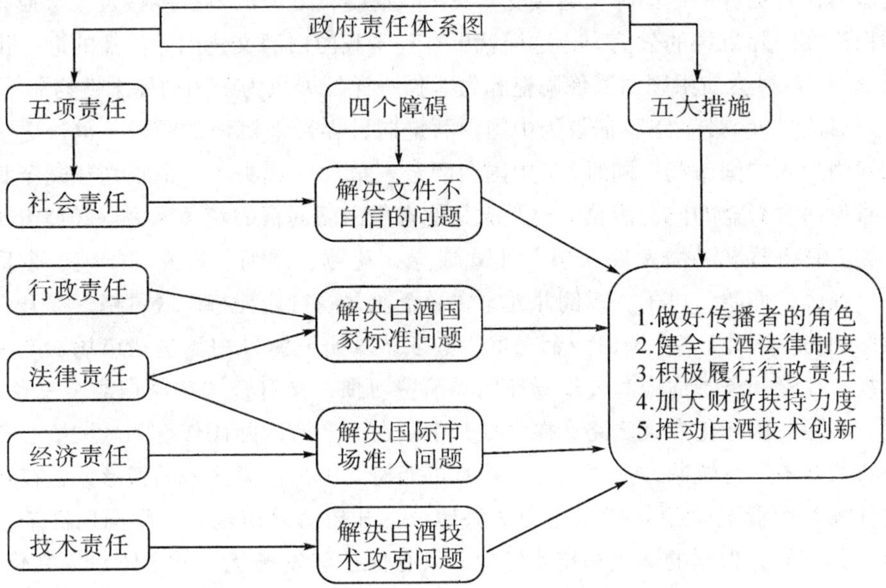

图 9-1　中国白酒文化国际传播中政府的责任体系

[资料来源：杨龙，王洪渊，陈国林. 中国白酒文化国际传播中的政府责任体系研究 [J]. 酿酒科技，2016 (2)：107-111.]

无论是在品牌、文化，还是生产技术上川黔两省白酒在国际、国内均首屈一指，被行业认为是“最大的产业集群、最大的品牌集群，最好的白酒酿造基地”。提高中国白酒国际关注度和传递中国酒文化，既是向世界展现中国文化的一种方式，也是国家软实力成为国际竞争力的重要举措②。川黔两省的名优白酒品牌代表着中国白酒的最高水平，是我国重要的国家名片，应从国家层面向全球推广③。川黔两省应大力呼吁将中国白酒国际化战略、“中国白酒金

① 杨龙，王洪渊，陈国林. 中国白酒文化国际传播中的政府责任体系研究 [J]. 酿酒科技，2016 (2)：107-111.

② 马健. 中国白酒的文化形象认同危机与酒道传播系统重构 [J]. 系统科学学报，2019 (2)：86-91.

③ 杨柳. 产业政策限制约束下的川黔白酒发展研究 [J]. 酿酒科技，2015，252 (6)：131-133.

三角”战略上升为国家战略，力争得到中国各级政府的大力支持和传播。将中国白酒国际化上升到国家战略，政府在参与国际活动时，或者领导人访问他国时，抑或是在其他一些重要活动中，都可以像法国推崇红酒、日本推崇茶艺一样来推崇中国白酒，这样的行为和措施无疑会使中国白酒在国际市场更具有说服力，且更容易被国际社会接受。我国政府责任效应的发挥能够大大增强我国白酒在国际市场的公信力，这样就更有利于我国白酒文化国际传播的进一步开展①，最终会使中国白酒像陶瓷和大熊猫一样发展成为中国的标志性物品②。

目前，“一带一路”倡议为中国白酒走向世界带来机遇的同时，也让更多的洋酒进入中国市场。同时，“中国白酒金三角”区域头上的耀眼光环既令其他省份白酒行业的同行羡慕，也激起其他省份白酒同行的竞争动力。2015 年 8 月，“中国黄淮名酒发展联盟”正式成立，花冠、洋河、古井、宋河、今世缘、杜康、仰韶、口子、扳倒井九家白酒企业共同打造独特产区风格，提升产区影响力。因此，“中国白酒金三角”必须认真研究海外白酒消费市场、产品市场，探索一条既适应海外市场环境和消费习惯，又符合“中国白酒金三角”现有实际的国际化发展之路；探索提升中国白酒产业区际协作度和区域核心竞争力的高效运行机制，抱团出海，才有可能树立中国白酒区域品牌形象，在国内外酒类行业竞争中保持领先的优势地位，开拓海外市场。“中国白酒金三角”具有得天独厚的文化和技术优势，只有保持和发扬优秀的中国白酒文化，抓住中国白酒与国际市场价值观念的交汇点，并且采用恰当的方式进行国际市场传播，才能真正地使中国白酒文化与国际接轨，助力“中国白酒金三角”创建中国白酒国家品牌形象，将其打造成为中国白酒的世界知名产区。

以泸州、仁怀、宜宾三地为核心腹地的白酒生产区域具有发展白酒得天独厚的优势和条件，是我国发展白酒产业最为理想的地区。因此，挖掘“中国白酒金三角”酒文化是该区域酒业发展，扩大品牌影响力，提升区域核心竞争力必然要求。挖掘和传播中国白酒文化，积极开拓海外市场，提高中国白酒的国际竞争力，应成为“中国白酒金三角”乃至整个中国白酒业的共识。

---

① 莫伲. 加入世贸组织与我国地理标志保护 [J]. 广西社会科学，2003 (9)：87-89.

② 杨龙，王洪渊，陈国林. 中国白酒文化国际传播中的政府责任体系研究 [J]. 酿酒科技，2016 (2)：107-111.

参考文献

一、中文参考文献

阿尔弗雷德·马歇尔，2012. 经济学原理［M］. 李琦，译. 长沙：湖南文艺出版社.

埃尔赫南·赫尔普曼，保罗·克鲁格曼，1993. 市场结构和对外贸易［M］. 尹翔硕，尹翔康，译. 上海：三联书店.

奥利弗·E. 威廉姆森，2002. 资本主义经济制度：论企业签约与市场签约［M］. 段毅才，王伟，译. 北京：商务印书馆.

鲍永安，2005. 区域核心竞争力研究综述［J］. 江淮学刊（4）：79-83.

贝蒂尔·俄林，1986. 地区间贸易和国际贸易［M］. 王继祖，等译. 北京：商务印书馆.

卜庆军，古赞歌，孙春晓，2006. 基于企业核心竞争力的产业链整合模式研究［J］. 企业经济（2）：59-61.

蔡宁，吴结兵，2002. 企业集群的竞争优势：资源的结构性整合［J］. 中国工业经济（8）：45-51.

曾国良，2004. 从比较利益学说到竞争优势：兼论古典学派的比较成本理论［J］. 理论与改革（2）：81-83.

陈德宁，2003. 区域竞争力理论的提出与发展［J］. 广州大学学报（12）：21-24.

陈继祥，2005. 产业集群与复杂性［M］. 上海：上海财经大学出版社.

陈剑，2001. 四川酒文化考古新发现述析［J］. 中华文化论坛（2）：129-133.

陈柳钦，2009. 产业集群竞争力的政府主导提升研究［J］. 延边大学学报（社会科学版）（1）：127-131.

陈柳钦，2010. 区域核心竞争力及其培育路径分析［J］. 开放导报，152（5）：78-82.

陈秀山，1997. 现代竞争理论与竞争政策［M］. 北京：商务印书馆.
陈于后，2012. 打造“中国白酒金三角”的区域合作问题研究［J］. 四川理工学院学报（社会科学版），27（1）：57-60.
陈于后，2017. 四川酒文化研究的知识图谱可视化分析［J］. 四川理工学院学报（社会科学版），32（6）：10-25.
程宏伟，冯茜颖，张永海，2008. 资本与知识驱动的产业链整合研究［J］. 中国工业经济（3）：143-151.
程铁辕，刘彬，李明春，等，2012. 中国酒类出口应对美国技术贸易措施研究［J］. 中国酿造，31（3）：182-185.
仇保兴，1999. 论产业结构调整的有效途径［J］. 浙江经济（4）：22-23.
单纬东，2003. 核心竞争力与区域经济可持续发展［J］. 中国人口·资源与环境（5）：36-40.
邓林，2008. 论白酒的品牌塑造［J］. 酿酒科技，165（3）：104-107.
邓宇，2010. 整合川黔名酒 打造“白酒金三角”［J］. 中国食品（4）：58-59.
杜莉，2004. 中西酒文化比较［J］. 扬州大学烹饪学报，21（1）：1-4.
龚关，2000. 国际贸易理论［M］. 武汉：武汉大学出版社.
顾新，2000. 西部大开发要着眼于形成区域竞争优势［J］. 软科学（2）：20-26.
郭鹏洲，2009. 基于产业集群的福建区域品牌建设初探［J］. 价值工程（5）：15-17.
郭忠强，2012. 基于产业集群的区域品牌发展战略研究［D］. 长春：吉林大学.
何辉，2006. 输变电设备制造业集群竞争力研究［D］. 西安：西安理工大学.
何林，任勇，谢江，等，2019. 四川省白酒行业发展现状及绿色发展路径探讨［J］. 资源节约与环保（3）：113-115，132.
洪银兴，1997. 从比较优势到竞争优势：兼论国际贸易的比较利益理论的缺陷［J］. 国际贸易问题（6）：20-26.
侯建星，2013. 区域核心竞争力研究与区域品牌打造［D］. 天津：河北工业大学.
黄均红，2009. 五粮液酒文化的特征与历史文化价值研究［J］. 中华文化论坛（4）：130-133.
黄善明，2004. 论区域核心竞争力演变的生产力基础［J］. 云南社会科学（4）：47-50.

黄永光，刘杰，2010. 中国白酒金三角发展战略分析［J］. 酿酒科技（8）：82-87.

黄元斌，樊玉然，叶文明，2014. “中国白酒金三角”产业链垂直专业化的治理优化研究［J］. 酿酒科技，243（9）：119-121.

江源，2015. 泸州成立白酒产业园区［J］. 酿酒科技（7）：81.

杰伊·B. 巴尼，德文·N. 克拉克，2011. 资源基础理论：创建并保持竞争优势［M］. 张书军，苏晓华，译. 上海：格致出版社，上海三联书店，上海人民出版社.

金碚，2003. 竞争力经济学［M］. 广州：广东经济出版社.

金峰，2017. 湖北省物流产业集群竞争力评价研究［D］. 武汉：武汉大学.

雷蓉，胡北明，2012. 中国“白酒金三角”的核心价值及其构建［J］. 酿酒科技（9）：17-21.

李聪聪，2017. 贵州茅台酒文化全球对比分析及世界遗产价值［D］. 贵阳：贵州师范大学.

李后强，石明在，2017. 建议将“中国白酒金三角”上升为国家战略［J］. 求是（2）：23-26.

李明中，2003. 区域产业核心竞争力研究［D］. 武汉：武汉理工大学.

李启宇，何凡，2013. “中国白酒金三角”白酒产业空间组织优化探讨［J］. 酿酒科技（4）：21-26.

李强，2015. “白酒金三角”基地的国际市场营销分析［J］. 商（31）：109-112.

李仁安，徐丰，2005. 区域核心竞争力评价指标体系研究［J］. 武汉理工大学学报（2）：96-98.

李亚林，2010. 农产品区域品牌：内涵、特征和作用［J］. 企业导报（2）：107-108.

梁琦，2004. 产业集聚论［M］. 北京：商务印书馆.

林洁，2015. 面向国际的中国白酒文化传播体系研究［J］. 科技与创新（6）：29-30.

刘恒江，陈继祥，2004. 产业集群竞争力研究述评［J］. 外国经济与管理，26（10）：1-8.

刘秋华，2002. 现代企业管理［M］. 北京：中国社会科学出版社.

刘友金，2007. 产业集群竞争力评价量化模型研究：GEM 模型解析与 GEMN 模型构建［J］. 中国软科学（9）：104-111.

马健，2019．中国白酒的文化形象认同危机与酒道传播系统重构［J］．系统科学学报（2）：86-91.
马歇尔，1964．经济学原理［M］．朱志泰，陈良璧，译．北京：商务印书馆.
马勇，2016．中国白酒三十年发展报告（上）［J］．酿酒科技（2）：17-22.
迈克尔·波特，2002．国家竞争优势［M］．李明轩，邱如美，译．北京：华夏出版社.
迈克尔·波特，2009．竞争论［M］．刘宁，高登第，李明轩，译．北京：中信出版社.
迈克尔·波特，2007．国家竞争优势［M］．李明轩，邱如美，译．北京：中信出版社.
孟庆松，2009．区域核心竞争力建模和评价［D］．天津：天津师范大学.
闵鹏，2008．基于动力机制的产业集群竞争优势研究［D］．长沙：中南大学.
莫怩，2003．加入世贸组织与我国地理标志保护［J］．广西社会科学（9）：87-89.
牟红，2017．新形势下泸酒品牌形象塑造对策研究［J］．酒城教育（3）：81-84.
千庆兰，2006．中国地区制造业竞争力新论［M］．北京：科学出版社.
冉景亮，何凡，2015．多中心治理视角下地方政府合作机制：以“中国白酒金三角”为例［J］．酿酒科技，253（7）：119-121.
冉景亮，龙承春，2015．“中国白酒金三角”的战略定位研究［J］．四川理工学院学报（社会科学版）（3）：21-29.
冉景亮，杨晓宇，2014．多中心视角下的中国白酒金三角发展战略［J］．酿酒科技（4）：107-111.
任泽娟，彭煦，王敏，2017．酒类电商企业发展现状分析［J］．中国市场（6）：124-125.
芮明杰，2008．公司核心竞争力培育［M］．上海：上海人民出版社.
申雅杰，2012．产业核心竞争力理论研究及实证分析：以我国饮料产业为例［D］．南昌：江西师范大学.
沈毅，彭毅，王冬梅，等，2017．论中国白酒应向中低度方向发展［J］．酿酒（1）：18-21.
史利沙，2016．白酒产业市场结构、企业效率对企业绩效的影响研究［D］．太原：中北大学.
谭宏，2010．基于地域特征的中国传统白酒产业核心竞争力的构建［J］．企业经济（9）：93-96.
唐勇，2004. 企业集群与区域核心竞争力：内涵与关系［J］. 浙江学刊（1）：218-221.
涂山峰，曹休宁，2005. 基于产业集群的区域品牌与区域经济增长［J］. 中国软科学（12）：111-115.
王缉慈，2002. 产业集群：新型区域经济发展理论［J］. 经济经纬（2）：18-21.
王旭辉，胡汉辉，等，2009. 基于提升区域竞争力的日本产业集群政策的研究及启示［J］. 科学学与科学技术管理（2）：70-73.
王应之，尹波，2018. "一带一路"下四川白酒国际化探究［J］. 中国酿造，37（6）：205-208.
王子龙，谭清美，许箫迪，2006. 产业集聚水平测度的实证研究［J］. 中国软科学（3）：109-116.
吴卉琳. 我国白酒行业财务分析［J］. 新经济，2016（1）：22-23.
吴玉鸣，2006. 区域核心竞争力理论研究［J］. 改革与战略（1）：4-9.
肖家成，2007. 升华的魅力：中华民族酒文化［M］. 北京：华龄出版社.
徐丰，2005. 区域核心竞争力培育研究［D］. 武汉：武汉理工大学.
徐姗，2009. 西方动态比较优势理论的演进：发展中国家的"比较优势陷阱"［J］. 国际社会科学杂志（中文版）（2）：108-110.
徐少华，1999. 中国酒文化研究［J］. 中国酿造（5）：10-14.
徐学书，2001. 唐宋以来成都的酒文化［J］. 四川文物（6）：44-48.
亚当·斯密，1974. 国民财富的性质和原因的研究［M］. 王亚南，译. 北京：商务印书馆.
严勇，1999. 国外核心竞争力理论综述与启示［J］. 经济学动态（10）：66-70.
杨浩，戴春明，2002. 企业核心专长化［M］. 上海：上海财经大学出版社.
杨慧，2016. 内生型传统产业集群演化研究［D］. 上海：华东师范大学.
杨建梅，杨静，2003. 评价企业集群竞争力的 GEM 模型及其应用［J］. 科学学与科学技术管理（9）：34-40.
杨柳，2009. 产业空间集聚与区域经济发展［M］. 成都：四川人民出版社.
杨柳，2010. 四川打造中国白酒"金三角"的理论依据及对策建议［J］. 酿酒（4）：94-97.
杨柳，2015. 产业政策限制约束下的川黔白酒发展研究［J］. 酿酒科技，252

（6）：131-133.
杨柳，徐洁，2016. 中国白酒产业转型升级的概念、目标和实施路径［J］. 酿酒科技（12）：17-23.
杨龙，王洪渊，陈国林，2016. 中国白酒文化国际传播中的政府责任体系研究［J］. 酿酒科技（2）：107-111.
杨荣新，2001. 从考古发现看蜀酒文化与水井街酒坊遗址［J］. 四川文物（6）：11-15.
杨小凯，1998. 经济学原理［M］. 北京：中国社会科学出版社.
杨永，2012. 中国白酒地理标志保护现状分析与建议［J］. 酿酒科技（2）：121.
袁维海，2002. 提升我国产业核心竞争力的若干思考［J］. 国民经济管理（2）：7-10.
张传统，2015. 农产品区域品牌发展研究［D］. 北京：中国农业大学.
张德全，2003. 汉代四川酿酒业研究［J］. 四川文物（3）：64-67.
张凤涛，2012. 中国纺织产业集群竞争力研究［D］. 哈尔滨：东北师范大学.
张洁，2011. 综合比较优势视角下的中国产业集群竞争力研究［D］. 长春：吉林大学.
张洁，2011. 综合比较优势视角下的中国产业集群竞争力研究［D］. 长春：吉林大学.
张秋，范光森，李秀婷，2016. 我国白酒质量安全现状浅析［J］. 中国酿造（11）：15-20.
赵春艳，2010. 比较优势及竞争优势的关联机理与转化机制研究［D］. 武汉：武汉理工大学.
赵凤琦，2013. 我国白酒国际化道路的思考［J］. 酿酒，40（6）：5-7.
赵凤琦，2014. 我国白酒产业可持续发展研究［D］. 北京：中国社会科学院.
赵修卫，2001. 关于发展区域核心竞争力的探讨［J］. 中国软科学（10）：95-99.
赵扬，2015. 试论江苏酒协对全省白酒行业发展的推动作用［J］. 市场周刊（5）：36-37，78.
周勃，2014. 中国央企竞争力研究［D］. 长春：吉林大学.
周山荣，2011. 四川宜宾泸州贵州仁怀酒文化比较：以打造“中国白酒金三角”为视角［R］. 四川省宜宾市红楼梦酒文化研究会成立大会暨学术研讨会论文.

周双月，2017. 泸州老窖核心竞争力综合评价研究［D］. 成都：西南石油大学.

周子萸. 欲借鸡尾酒概念突围，白酒国际化痛点在哪［N］. 中国商报，2017-08-01.

庄晋财，程李梅，2009. 企业集群三重绩效动态协调与区域产业竞争力研究［J］. 郑州航空工业管理学院学报（2）：17-26.

邹统钎，2002. 行业选择战略［M］. 上海：复旦大学出版社.

二、英文参考文献

C K PRAHALAD，GARY HAMEL，1990. The core competence of the corporation［J］. Harvard business review，68（3）：79-91.

CHAMBERLIN E H，1950. The theory of monopolistic competition［M］. Cambridge：Harvard University Press.

DAVID BARKLEY，MARK HENRY，2001. Advantages and disadvantages of targeting industry clusters［R］. REDRL Research Report.

HELMSING A H J，2001. Externalities，learning and governance：new perspectives on local economic development［J］. Development and change（32）：277-308.

HILL，BRENNAN，2004. Regional variation and economic drivers［J］. Economic Development Quarterly，18（4）：384-405.

MICHAEL E PORTER，1998. Clusters and new economics of competition［J］. Harvard business review（11）：77-90.

MYTELKA LYNN，FARINELLI FULVIA，2000. Local clusters，innovation systems and sustained competitiveness［R］. Discussion Papers from United Nations University，Institute for New Technologies，The Netherlands：23-26.

PADMORE T，GIBSON H，1998. Modelling systems of innovation：a framework for industrial cluster analysis in regions［J］. Research policy，26（6）：625-641.

PEKKA Y A，2004. Industrial in change—how to stay competitive in the global competition?［R］. The Search Institute of the Finnish Economy（ETLA），Opening Seminar，Marina Congress Center，Helsinki：65-68.

PIERO MOROSIN，2004. Industrial clusters，knowledge integration and performance［J］. World development，32：16-23.

PORTER M，1998. Clusters and the new economics of competition［J］. Harvard Business Review，76（6）：77-91.

REDDING S，VENABLES A J，2001. Economic geography and international

inequality [R]. London School of Economics and CEPR (4): 5.
SCHMITZ H, 1995. Collective efficiency: growth path for small scale industry [J]. The journal of development studies, 31 (4): 529-566.
STORPER M, 1989. The transition to flexible specialization in industry: external economies, the division of labor and the crossing of industrial divides [J]. Cambridge journal of economics (13): 273-305.
WEIHRICH H, 1982. The TOWS Matrix—a tool for situational analysis [J]. Long Range Planning, 15 (2): 54-66.

附录

附录1 《宜宾市建设“中国白酒金三角”总体规划纲要》简介

根据四川省委省政府打造“中国白酒金三角”的战略部署，编制了《宜宾市建设“中国白酒金三角”总体规划纲要》。

一、规划背景

宜宾拥有独特的生态环境、强大的酒类产业基础、厚重的酿酒历史文化、雄厚的酿酒人才、良好的经济社会发展基础、酒产业发展优势；面临四川省打造“中国白酒金三角”的战略部署、宜宾被授予“中国白酒之都”称号、国家实施新一轮大开发战略、成渝经济区和川南城市群建设的机遇；存在品牌建设、市场营销、酒文化发展、城市形象、人才结构上的不足，面临酒类市场的激烈竞争。

二、酒都建设的指导思想

“中国白酒金三角·酒都宜宾”建设的指导思想：以科学发展观为指导，按照省委、省政府打造“中国白酒金三角”的战略部署，围绕我市打造“世界顶级白酒生产基地”和“中国白酒金三角”核心区龙头的战略目标，以内涵式发展为主、外延式扩张为辅，以品牌建设为核心，以“品牌、营销、推介、文化、旅游”为重要抓手，以五粮液集团公司为龙头，打造千亿酒类产业集群，全面提升宜宾酿酒产业的核心竞争力和市场占有率，推进优势特色产业—酒类产业与城市互动发展，加快建成享誉全球的“中国白酒金三角·酒都宜宾”。

三、酒都建设的战略定位

用5~10年的努力，把宜宾打造成享誉全球的“中国白酒金三角·酒都宜宾”。主要支撑是：拥有知名度和美誉度极高的“中国白酒金三角·酒都宜宾”区域品牌；拥有中国酒类产品展示和交易的最大平台；中国最具特色的酒文化主题形象城市；世界白酒文化体验和酒旅游的最佳目的地；世界顶级白酒生产基地；“中国白酒金三角”核心区龙头。

四、酒都建设的主要目标

到2015年，全市白酒企业实现产值780亿元，销售收入900亿元，实现利税200亿元。“十三五”期间，全市白酒企业生产规模保持相对稳定且略有增长，产值税利进一步提升，到2020年，实现白酒企业产值1 350亿元，实现利税300亿元。

五、酒都建设的重点任务

一是加快打造和提升酒类品牌。坚定不移地实施品牌战略，保护和提升“五粮液”龙头品牌，继续保持“五粮液”品牌价值稳居全国食品饮料第一品牌的地位。全力打造区域品牌，加快培育和壮大品牌集群。

二是加强酒类产品营销推介。巩固和扩大“五粮液”的国内市场地位和市场份额；拓展“宜宾酒”区域市场；树立现代营销理念，建设酒类现代营销平台，加强整体营销；培育消费群体。

三是推进酒类产业优化升级。努力打造“中国白酒金三角核心区”“世界顶级白酒生产基地”。充分利用五粮液生态酒业园成功进入四川省特色产业园区“1525”工程的契机，以五粮液文化特色街区、6万吨陈酿工程、酒文化主题公园、中国酒都文化体验区，以及“利川永”“长发升”古窖池为载体的白酒活化石公园等重大项目建设为支撑，到2020年建成销售收入超1 000亿元的生态酒业园区。加强酿酒原料基地建设，积极发展配套产业。

四是加快打造“酒都”城市形象。坚持城市建设与酒文化塑造发扬相结合、与酒产业发展需要相结合、与酒历史文脉保护相结合的“三结合”原则。从宏观、中观、微观“三个层面”规划控制，着力建设“中国白酒金三角·酒都宜宾”标识、标志系统、酒都宜宾·五粮液文化特色街区（南区、北区）以及城市公园、广场、旅游沿线酒文化元素等项目，凸显宜宾在“中国白酒金三角”中的核心地位，提高宜宾城市形象。

五是大力挖掘弘扬酒文化。坚持“依托酒文化，促进酒产业”的思路，深入挖掘、整理和保护酒文化资源，丰富宜宾酒的历史文化内涵，提升宜宾酒的人文品位，实现宜宾酒类产业与白酒文化相互依托、相互促进、共同繁荣。

六是积极发展酒文化旅游。突出中国优秀旅游城市、中国历史文化名城特色、彰显厚重酒文化地域特征，做到“城旅一体化”，作响“长江第一城·酒都最宜宾”旅游品牌。争取到 2015 年，将酒文化旅游发展成为宜宾人文生态旅游牵头产品；到 2020 年，形成闻名世界的白酒文化圣地和最佳酒文化旅游目的地。

七是强化科技支撑。加强白酒酿造技术研究，开展微生物系统研究，阐明宜宾产好酒和宜宾白酒独特性风味的不可替代性；研究发酵机理及现代生物工程技术应用；选育多粮浓香型白酒优质专用原料；建立宜宾白酒技术标准体系和质量标准体系；资源综合利用技术研究与应用；研究开发新产品；大力保护知识产权。

八是大力加强人才队伍建设。坚持实施人才强市战略，重点培养一批思想开放、素质优良、能力突出的高端人才，把宜宾建设成为全省酒类产业人才高地和全国白酒产业人才高地。酒类产业人才开发坚持优先开发、服务发展、以用为本、高端引领和整体开发 5 大原则。规划对经营管理人才、品牌营销人才和酿造人才分别提出了培养目标和具体措施。

九是加强生态环境建设和保护。规划重点任务是加强水环境保护、加强大气环境保护、加强土壤环境保护、继续实施绿化工程、依法加强环境综合监管。推广五粮液发展循环经济的成功技术和成功经验，增强可持续发展能力。

附录2 《中共贵州省委贵州省人民政府关于推进供给侧结构性改革提高经济发展质量和效益的意见》

（黔党发〔2016〕6号）

一、总体要求

以树品牌、提品质、优品种为主线，坚持盘活存量与扩大增量并重、改造提升与转型发展并举，结合“百企引进”“千企改造”工程实施，加快推进白酒企业信息化、绿色化、服务化改造，推动白酒行业与大数据、大健康、大旅游等新兴产业融合发展，提高企业内生动力和核心竞争力，促进行业转型升级和提质增效，打造贵州白酒整体品牌，形成各个梯度产品协同发展的良好格局，构建“品牌强大、品质优良、品种优化、集群发展”的贵州白酒产业发展体系。到2020年，全省白酒产量达到80万千升，完成工业总产值1 200亿元，力争贵州白酒在全国的销量占比达到8%。

二、主要任务

（一）打造贵州白酒整体品牌。充分发挥赤水河流域白酒原产地和主产区资源优势，大力实施“基地品牌化、企业品牌化、产品品牌化”战略，着力打造全国最大的酱香白酒生产示范基地，形成以赤水河流域白酒产业带为核心的白酒产业集群，加快建设仁怀市名优白酒产业示范基地和全国酱香型白酒酿造产业知名品牌创建示范区，巩固提升全国优质酱香酒主产区地位。加强品牌梯度培育，打造一批知名品牌企业，支持茅台集团优化整体战略布局，推进上下游一体化发展；培植和打造习酒、金沙、国台、董酒、酒中酒、青酒、珍酒、安酒等一批在全国具有较强市场影响力的知名企业品牌。鼓励和支持省内外优强企业参与我省白酒品牌资源整合，采取“主品牌+系列商品名称”模式，树立统一的品牌形象。打造“贵州白酒”集体商标，围绕“贵州白酒”整体品牌大力开展宣传和营销，依托行业协会定期开展贵州十大金质名酒、十大银质名酒等名优白酒评选活动，充分利用传统媒体和新兴媒体以及酒博会等平台，多层次、全方位宣传推介贵州白酒。用好“仁怀酱香酒”地理标志证明商标，完善集体商标使用标准和管理措施。运用大数据和“互联网+”手段，加强与全国知名电商合作，拓展线上线下两个市场，加快推进“贵州白酒”专营店在全国全面铺开，不断提升贵州白酒市场占有率和品牌影响力。

（二）调整优化产品层次。以市场需求为导向，引导和支持企业紧跟消费结构升级趋势，积极适应“名品定位”与“民众需求”，既做“名酒”，也做“民酒”，精细化开发品种，在个性化定制、柔性化服务、产品融合、用户体验、市场定位等方面进行改革创新，不断提高产品供给服务水平。集中优势资源，支持茅台打造百亿级超大单品，推动习酒、金沙、国台等分梯度打造精品，力争打造1个50亿级精品，3~5个10亿级梯度产品，形成“一品多元”的贵州白酒品种群，推动实现初级向精深、中间向终端、一般向品牌转变，不断提高产品供给服务水平。

（三）提升酱香酒产品品质。在巩固传承酱香酒酿造历史、文化和传统技艺的基础上，鼓励和支持企业依托“千企改造”工程开展技术创新、装备创新和产品创新，大力推进智能制造。加强标准体系建设，建立完善酱香型白酒标准体系，以茅台集团、习酒、金沙、国台等名优白酒企业为重点，支持企业建立健全涵盖计量、质量、安全、环境保护在内的标准化监测管理体系，提升白酒行业标准化水平。支持仁怀市推广实施“仁怀酱香酒团体标准”，建立完善“酱香酒质量控制管理体系”，提升产业质量行业管控能力。利用大数据、物联网、射频识别等信息技术，加强白酒产品追溯体系建设，引导督促企业按照《贵州省酱香型白酒技术标准体系》对生产原辅料、生产加工工艺、产品、检验、包装、贮存、安全生产、流通、环境保护等进行规范，建立酒类生产、流通、销售等各环节的全程监管防伪追踪追溯信息服务平台。

（四）加快形成企业梯队。支持茅台集团推进酒业、上下游一体化、金融投资和其他多元化四大业务板块全面发展，到2020年实现千亿级企业的目标，在集团内培育2~3个上市公司，进一步巩固和提升世界蒸馏酒第一品牌地位，把茅台集团打造成产融结合的国际化酒业投资控股集团。充分发挥茅台的品牌、市场等优势和带动作用，通过“一企一策”、精准扶持，大力培育以习酒、金沙、国台、董酒、珍酒、酒中酒、青酒、贵酒、安酒等为第二梯队的重点骨干企业，不断增强全省白酒产业发展核心竞争力，到2020年，力争将习酒、金沙打造成50亿级企业，将国台、珍酒、贵酒打造成20亿级企业，将董酒、酒中酒、青酒打造成10亿级企业。深入实施“百企引进”工程，加大招商引资力度，引进一批具有较强品牌、资金、管理、市场优势的知名企业参与我省白酒产业发展，鼓励进行资源整合，推动企业做大做强。

（五）加强营销网络建设。推进营销创新及商业模式创新，扩大营销网络体系，优化营销网络布局，精细化分析和选择宣传推介目标区域，持续开展

“黔酒中国行”宣传推介活动，为企业搭建销售平台。支持重点企业加快全国化和全球化布局，加大对重点市场、潜力市场的开拓力度，鼓励中小白酒企业根据自身产品特点，结合白酒消费地域属性，分区域开展精准营销，积极开发县级和农村市场，借助民营、个体商业的活跃性，建立多载体、多层次、多渠道的营销网络体系。支持省内白酒电子商务平台建设，鼓励省内企业与全国知名电商深化合作，促进线上线下互动融合发展。加大对外宣传，以海外华人市场为重点，全力拓展海外主流消费市场。鼓励和支持茅台集团等龙头企业、中国（贵州）酱香酒交易中心等第三方平台借鉴食品价格指数做法，探索建立白酒价格指数，稳定白酒市场价格。

（六）促进生态绿色发展。按照“产业生态化，生态产业化”的要求，推动生态化、绿色化发展，促进白酒行业转型升级。大力发展生态种植，围绕白酒行业发展对原料的需求，整合种植资源，调整农业种植结构，推广“企业+基地+农户+合作社”的订单农业模式，建立专业化、标准化和规模化的优质原料基地。加强对重点白酒生产区域及周边区域特别是赤水河流域重点区域的环境保护和治理，严格执行《贵州省赤水河流域保护条例》，禁止在赤水河流域内发展不符合国家产业政策、不符合环保要求、不符合相关保护规划的产业，禁止高污染、高耗能企业进入重点白酒产区水源地保护范围。加快推进重点白酒产区水源地沿岸污水和垃圾处理工程建设，切实抓好重点白酒生产企业环境治理设施建设和厂区及周边环境治理。实施简政放权，下放白酒建设项目环评审批权限，提高服务效率。加强资源综合利用，推行清洁生产，重点推进茅台生态循环经济产业示范园建设，鼓励企业采用新材料、新工艺，加强技术改造，降低物耗、能耗、水耗，开展酒糟、曲草等资源综合利用，大力发展白酒产业循环经济。

（七）推进酒旅融合发展。鼓励和支持白酒企业深挖白酒文化资源，加强企业文化建设，打造特色酒庄，发展工业旅游，开发白酒旅游商品，促进酒旅融合发展。支持仁怀市和茅台镇围绕茅台酒厂发展以参观茅台酒酿造为重点的工业旅游、以品饮茅台酒为重点的餐饮旅游、以了解茅台酒发展历史为重点的酒文化旅游。遴选一批有条件的民营酿酒企业作为旅游观光点，规划建设一批集餐饮、住宿、娱乐、休闲等为一体的特色酒庄。加快开发以“国酒茅台”和“贵州白酒”文化为主题的旅游商品、纪念品，在全省机场、高铁站、高速公路服务区规划建设100个品牌形象展示店。支持仁怀市加快“中国酒都名酒汇”“贵州酱酒汇”和“茅台镇酒街”展销平台建设。鼓励和支持茅台集团、习酒公司、青酒公司等白酒企业创建国家A级旅游景区、国家人文旅游示范基地、国家康养旅游示范基地。大力开发白酒旅游商品，打造一批“白酒+生态旅游、红色旅游、乡村旅游”的精品线路。

三、保障措施

（一）强化融资保障

1. 鼓励银行业金融机构实行名单制管理，适当提高不良贷款容忍度。对面临暂时流动资金困难的企业不降低现有授信额度；对资产负债率较高，但在警戒线以下的白酒企业不降低信用等级；对出现清偿性风险，但长期盈利能力强、工艺先进的企业，不搞“一刀切”式抽贷和断贷。

2. 大力开展资信评估体系建设，对市场前景好、风险小的白酒企业，通过资信调查认定，适当放宽贷款限额控制。支持银行业金融机构针对白酒产业需求开发个性化金融产品，扩大白酒企业抵（质）押品范围。支持地方金融机构开展基酒抵、质押融资业务。积极推动小额贷款公司、融资性担保公司加大对白酒行业的金融支持力度。持续开展“金融酒企行”活动，助力白酒企业获得更多金融支持。

3. 加强白酒企业融资需求摸底调查，实行清单式管理，将符合条件的白酒企业纳入“贵工贷”“贵园信贷通”“黔微贷”融资政策的支持范围。在建立“仁怀市白酒企业转贷周转机制”的基础上，探索建立全省白酒企业转贷周转机制，为白酒企业提供临时资金支持。加快组建遵义市白酒产业基金，鼓励各类政府基金和市场化基金参与“贵州白酒”整体品牌宣传和营销，支持重点白酒生产企业和流通企业加快发展。

（二）强化财税支持

1. 省工业和信息化发展专项资金每年安排 2 000 万元以上，重点支持白酒工业园区、酒糟循环利用、企业结构调整及改扩建项目建设。

2. 推动符合条件的白酒企业启动和加快上市进程，对上市或挂牌融资的企业给予奖励，其中，对在境内主板、中小板、创业板和境外市场上市融资的企业，给予 100 万~150 万元的一次性奖励；对在“新三板”上市融资的企业，给予 50 万元的一次性奖励。

3. 鼓励和支持白酒企业与高校、科研院所构建产学研技术创新平台，对白酒企业设立的技术部门，被新认定为国家工程技术研究中心、重点实验室的，分别给予一次性 500 万元补助；新认定为国家级企业技术中心、技术创新示范企业的，分别给予一次性 100 万元补助；新认定为高新技术企业的白酒企业，给予一次性 30 万元奖励。

4. 鼓励和支持白酒企业运用知识产权参与市场竞争，对获得中国专利金奖、中国外观设计金奖的各一次性奖励50万元；对获得中国专利优秀奖、中国外观设计优秀奖的各一次性奖励10万元。对获得贵州省专利金奖、贵州省外观设计金奖的各一次性奖励10万元；对获得贵州省专利优秀奖、贵州省外观设计优秀奖的各一次性奖励3万元。对获得中国驰名商标、贵州省著名商标、贵州省名牌产品、贵州省服务业名牌等国家级和省级品牌的白酒企业，由企业所在市县政府给予一定奖励。

5. 鼓励和支持白酒企业深度拓展海外市场，对参加境外团体展所发生的展位费、人员费分别按政策给予一定资金支持。对出口企业向出口信用保险机构投保所发生的担保费给予一定资金支持。以酒类流通示范店项目为核心，重点扶持打造我省名优酒类流通领域品牌企业。

6. 鼓励和支持白酒企业通过大数据、“互联网+”平台开展电商营销，与全国知名电商共建“黔酒电商联盟”，重点培育3~5家品牌酒类流通电商平台。对通过电商平台实现年销售收入达到1 000万元以上，省内排名前10位的白酒企业，省工业和信息化发展专项资金、省商务流通发展专项资金及企业所在地政府在项目资金安排上给予倾斜支持。

7. 贯彻落实好全面推广“营改增”试点改革的相关政策，积极向国家争取白酒生产环节征收的消费税由中央和地方共享，争取恢复外购基酒及酒精已纳消费税准予抵扣的政策。制定贵州省窖藏白酒自然损耗标准，对企业所得税抵扣采取分年抵扣、开坛结算。

（三）强化市场监管

加大“假、冒、伪、劣”白酒产品的查处力度，整顿和规范全省白酒市场秩序，重点打击跨省侵犯我省名优白酒知识产权的行为，确保产品质量和品牌声誉。严格行业准入门槛，全面开展白酒生产许可证清理工作，逐步解决生产许可证办理历史遗留问题，加强白酒生产小作坊规范化管理，促进白酒行业有序发展。

（四）强化人才培养

加大白酒酿造行业技能人才培养工作力度，壮大白酒产业人才队伍，提升白酒产业创新发展水平。通过行业协会积极申报中国酿酒大师，定期组织开展省级品酒师、酿造师、技师等评选和培养工作。

（五）强化产业调度

依托工业“百千万”工程，建立完善省、市、县三级政府与企业联动机制，强化“政银企”信息沟通，加强对重点产区、重点企业、重点项目的调度，及时掌握产业发展动态，分析研判发展形势，促进白酒产业持续健康发展。

附录3 《中国白酒金三角——酒都宜宾·五粮液文化特色街区规划》

酒都宜宾·五粮液文化特色街区是我市打造“中国白酒金三角核心区龙头”，建设名副其实“中国酒都”的力作，是酒都宜宾文化特色在城市建设中的集中体现，是宜宾“三江六岸”传统特色风貌展示区的重要组成部分。

一、特色街区的规划范围

五粮液文化特色街区分北区和南区。

北区：主要位于旧州组团岷江北岸，是宜宾“三江六岸”传统特色风貌展示区的主要组成部分。西至五粮液西大门、东含流杯池公园、北以岷江西路为界、南临岷江，东西长约3.6千米，南北纵深300~900米，区域面积约220公顷。规划区内有宋朝建造的流杯池及其石刻和旧州塔，唐代古州朝佛圣地的大佛沱等文物。

南区：主要位于旧城组团滨江区域，由冠英街、粮房街、合江门广场、交通街、鼓楼街、顺河街、长春街、滨江路及两侧建筑围合而成，区域面积35.2公顷。

二、特色街区规划功能定位

北区定位：该规划区整体定位为“世界白酒文化博览园”；功能定位为“国际白酒文化展示交流平台”；形象定位为“城市绝色会客厅，滨江新城示范区”。

南区定位：该规划区定位为“酒之源”展示区，即通过对三个古窖池群的重点打造从而营造宜宾是中国“白酒发源地”的理念。

三、特色街区规划的理念目标

传承酒文化、展示地域风情、保护历史文物、打造酒旅游、促进酒消费，拓展酒产业，塑造酒品牌。

北区规划目标：通过酒的文化弘扬、旅游打造、消费促进和产业拓展，汇集以五粮液品牌为主的众多白酒品牌，创建国内最大规模白酒商务展销中心，塑造宜宾酒类发展的地域品牌与城市名片。

南区规划目标：依托宜宾历史文化名城的有利资源，以酒文化为灵魂，为宜宾这座传统的现代化城市打造一个面向世界的最具宜宾地域风格的，同时又不失现代商业氛围的特色步行街。

四、特色街区的打造

北区：通过项目的策划，来实现和支撑设计目标；通过主题的打造升华和统筹项目整体。规划区主要分为以下7大风貌片区：旧州五谷园、传统建筑风貌区、现代商贸文化展示区、主题休闲居住区、工业厂房改造区、曲水流觞公园、滨江公园带。

规划区呈"一轴、两带、三心、五段"的总体结构模式，"一轴"为城市发展轴；"两带"为滨水休闲带和主题居住带；"三心"即"酿酒工艺作坊体验区""大酒商影视戏剧城"和"酒类产业酒都基地"三大功能核心；五段即"五谷荣旧州""香醇溢酒坊""沉醉戏无忧""煮酒论英雄"及"辞赋举圣贤"五个故事段。

南区：通过以点线带面，对片区选择性地进行重点打造，整体形成"三廊、四片、多节点"的空间结构。规划区由酒文化长廊、历史文化长廊、老字号长廊等三条文化长廊和酒之源历史展示区、酒之盛工艺展示区、冠英街区休闲文化区、武庙、华藏寺、东楼观光游览区等四个主题片区组成。

五、特色街区主要保障项目

北区：五谷园：旧州塔保护区，以五种粮食作物为主要景观的植物园。白酒精品街：以五粮液为主的白酒精品店集群。制酒工艺体验街：临街销售、背街展示，体验传统制酒工艺的酒作坊街。酒文化博物馆：以白酒文化发展历史展示为主的博物馆。酒文化影视基地：以酒文化为主题的影视外景拍摄基地，日常可用作传统商业街区。白酒总部办公基地：名酒企业的商务办公基地、信息交流平台，各酒类企业，展示自身品牌及商务办公、休闲人居的场所。白酒品牌发布及会展中心：白酒品牌发布、广告宣传中心，专业交易市场及会议展览区。酒家一条街（酒主题餐饮业）：酒文化主题餐饮一条街。酒圣广场：宜宾酒圣节等大型节庆活动的举办场所。酒文化艺术工作室：以诗酒艺术文化、酒品牌广告、LOGO等设计创作为主题的艺术工作室。酒文化主题园（曲水流觞公园）：在保留的基础上赋予新的酒文化主题。名酒苑（企业高级会所）：酒企业招商的酒类私家高级会所。酒文化主题人居项目：环境及方案设计采用传统符号，体现酒文化的主题居住开发项目。酒文化特色酒店：体现酒文化主题的五星级酒店，成为区域标志性建筑。酒人才孵化基地：为培养白酒酿造人才，传承提升酿造技艺的场所。旅游接待中心及公交枢纽站：为旅客出行、游览观光提供便捷服务。

南区：酒文化长廊用于展示宜宾悠久的酒文化流觞和酒文化遗产，长约 2 千米。由华藏寺、武庙、冠英街历史街区等一系列历史文化建筑串联而成，展示了宜宾这座历史文化名城灿烂的历史文化。其中老字号长廊长约 330 米，将成为宜宾展示其文化商业的地段。是宜宾本土和外来老字号和名店聚集之所。

酒之源历史展示区将成为宜宾作为打造白酒发源地的重要依据和展示区，是“酒之源”概念的最核心体现，它主要由酒之源广场、利川永古窖池、刘鼎兴老窖池打造而成。酒之盛工艺体验区是基于长发升老窖池而打造的，该区将成为集五粮液酒酿造工艺体验区及展示、酒产品销售及文化消费等为一体的特色文化主题区，它主要由酒之盛广场、五粮广场、酒工艺体验馆、勾兑双绝会馆等组成。冠英街形成集历史游览、休闲、原真生活体验、古玩为一体的综合休闲文化主题区；集东楼、武庙、华藏寺游览区定位为集宗教旅游 朝拜、精品店、住宿、茶室、斋食、古代歌舞文化再现为一体的文化休闲区。